AUGUSTE VITU

LES

MILLE ET UNE NUITS

DU THÉATRE

Troisième série.

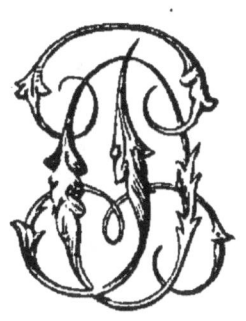

PARIS

PAUL OLLENDORFF, ÉDITEUR

28·bis, RUE DE RICHELIEU

1886

LES

MILLE ET UNE NUITS

DU THÉATRE

OUVRAGES DU MÊME AUTEUR

FRANÇOIS VILLON, sa vie et ses œuvres.

MOLIÈRE ET LES ITALIENS.

LA MAISON MORTUAIRE DE MOLIÈRE.

LE JEU DE PAUME DES MESTAYERS.

BEAUMARCHAIS AUTEUR DRAMATIQUE.

CRÉBILLON, sa vie et ses œuvres.

LE JARGON DU XVe SIÈCLE.

LES MILLE ET UNE NUITS DU THÉATRE, 1re série.

LES MILLE ET UNE NUITS DU THÉATRE, 2e série.

*Il a été tiré 10 exemplaires sur papier de Hollande,
numérotés.*

CCIV

BOUFFES-PARISIENS.   — 31 mars 1874.

LES PARISIENNES

Opéra bouffe en quatre actes, paroles de MM. Jules Moinaux
et Victor Koning, musique de M. Vasseur.

Hélas ! on ne l'a pas deux fois de suite la timbale,
la fameuse timbale. Rien n'y a servi, ni la virtuosité
de Mme Peschard, ni l'esprit de Mme Judic et ses délicieux costumes destinés par Grévin. Comment résister
à l'audacieuse nullité d'un *libretto* dont on ne trouverait pas le pareil, l'allàt-on chercher dans les archives
célèbres de l'ancien théâtre des Funambules !

Etait-il donc si malaisé d'ajouter une page gracieuse
ou piquante à ce splendide album des Parisiennes,
commencé par Balzac, Alfred de Musset, Gavarni,
Roqueplan, et continué de nos jours par les Meilhac,
les Halévy, les Quatrelles, les Droz, les Xavier Au-
bryet ?

Il le faut croire, puisque MM. Moinaux et Koning
viennent d'éprouver aux Bouffes-Parisiens une des
chutes les plus entières et d'ailleurs les plus joyeuses
auxquelles un théâtre de Paris ait jamais été exposé !

Le cadre de la pièce se peut dessiner en quelques lignes. Le jeune prince régnant de Piparno (!) est venu *incognito* à Paris pour y mener la vie de garçon avant d'épouser sa cousine, la princesse Georgette ; accueilli comme secrétaire par son propre consul, un diplomate fantaisiste, qui cumule la représentation de la principauté de Piparno avec le commerce des singes (!!), le prince Ernest, sous le nom d'Alexino, s'est procuré la photographie des plus belles femmes de Paris. Trois d'entre elles fixent son attention : d'abord Blanche de Velours, qui personnifie le monde des cocottes ; ensuite la sensible Valérie Commercy, confiseuse rue des Lombards, qui représente les dames du commerce, comme disait feu Michelet ; enfin la duchesse de N'importequoi, en qui se symbolise le noble faubourg Saint-Germain.

Qui empêchera le jeune prince de se choisir une maîtresse parmi ces trois privilégiées de la beauté? Ce sera une simple artiste, une chanteuse nommée Nina, qui a été nourrie par les bienfaits de la princesse Georgette, et qui se donnera pour mission de lui conserver son fiancé pur et sans tache.

Successivement déguisée en maîtresse de piano, en auvergnate, en pifferaro, en algérienne de bal masqué, Nina ou la solitaire, car on ne lui connaît ni mari, ni amant, ni fiancé, voit tout, entend tout, sait tout et sauve tout, excepté la pièce.

Nina prouve au prince Ernest que Blanche de Velours est la dernière des fausses almées ; elle réconcilie le ménage de la rue des Lombards ; enfin, plus heureuse que le public qui n'y a rien compris, elle pénètre le secret de la duchesse, si bien que le prince Ernest, ayant fait chou-blanc auprès des Parisiennes, remportera dans ses états tout ce qui peut faire le bonheur de la plus vertueuse des princesses.

Je m'aperçois que ce *scenario*, ainsi condensé,

garde une apparence de suite dans les idées, capable
de faire illusion. Peut-être qu'avec de l'adresse, de l'esprit, un peu d'imagination et quelques mots heureux,
on en eût extrait une fantaisie dans le goût de *la Vie
parisienne*. Mais hélas !

Je ne saurais, à l'heure indue où j'ai le regret
d'écrire ces lignes au lieu de poser ma tète endolorie
sur l'oreiller qui l'attend, donner une idée suffisante
du style et des allures de cette étonnante parade.
Voici cependant le plus joli mot qu'il m'ait été donné
de cueillir : « Le potage peut attendre, il est à la tor-
« tue (!!!) » Peut-être les amateurs préféreront-ils cet
autre, qui est emprunté à des régions culinaires d'un
ordre moins élevé : — « J'ai dîné tout seul, c'est
« ennuyeux ; mais heureusement, il y avait des épi-
« nards, *cela occupe.* » (!!!)

On comprendra, d'après ces courts échantillons,
que la pièce ait été égayée par le public, puisque les
auteurs lui avaient abandonné ce soin. Blanche de
Velours a été très goûtée lorsqu'elle a prononcé cette
phrase aristocratique : « J'entends mes invités qui
« montent les escaliers. » Mais cette Blanche n'est
qu'une cocotte. Aussi la femme de chambre de la duchesse s'est-elle fait acclamer en annonçant : « Les
« voitures des invités de madame la duchesse arrivent
« dans la cour ! » Avais-je tort d'évoquer tout à l'heure
le souvenir des Funambules ?

A la fin on a chuté, on a sifflé, et les auteurs se
sont laissé nommer au milieu de l'orage. On n'est ni
plus modeste, ni plus résigné.

Au milieu de cette soirée mouvementée, et qui a
eu ses épisodes amusants, surtout dans la salle, la
partition de M. Vasseur n'a pas été suffisamment entendue pour qu'on la puisse équitablement juger sur
une pareille audition.

Les morceaux d'ensemble et les chœurs n'y tiennent

qu'une place extrêmement restreinte ; le meilleur de l'inspiration du compositeur s'est employé à écrire des airs et des couplets pour ses deux principales interprètes : Mmes Judic et Peschard. Je citerai, dans le rôle de la première, ses couplets du public au premier acte, puis sa chanson de l'auvergnate au deuxième, spirituellement tournée et accompagnée finement, plus au troisième acte l'air du pifferaro auquel Mme Judic a donné l'expression et le charme que le musicien avait plutôt cherchés que rencontrés.

Mme Peschard est moins heureusement partagée. On a remarqué le motif en mouvement de valse par lequel elle termine le premier acte, et, dans l'acte du bal costumé, l'air du dragon du roi ; ici l'inspiration de M. Vasseur a manqué de franchise et d'élan, mais la cantatrice y a suppléé à force de volonté et de dévouement pour la pauvre opérette qui s'en allait à la dérive.

M. Edouard Georges est fort triste dans le mauvais rôle du consul Fédor.

Faut-il parler de Mme Prelly ? Oui, pour lui donner un bon conseil, celui de renoncer au théâtre. Cette jolie femme ne sait ni parler, ni chanter, ni se taire.

J'allais oublier le grand succès de la soirée : je veux parler des amants de Blanche de Velours, qui se précipitent vers elle, tenant chacun un bouquet à la main. On avait permis aux figurants de se présenter dans leur tenue de ville. Imaginez des scieurs de longs, des ébénistes et des marchands de chaînes de sûreté en négligé, et vous aurez une idée du coup-d'œil. C'était inénarrable.

Le bruit court que tous les coupables ne se sont pas fait nommer, et que le principal d'entre eux, se rendant justice, a pris la fuite pour rejoindre Henri Rochefort à Sidney.

Il se proposerait, dit-on, de faire des lectures des *Parisiennes* en Australie. C'est une idée, et je la trouve meilleure que celle de la pièce.

CCV

LA BELLE AU BOIS DORMANT

Opéra-féerique en trois actes et douze tableaux par MM. Clairville et Busnach, musique de M. Henri Littolf.

Un opéra composé, répété, monté et joué en deux mois, voilà le tour de force que M. Hippolyte Hostein vient d'accomplir.

L'inépuisable M. Clairville a retrouvé dans ses cartons un projet de *Belle au bois dormant*, jadis écrit pour le théâtre de l'Opéra-Comique. Ce scenario, coupé en cinq tableaux seulement, n'avait besoin que de quelques développements pour se transformer en un opéra de taille respectable.

Le conte de Perrault, dans sa naïveté légendaire, a inspiré la muse pédestre de MM. Clairville et Busnach, qui n'ont pas dédaigné de s'adjoindre un cinquième collaborateur, feu Cazotte, l'auteur du *Diable amoureux*.

La princesse Silvea vient de naître ; les fées réunies autour de son berceau l'ont tour à tour dotée des qualités les plus séduisantes, lorsque le farouche enchanteur Abaltaman s'avise d'y ajouter la curiosité. Ne suffisait-il pas que la jeune princesse fût femme et fille d'Ève ! Curieuse, elle voudra jouer avec

un fuseau, se percera la main et dormira pendant
cent ans, après quoi elle mourra, — « A moins qu'un
« prince ne la vienne réveiller! » ajoute la fée Azoline,
protectrice de l'innocence.

Le roi est désolé de cette scène de famille. Mais
comment prévenir les suites de l'arrêt prononcé par
Abaltaman! Vainement il proscrira de ses états les
fuseaux, les rouets, les fileuses et le vocabulaire de la
filature en général; il suffira qu'Abaltaman, déguisé
en pèlerin, s'introduise auprès de la princesse devenue
grande, et lui raconte l'histoire de la reine Berthe,
pour que Silvea veuille filer comme la reine Berthe
filait: on lui apporte un fuseau, et la prédiction
s'accomplit; à peine Silvea s'est-elle percée la main
qu'elle s'endort et toute la cour avec elle. Tel est le
premier acte.

Silvea avait une suivante fort alerte, nommée
Nérida, laquelle, en prévision de l'événement fatal,
avait envoyé par tout le pays une petite circulaire, par
laquelle la princesse promettait son cœur au prince
généreux qui la délivrerait. Ce prince, ce sera le jeune
Muguet. La fée Azoline, qui le protège et qui prévoit
qu'Abaltaman sèmera des obstacles à travers la route
du libérateur, imagine de lancer le magicien sur une
fausse piste, en créant un second prince dans la
personne d'un Nicodème de village nommé Coquelicot.

Mais à bon chat, bon rat. A ce faux prince, Abaltaman oppose deux fausses princesses, la diablesse
Silvea et la diablesse Nerida, qui auront pour mission
de séduire Muguet et Coquelicot, et de les entraîner
en enfer avec elles. Puis il construit un faux château,
où se célébreront les noces infernales. Le mélancolique
Muguet et le jovial Coquelicot y seraient pris si la fée
Azoline, qui connaît son Cazotte, ne mettait un amour
vrai dans le cœur de ses diablesses. — « Fuis, dit chacune d'elle à son amant, je suis une sorcière, tu te per-

drais avec moi. » Abaltaman, furieux de la trahison de
ses complices femelles, les replonge dans le néant.

Enfin, au dernier acte, Muguet pénètre dans le château véritable, Abaltaman est vaincu, la Belle au bois
dormant réveillée.

Tel est le libretto enfantin que M. Littolf a dû « ré-
« chauffer des sons de sa musique ». Il n'a pas ménagé
le bois, car sa partition renferme environ vingt-cinq
morceaux, si j'ai bien compté.

Devant un travail musical d'une pareille étendue,
il n'est pas permis, après une seule audition, traversée
plutôt que servie par le brouhaha de la mise en scène,
les changements à vue et les trucs, de se hasarder
au-delà d'une impression très générale.

Cette impression, je la traduirai fidèlement, sans
manquer aux égards que méritent, d'une part une
initiative aussi courageuse que celle de M. Hostein,
de l'autre un talent aussi consciencieux et aussi élevé
que celui de M. Littolf.

Dès les premières phrases de l'ouverture et de
l'introduction qui s'y lie, le public a été obligé de
reconnaître qu'il avait affaire non pas à un opéra-
bouffe, non pas à un opéra semi-seria, mais à un
opéra très sérieux taillé sur les plus vastes patrons du
genre. Ce n'était pas le compte d'une partie du public ;
mais l'autre partie, qui s'était résignée, s'est trouvée
à son tour déçue en constatant l'irrémédiable incompatibilité du poème et de la partition. Ceci revient
d'ailleurs à établir que M. Clairville n'est pas un poète
lyrique, tandis que de son côté M. Littolf n'est pas un
musicien bouffon. Pour mettre toutes choses en équilibre, il aurait fallu qu'on écrivît de la musique à
cascades sur le *libretto* de MM. Clairville et Busnach,
ou qu'une plume sérieuse écrivît les paroles d'un
drame qu'on placerait sous les notes de M. Littolf.

Cela dit une fois pour toutes, il ne me reste qu'à

dégager de ma mémoire les morceaux qui l'ont plus particulièrement frappée, et aussi ceux que le public a fait bisser ou laissé bisser, ce qui n'est pas tout à fait la même chose.

La première partie du premier acte est occupée par deux airs que Mmes Reboux et Paola Marié ont détaillés avec le charme de deux belles voix. Mais le succès musical n'a vraiment commencé qu'avec le chœur des paysans batteurs de blé, dont le rhythme original a séduit la salle entière. — Parenthèse : les choristes du Châtelet ne savent pas battre le blé; ce n'est pas en longueur qu'il faut prendre l'épi, mais perpendiculairement et à revers.

La ballade de la fée Azoline, racontant la légende de *la Belle au Bois Dormant*, appelle naturellement la comparaison avec la ballade similaire de *la Dame Blanche*, mais ce n'est pas précisément à l'avantage de M. Littolf, qui abuse en cette occasion des modulations bizarres, faites pour charmer les gens du métier et pour agacer les autres.

Il y a cependant dans la reprise du chœur un effet assez coloré, je ne dirai pas original, car son principal mérite est de rappeler la complainte du *Juif errant*.

Par exemple, il faut applaudir, avec le public tout entier, le petit trio du briquet, autrement dit la chanson du vieil Almanzor, dite par le ténor, le trial et le baryton. C'est évidemment le bijou de la partition; il a été redemandé et acclamé.

Le final du deuxième acte, qui débute en quintette et se poursuit en sextuor, s'ouvre par un andante d'un beau caractère, et magistralement développé, qui, malheureusement, se perd en dérivations insaisissables.

Je ne sais si les couplets de fruit défendu, chantés au troisième acte par la diablesse Nérida, sont réellement aussi jolis qu'ils me l'ont paru, mais Mlle Paola

Marié les dit avec une finesse, un mordant et un esprit auxquels il n'y a pas à résister.

Ajoutez, à cet énoncé sommaire, des airs de ballet, dont la partie la plus brillante reproduit de bien près un dessin mélodique célèbre, celui de la strette guerrière par laquelle Rossini a conclu l'ouverture de *Guillaume Tell*, et voilà tout : je veux dire tout ce qui m'a laissé un souvenir.

Je suppose que, des divers soucis que s'est donnés M. Hostein en implantant de toutes pièces l'opéra de genre sur la scène du Châtelet, le plus grave était de composer une troupe qui fût assez exercée et assez solide pour livrer bataille avec quelque chance de succès. Il y a réussi, non pas complètement, mais suffisamment pour une première soirée.

Mmes Mélanie Reboux et Paola Marié s'y sont maintenues au rang d'étoiles, non sans de méritoires efforts, car elles ont plus souvent porté leurs rôles que leurs rôles ne les ont portées.

M. Laurent, qui jouait le prince Muguet, possède une belle voix de ténor de province, et, sauf un petit accident qui a fait rire, il doit chanter convenablement les rôles du répertoire. Au physique, ce n'est pas précisément un muguet ; il resssemble plutôt à une renoncule.

L'enchanteur Abaltaman était représenté par M. René Julien, un artiste qui n'est pas sans valeur, quoique sa voix de basse chantante se compose de deux registres d'un timbre différent, mal liés entre eux. Le registre grave est le meilleur, encore qu'il manque de puissance ; mais M. René Julien phrase avec un certain goût, et il émet la voix avec douceur, qualité rare.

Ne parlons pas du trial Coquelicot, encore moins de la fée Azoline, qui s'était coiffée comme le shah de Perse et qui chante... comme une chatte.

La mise en scène est satisfaisante, tenant plutôt de

l'opéra que de la féerie, sauf le ballet qui est vraiment
très beau, très brillant et très ingénieux. Il y a un effet
d'ombrelles diamantées, tournant comme des soleils
d'artifices, qui produit à l'œil un effet amusant et neuf.

Quel sera l'avenir du nouveau genre que M. Hostein
vient d'introduire au Châtelet, c'est ce qu'il serait
téméraire de préjuger. M. Littolf, à mon avis, n'a pas
le tempérament qui convient au drame lyrique, et
c'est cependant de la musique dramatique qu'il a eu la
fantaisie d'écrire sur le livret de *la Belle au Bois
Dormant*. L'épreuve n'est donc pas décisive.

On a rappelé M. Littolf et il a eu la bonté de se
laisser présenter au public entre deux régisseurs. On
se serait cru en Italie — mélodie à part.

CCVI

AMBIGU.   10 avril 1874.

LA LETTRE ROUGE

Drame en cinq actes et huit tableaux, par MM. Marc Fournier
et Lermina.

La lettre A est la plus considérable du dictionnaire,
après l'E. Je ne vous ferai donc pas chercher et je
vous dirai tout de suite que la lettre A, brodée en
rouge sur le corsage de Mme Périga, ne signifie ni
Alcazar, ni Adolphine, ni A *la fraîche qui veut boire*,
mais en bon anglais des colonies américaines du Nord
Adulterous, et en bon français Adultère, c'est-à-dire
femme qui a manqué à tous les devoirs prescrits par
les commandements de l'église.

Remarquez que la pauvre Adolphine, je veux dire
Esther Prynne, est innocente comme l'enfant qu'elle
vient de mettre au monde, car elle estimait que son
mari, un chenapan nommé Roger Prynne, avait été
tué dans un combat naval.

C'était une erreur, et erreur n'est pas compte. Si
bien que lorsque l'on apprend que Roger Prynne est
vivant, il se trouve que madame son épouse est devenue
mère d'une petite fille âgée de sept à huit ans, née
d'une conversation sentimentale avec le sieur Georges
Dayle, qu'elle a négligé d'épouser en secondes noces.

Or, il parait que la loi de Boston (colonies anglaises
de l'Amérique du Nord, au temps de la lutte entre la
maison de Stuart et la maison d'Orange) était aussi
précise que barbare. La femme adultère était mise à
mort, à moins qu'elle ne dénonçat son complice.
Georges Dayle serait assez disposé à sauver sa maîtresse; mais il a une mère, qui le supplie de se conserver (le bocal le plus sûr est le sein d'une mère).
Georges y consent d'autant plus aisément qu'en se
préservant lui-même pour son excellente maman, il
laisse égorger la mère de sa propre fille afin de lui
conserver un père. C'est ce qu'on appelle garder un
père pour la soif.

. Heureusement pour Esther Prynne, le juge suprème
des colonies, extrèmement ennuyé du spectacle qu'on
lui offre du haut de sa loge donnant sur le pilori (décor
exécuté par M. Billion lui-même), se décide à com-
muer la peine de mort prononcée contre Esther
Prynne en celle de la séquestration.

Et puis après? Pas grand chose. Roger Prynne
essaye de retirer de la banque de Boston une somme
énorme qui jadis y fut déposée par le père de sa
femme. C'était, il est vrai, l'argent d'une souscription
politique; mais Roger n'a pas de scrupules; il explique
nettement la chose au gouverneur de Boston, qui

entre facilement dans ses vues, à la condition de partager le magot. Ce Mottu loyaliste ou orangiste, je n'ai pu discerner sa nuance exacte, a fait la joie de la soirée, malheureusement trop courte — pas la soirée, la joie.

Finalement, Roger Prynne est tué par un fanatique orangiste et puritain : par conséquent Esther Prynne, devenue veuve, peut arracher de sa pèlerine la lettre rouge qui la déshonorait, et faire le bonheur du nommé Georges Dayle, qui ne le mérite guère.

Une scène unique a réussi au milieu de ce fatras mélodramatique. La petite Cora Perle, fille d'Esther Prynne et de Georges Dayle, grise son geôlier pour donner elle-même le signal de sa délivrance. Les enfants exercent une sorte de prestige sur le public. On s'étonne de l'intelligence manifestée par ces êtres précoces, nés dans un troisième dessous, élevés entre deux portants, et qui benoîtonnent avant l'âge. On a donc applaudi très sérieusement la petite Darbel.

Me voilà bien embarrassé pour parler des autres acteurs. En rendant compte d'une reprise récente à l'Ambigu, j'avais enveloppé dans un silence que je croyais indulgent la troupe actuelle de l'Ambigu. Ma précaution me valut une épître fort amère d'un des pensionnaires de M. Billion. Il faut bien l'avouer cependant, cette même troupe ne s'est pas améliorée, au contraire. Le meilleur comédien de la maison, M. Vannoy, a accepté un rôle sans valeur. Les autres sont comiques comme Esther Prynne est adultère, sans le savoir. Mlle Périga se montre toujours courageuse, seulement elle est dans le faux, et elle y persévère diaboliquement.

A la chute du rideau. on a rappelé le gouverneur de Boston. Mais cet artiste hors ligne s'était soustrait par la fuite à une ovation méritée.

La mise en scène rappelle les plus beaux jours des

Funambules, du temps où la laponne Carolina exécutait le combat au sabre contre l'illustre Pelletier.

Du reste, la soirée a été complète : on a fait de la musique dans les entr'actes avec un tel succès que le paradis a crié *bis*. Jugez un peu !

Les auteurs ont oublié de faire connaître que leur drame était tiré textuellement du roman *la Lettre Rouge*, de l'américain Hawthorne ; c'était cependant une circonstance atténuante.

CCVII

Folies-Dramatiques.   11 avril 1874.

LA BELLE BOURBONNAISE

Opéra bouffe en trois actes, par MM. Ernest Dubreuil et Henri Chabrillat, musique de M. Cœdès.

On sait que la chanson de la belle Bourbonnaise passe pour avoir visé la comtesse du Barry, alors toute puissante. Les auteurs de la pièce nouvelle ont accepté cette donnée première en la modifiant.

Leur libretto est fondé sur une ressemblance, comme *la Comtesse d'Egmont* de feu Carmouche, comme *la Bouquetière des Innocents* d'Anicet Bourgeois, et comme *la reine Cotillon* de Paul Féval.

Il s'agit d'une paysanne du Bourbonnais, nommée Manon, célèbre par son étonnante ressemblance avec Mme du Barry. Des partisans du duc de Choiseul, ennemis de la favorite, ont imaginé de faire arriver à Paris et de présenter au roi Louis XV cette étonnante merveille ; en quoi lesdits courtisans ne se montrent guère sagaces; ce n'est pas une seconde du Barry qui eût séduit Louis XV; ce roi spirituel et blasé n'était sensible qu'au changement.

Quoiqu'il en soit, Mme du Barry, avertie de cette concurrence déloyale, a lancé sur les pas de Manon deux limiers très différents l'un de l'autre, un imbécile nommé le baron de Cotignac, et un exempt de police nommé Grison.

Naturellement le baron de Cotignac prend le change au premier détour; il enlève une grosse commère, cousine de Manon. Quant à l'exempt Grison, curieuse individualité qui a des prétentions à la diplomatie et qui rappelle d'assez près l'immortel Peyrade de Balzac, c'est à lui qu'est réservée la gloire d'enlever la belle Bourbonnaise et de la conduire auprès de Mme du Barry.

Celle-ci, en folle et rieuse courtisane, ne songe qu'à jouer un bon tour à ses adversaires politiques. Pendant qu'elle ira se faire présenter à son royal amant sous les atours villageois et le chapeau en cor de chasse des filles du Bourbonnais, elle se fera représenter à Trianon par Manon elle-même, déguisée en comtesse.

Telle est la combinaison qui, sous sa double face, soutient et anime les deux derniers actes de la pièce. Au second acte, les parents de Manon et son fiancé, qui, de désespoir de l'avoir perdue, s'était engagé dans les gardes françaises, la prennent pour Mme la comtesse du Barry et l'accablent de leurs respects.

Dans le dernier acte, au contraire, c'est la véritable Mme du Barry qu'ils prennent pour Manon et qu'ils couvrent de caresses familières.

Tout est bien qui finit bien; la faveur de la comtesse est plus solide que jamais; elle sauve le malheureux Blaise qui avait déserté, et elle dote Manon, à la condition, facile à obtenir, que la belle Bourbonnaise retournera, pour n'en plus sortir, dans son pays natal.

On voit, par cette rapide analyse, que la pièce de MM. Dubreuil et Chabrillat, sans être d'un tempérament bien robuste, présente des éléments de gaité et assez de situations musicales pour défrayer un opéra-comique de dimensions restreintes. Si elle a paru languissante dans le cours du second acte, quelques coupures y remédieront. Le premier acte avait plu généralement, et la scène capitale du troisième, enlevée par Mme Desclauzas, a ramené la joie sur tous les visages.

M. Cœdès a écrit sur le libretto de *la Belle Bourbonnaise*, une partition assez étendue. Je me borne à citer de mémoire les morceaux qui ont été le plus goûtés et qui ont décidé l'incontestable succès de cette première soirée.

D'abord, l'ouverture à laquelle l'air populaire de *la Belle Bourbonnaise* sert de préface et de péroraison : au lever du rideau, un petit chœur de soldats, dont on a regretté la brièveté ; ensuite un joli duo entre M. de Cotignac et le sergent Brindamour ; puis le final du premier acte, où les divers groupes des chœurs, les soldats, les ouvriers, les bourgeois et les grisettes viennent exprimer successivement leur caractère, comme dans le kermesse du *Faust* de Gounod. C'est au milieu de cet ensemble que Manon, separée de son amant qu'elle a perdu dans les rues de Paris, exhale ses sanglots sur l'air de *la Belle Bourbonnaise*.

L'impression du second acte se résume presque tout entière dans les couplets chantés par l'abbé Camerlet, l'un des ennemis de la favorite : *la du Barry tu danseras, tu sauteras*, qui, chantés avec infiniment d'adresse par le ténorino Raoult, ont été redemandés deux fois par la salle tout entière.

Au troisième acte, les éclats de rire de la comtesse

du Barry, ravie d'être embrassée par une famille de
rustres, forment le motif d'une quintette extrêmement
agréable qui a décidé l'issue de la soirée.

M. Milher, en dépit de son étonnante prononciation, a fait valoir en comédien le rôle de Grison;
Mme Desclauzas a été très fêtée comme chanteuse et
comme actrice.

Mme Tassilly a de la verve, mais ne pourrait-elle se
tenir en équilibre sur ses jambes, ne fût-ce que pendant cinq minutes ?

En me souvenant de ce que fut Sainte-Foy aux
beaux jours de l'Opéra-Comique, je n'ai pas le courage
de lui dire ce qu'il est devenu; mais il me comprendra.

———

CCVIII

THÉATRE CLUNY.   16 avril 1874.

LE COUSIN PONS

Drame en cinq actes, par M. de Launay,

LA CHOUETTE

Comédie en un acte, par MM. Leterrier et Vanloo.

Le docteur Véron avait imaginé, pour permettre
aux lecteurs du *Constitutionnel* de collectionner aisément les œuvres littéraires qu'on leur servait, de les
publier dans une feuille annexe, format in-quarto,
dont chaque page était encadrée d'un double filet.
C'est sous cette forme que parurent *la cousine Berthe*
et *le cousin Pons*.

La première de ces deux parties des *Parents pauvres*

fournit, il y a quelque vingt ans, un drame pour le Gymnase; Rose Chéri jouait Mme Marneffe.

M. de Launay vient à son tour de traîner à la lueur de la rampe le pauvre cousin Pons, sans avoir changé sa mauvaise fortune.

Balzac avait majestueusement dessiné la silhouette caricaturale de ce musicien collectionneur, auquel il prêta les gouts et les aptitudes de l'illustre Sauvageot, en l'affublant d'un spencer et d'un chapeau tromblon que ne revêtit jamais le musicien de l'Opéra. Mais le grand romancier n'avait pas disposé son type en vue d'un drame possible.

Je ne dirai pas que M. de Launay n'ait pas prévu l'écueil, puisqu'il s'est efforcé d'introduire dans son ouvrage des éléments d'intérêt et même de terreur qui n'étaient pas entrés dans le plan de Balzac.

D'abord, il place dans le ménage des deux amis Pons et Schmucke une jeune fille, une orpheline adoptée par eux, laquelle entraîne à sa suite un jeune étranger millionnaire, à qui elle a inspiré une violente passion. C'est pour épouser Olga que Georges Brünner refuse l'alliance de Mlle de Marville, la cousine du cousin Pons. Telle est le point de départ de la rupture brutale qui brise le cœur du pauvre musicien et le conduit à la mort.

De plus, M. de Launay a poussé très au noir la complicité, purement commerciale dans le roman de Balzac, du chaudronnier Remonencq et de la portière Mme Cibot, puisque Remonencq empoisonne Cibot afin d'épouser sa veuve. Au dernier acte, la justice intervient et arrête les empoisonneurs.

Le plus grand inconvénient de la combinaison adoptée par M. de Launay, c'est de pousser au premier plan les figures hideuses du *chineur* et de la portière. Joignez à cela l'antipathie que Mme de Marville et sa fille, uniquement guidées par des questions d'argent, inspirent au public, et vous comprendrez que la pièce couronnée par deux actes de dispositions testamentaires et d'agonie, ne soit pas précisément folâtre. Tous les genres sont bons, a dit le législateur du Parnasse, hors le genre ennuyeux. J'ajoute que, de tous les ennuis, l'ennui funèbre est le moins tolérable.

Le drame de M. de Launay n'est cependant pas sans qualités ; mais il s'était imprudemment placé entre les deux cornes d'un dilemme insoluble, puisqu'il ne pouvait rendre *le cousin Pons* dramatique qu'à la condition inacceptable de défigurer l'œuvre de Balzac.

Heureusement, l'interprétation générale, qui est assez bonne pour une scène aussi restreinte que celle de Cluny, a fait écouter la pièce avec une attention soutenue. M. Charly est très remarquable dans le rôle du cousin Pons ; il a montré, dans cette création, où la bonhomie et la tendresse du cœur tiennent tant de place, une souplesse de talent qu'on ne soupçonnait pas en lui.

Mme Bovery a cherché dans Mme Cibot l'occasion d'un succès analogue à celui que Mme Sophie Hamet s'est fait avec la veuve Frochard des *Deux Orphelines*, Elle y a réussi relativement.

L'affreux Remonencq est le meilleur rôle qu'ait trouvé jusqu'à présent M. Victor Gay.

Ne parlons pas des autres acteurs. La nuit, très avancée, leur portera conseil.

On jouait en lever du rideau un acte de MM. Leterrier et Vanloo, intitulée : *La Chouette*. C'est une fantaisie fort gaie, qui a très allègrement réussi.

CCIX

CHATEAU D'EAU.   17 avril 1874.

COLIN TAMPON

Fantaisie en 3 actes et 8 tableaux par MM. Monréal et Blondeau.

Ce Colin Tampon n'a aucune espèce de rapport
avec le timbalier des Suisses, devenu légendaire. C'est
un simple pitre de saltimbanques, qui, marié à Fleur-
d'Aloès, fille d'Œil-de-Lynx, ancien roi d'une île sauvage, finit par succéder à son beau-père, à travers
mille cascades, tempêtes, naufrages et aventures, les
unes drôles, les autres lugubres.

A supposer que MM. Monréal et Blondeau eussent
obéi à une inspiration quelconque en écrivant *Colin
Tampon*, on pourrait voir dans leur travail l'intention
de ressusciter l'ancien genre du boulevard du Temple,
c'est-à-dire la parade à grand spectacle, dont le héros
est une simple queue-rouge.

Le point de départ de *Colin Tampon* est au moins
bizarre. Mme Du Barry avait donné une montre au
bailli de Cancale, le nommé Blancpignon. Pendant
que ce bailli bâille aux corneilles, c'est-à-dire soupire
pour les beaux yeux d'une acrobate appelée Frétillette,
on lui dérobe sa montre, laquelle passe de main en
main. Le dernier voleur, craignant de se voir surpris,
fourre la montre au milieu d'une brioche qui reposait
mollement sur une table. Colin Tampon donne inno-
cemment la brioche en pâture à un phoque apprivoisé
qui se nomme Casimir. Casimir avale la brioche avec la
montre; puis, un repas si extraordinaire le mettant

en gaîté, il se précipite dans les eaux de la baie de Cancale.

Il y a un tableau où Colin Tampon, jeté lui-même à la mer par son frère rival, l'indien Yom You, y rencontre son phoque nageant entre deux eaux. Le phoque soulève sa tête enjouée, reconnaît son ancien maître, et s'écrie : « Papa ! » Le maître et le phoque tombent dans les bras l'un de l'autre. Tableau.

Citons encore une scène amusante. Le bailli Blancpignon se fait adorer comme manitou dans le pays invraisemblable dont la belle Ayoupa est la reine et dont Colin Tampon va devenir le roi. Le métier de manitou a ses avantages, mais on y meurt de faim. Blancpignon finit par sortir de sa dignité et de son rôle d'idole en or massif pour absorber un œuf d'autruche dans lequel il trempe des mouillettes colossales.

C'est d'une fantaisie extravagante et réjouissante à l'œil.

Il s'en faut malheureusement de beaucoup que la pièce se maintienne jusqu'au bout dans ce ruissellement d'inouïsme ; les auteurs ont voulu ménager au spectateur de longs intervalles de repos dont il profite pour s'assoupir.

MM. Monréal et Blondeau sont, à ce que je crois, très jeunes ; s'il m'était permis d'en douter, j'en jurerais, car je reconnais leur âge au signe particulier dont semble marquée la jeunesse de notre temps, je veux dire le défaut total d'invention. Leur point de départ est évidemment le même que celui du *Peau-Rouge de Saint-Quentin ;* mêlez-y les scènes principales de *Bataclan,* de *Cadet Roussel esturgeon* et de *Janot chez les Sauvages,* et vous aurez reconstruit, à bien peu de choses près, le *Colin Tampon* du Château-d'Eau.

Du reste, à moins que ma mémoire ne me trompe

furieusement, le théâtre de la Tour-d'Auvergne a représenté l'année dernière une fantaisie des mêmes auteurs,
où une reine sauvage jouait également le principal
rôle. Les deux compositions ont un air de famille, qui
n'est pas un mérite de plus.

Le personnel du Château-d'Eau est habitué aux
farces et aux sotties. M. Dailly, dans le rôle du bailli et
surtout M. Gobin dans celui de Colin Tampon sont
amusants en temps et lieu. Les animaux tiennent une
place considérable dans l'interprétation; il y a, outre
le phoque, un caïman et un éléphant sacré, qui est
noir, contrairement aux saines traditions.

Mlle Darcourt a fait bisser deux couplets qu'elle
détaille avec plus d'insistance que de finesse. C'est
une svelte et jolie personne, si mince et si grande,
qu'elle pourrait aisément cueillir des feuilles sur les
plus hautes branches des jeunes arbres.

La mise en scène n'offre rien de somptueux; cependant l'acte de la mer, avec le sloop qui traverse la scène
et le petit navire qu'on aperçoit à l'horizon, est habilement machiné.

CCX

Gymnase.   2 mai 1874.

Reprise de L'AMI DES FEMMES

Comédie en cinq actes en prose, par M. Alexandre Dumas fils.

Je viens de relire dans ses deux éditions, l'une
intégrale, l'autre expurgée, cette comédie singulière,
audacieuse et manquée, qui scandalisa, il y a dix ans,
à sa première apparition, un public qui, jusque-là,

avait suivi M. Alexandre Dumas fils jusqu'aux extrémités abruptes des pentes les plus vertigineuses. Je rap-
porte de cette étude la conviction qu'il est impossible
de comprendre la pièce, et par conséquent de la juger
sainement, si l'on n'a pas lu et médité la préface
explicative de 1870. Mais comme l'on ne peut pas
jouer la préface, ce qui d'ailleurs exigerait le huis
clos, la pièce, privée de ce commentaire, semblera
toujours obscure malgré les feux d'artifice qui l'illu-
minent, et froide malgré les flammes d'enfer qui
grondent dans le sous-sol.

« Il n'y a pas de pièces immorales, il n'y a pas de
« pièces indécentes, il n'y a pas de pièces dégoû-
« tantes ; il n'y a que des pièces mal faites », écr.;
l'auteur de ce terrible morceau, qui, selon moi, est à
la trop célèbre préface de *Mademoiselle de Maupin* ce
qu'un chapitre des *Liaisons dangereuses* est à un
conte de ma mère l'Oie. Alexandre Dumas fils pouvait seul se juger et se défendre ainsi. Mais, après
avoir écrit ces mots cruels « pièce mal faite », sans
doute pour ôter à quelque autre qu'à lui-même le
droit de s'en servir, il entreprend une explication qui
équivaut, pour tout juge sagace, à une condamnation définitive.

M. Alexandre Dumas fils pense que *l'Ami des femmes*
ne pouvait réussir auprès d'elles, parce qu'il dévoile
les finesses et les ruses de ces pauvres créatures, ou,
pour mieux rendre sa pensée, de ces petites bêtes
charmantes et malfaisantes ; or, les femmes n'aiment
pas qu'on les mécanise, passez-moi le mot ; la pièce
leur a déplu, elles l'ont fait tomber. Et, partant de là,
l'auteur, qui n'eut jamais tant de verve, entame sur
et contre les femmes une satire superbe, exaspérée,
empourprée de tons violents empruntés à la physio-
logie, armée de lanières aiguës qui flagellent jusqu'au
sang les épaules nues des filles d'Eve. A la fin, la

pitié dans l'âme du lecteur étouffe l'admiration, et l'on se prend à demander grâce pour l'éternelle criminelle, qui est aussi l'éternelle faiblesse et l'éternelle beauté.

D'ailleurs il manque quelque chose au syllogisme d'Alexandre Dumas fils ; il ne semble pas apercevoir qu'en offensant les femmes, il a du même coup blessé les hommes, qui se sentent atteints dans leurs prétentions comme dans leurs rêves. Qui m'aime aime mon chien.

Mais ceci ne met en cause que l'impartialité du juge. Le défaut capital, irrémédiable, de *l'Ami des femmes*, en tant que pièce de théâtre, c'est d'être bâti sur une situation qui ne se peut exposer qu'à la condition d'obliger le pompier de service à voiler sa face rougissante sous la coiffe de son casque d'or.

Cette première difficulté, qui se rencontre au nœud même de l'intrigue, se complique, dans l'ordre des caractères, par le personnage de *l'Ami des femmes*, c'est-à-dire par un essai d'autobiographie scénique qui n'avait pas eu d'exemple depuis le jour où Beaumarchais écrivit le fameux monologue de Figaro. Qui méconnaîtrait ce croquis d'une ressemblance si frappante ? Ce n'est plus seulement de l'autobiographie, comme je viens de l'écrire, c'est de l'auto-photo-biographie. Écoutez :

« Ce personnage, qui s'est surnommé lui-même
« l'Ami des femmes, par antiphrase, car il les aime
« justement comme elles ne veulent pas être aimées,
« en leur disant leur vérités, a le grand tort, pour
« les femmes, de connaître celles dont il est l'ami,
« sans rester toujours l'ami de celles qu'il connaît.
« Ses planètes dominantes sont Jupiter, Apollon et
« Mercure, c'est-à-dire la gaieté, la domination ai-
« mable, quelque désir de briller, l'intuition, l'obser-
« vation, la science, l'habileté, la mise en œuvre des

« expériences faciles et des preuves acquises. Orphe-
« lin de bonne heure sous la tutelle d'un vieux gar-
« çon, c'est-à-dire presque abandonné à lui-même,
« il a fait ses classes dans ces mondes interlopes, nés
« presque en même temps que lui, dont on me repro-
« che encore quelquefois d'avoir été l'historien. Il a
« étudié *in animá vili*, comme un futur médecin, dans
« un hôpital et dans un amphithéâtre, et, de ses
« premières études et de ses premières expériences,
« il a conservé cette sûreté de coup d'œil et cette
« franchise d'exécution qui sont les attributs et les
« droits du maître, avec un peu de ce mépris du
« sujet qui est le résulat et comme le châtiment de la
« science. »

Le maître, à coup sûr, je le salue dans ce portrait,
comme je saluerai à l'occasion le portrait dans le
maitre. Seulement, je me demande si le personnage,
qui tient si hautement et si légitimement sa place
dans le monde contemporain, était destiné à faire
aussi bonne figure au théâtre, étant condamné, par
son caractère même, à conduire l'action sans en
profiter, à préparer le repas sans s'asseoir à la table,
à jouer enfin le rôle d'un apôtre de la tempérance
américaine dans un souper où le vin de Champagne
pétille et couronne de sa mousse argentine tous les
verres excepté le sien.

Moralement, M. de Ryons réalise le type rêvé par
son créateur ; scéniquement, il n'eût intéressé qu'à
la condition de travailler pour soi-même et de subir
enfin l'amour dont il se déclare témérairement le
contempteur et le dompteur.

Esprit, finesse, verve incisive à part, M. de Ryons
n'est qu'un raisonneur, un maitre d'école, et s'il a
parfois l'éloquence entraînante d'Abeilard, on se demande aussi, par échappées, s'il n'aurait pas prématurément rencontré Fulbert.

Pour ces raisons et quelques autres d'ordre subalterne, *l'Ami des femmes* n'occupera pas le premier
rang parmi les comédies d'Alexandre Dumas fils.
Comme exécution, c'est peut-être la plus étonnante
de ses œuvres. Les mots heureux, profonds, trouvés
sans paraître cherchés, y abondent avec une prodiga-
lité folle. Vainement le cerveau du penseur affecte un
calme glacial, la main de l'artiste est brûlante; elle
atteste la plénitude de la jeunesse et de la force; on
devine que cette froideur, ces calculs, ces sarcasmes
ne sont encore qu'une arme défensive; et si j'osais
risquer une comparaison qui rend ma pensée, je dirais
qu'autour de cette diatribe contre les femmes, règne
une atmosphère dévorante; on dirait le satyriasis
d'un anachorète, qui lutte contre les visions d'une
nuit d'été, contre les fantômes de la fournaise.

Mais prenez que je n'ai rien dit. J'écrivais les lignes
qui précèdent vers les cinq heures du soir, sous le
coup d'une insolation de lecture, et sans prévoir l'impression qui m'attendait dans la salle du Gymnase.
Il y a six semaines le *magnolia grandiflora* qui fait
l'orgueil de ma pelouse se chauffait aux rayons d'un soleil de vingt-cinq degrés; une seule nuit, celle du 1er
au 2 avril, la nuit de la lune rousse, a grillé ses feuilles
d'un vert luisant et desséché les boutons de ses fleurs
odorantes.

Mon magnolia, c'est l'image de *l'Ami des femmes*
troisième édition. Cette soirée du Gymnase a détruit
l'illusion et effacé jusqu'aux souvenirs.

A force de couper et d'abattre dans cette prose
feuillue, à force de raturer, de châtrer, d'émonder
cette végétation exubérante, on l'a réduite aux proportions d'un quinconce à la Scribe, ou plutôt des
taillis du bois de Boulogne dans l'état où les a laissés
le siège de Paris.

Ceux qui connaissaient la pièce originale avaient du

moins la ressource de gémir ; les autres, vaincus par
l'ennui qu'exhale toute chose qui ne se comprend pas,
regardaient leurs voisins d'un air étonné et semblaient se demander entre eux le mot de cette impé-
nétrable énigme.

Les acteurs ont le droit de revendiquer leur part de
défaite dans l'impression finale de cette soirée. A
l'exception de MM. Derval et Francès, excellents dans
les rôles qu'ils ont créés, comme aussi de M. Andrieu,
fort comique sous les traits de M. de Chantrin, avec
ou sans barbe, l'interprétation actuelle est d'une extrême faiblesse. Ceux qui ne sont pas simplement dé-
testables se trouvent mal placés dans le rôle qui leur
est échu ; Mlle Pierson, par exemple, qui s'est montrée
fort intelligente, mais qui ne peut pas faire qu'un
rôle d'ingénue convienne ni à ses qualités physiques,
ni à ses moyens d'exécution.

Quant à l'ami des femmes, qui tient la pièce entière, et qui n'est acceptable qu'à la condition de conserver extérieurement les formes les plus exquises de
l'homme du monde accompli, M. Frédéric Achard l'a
joué en comique, et quel comique ! Le langage de
M. de Ryons, déjà très difficile à supporter dans un
salon, aurait pour résultat infaillible, accentué comme
il l'est par M. Frédéric Achard, de faire jeter à la porte,
dans le délai de cinq minutes, le malappris qui se le
permettrait envers une femme telle que la comtesse
de Simerose.

Mlle Alice Lody joue en enfant de dix ans le petit
rôle de Balbine, que Mlle Céline Chaumont avait saisi
sur le vif de la pensée de l'auteur : celui de la jeune
fille confiant son premier secret à Vénus. Le scandale et le charme se sont évanouis, l'un emportant
l'autre. Tel est, du reste, l'effet général de la représentation de ce soir.

7 mai 1874.

LE THÉATRE MORAL

Je me pendrais volontiers. Paul Féval a fait une conférence, et je n'étais pas là. Une fois encore le plus spirituel de nos romanciers, comme il en est le plus puissant et le plus fécond, s'est enlevé dans l'aérostat du paradoxe, et est redescendu sain et sauf sur la terre, frais, souriant et goguenard ainsi qu'il convient à l'auteur du *Bossu* et de *Jean Diable*.

Mais si je n'ai pas vu le monstre, comme disait Barrère, l'écho de sa parole est du moins venu jusqu'à moi. Un mien ami a déposé dans mon pupitre les épreuves d'une brochure qui va paraître et qui recommandera aux populations attentives la fondation du *Théâtre moral*.

De l'affaire en elle-même, je ne veux rien dire. Pas de spéculation ; une œuvre de charité littéraire, dans le genre des Filles repenties ou des Petites Sœurs des pauvres. Rien de plus respectable.

Les chrétiens fourniront leur obole ; les capitalistes, fatigués ou inquiets de toucher leurs coupons sur la terre, se demanderont s'il n'est pas expédient de se réserver quelques dividendes là-haut.

Serieusement, la pensée des promoteurs est si respectable que je ne la voudrais pas effleurer de l'ombre d'une plaisanterie décourageante.

Mais la conférence de Paul Féval soulève, dans le tourbillon de sa verve gauloise et bretonne, des questions assez curieuses que je ne veux pas approfondir, Dieu m'en garde, mais autour desquelles il ne me déplait pas de flâner, en prenant des notes.

Le point de départ de la controverse, c'est que le
mal envahit nos théâtres. Ce mal est menaçant, hu-
miliant, contagieux : quelque chose comme la lèpre
ou la peste noire. L'idée chrétienne, la famille, le
mariage, tous les fondements de la société civile et
religieuse sont battus en brèche par..... Ah ! je comprends les réticences de ce brave cœur qui a nom
Paul Féval ; mais puisque ni Victor Hugo le vaste génie, ni Alexandre Dumas fils l'admiré, ni Emile Augier, tout éblouissant de verve gauloise, ni Jules Sandeau, la plume exquise ; ni Octave Feuillet', qui
malaxe la passion dans la grâce ; ni Sardou l'esprit
fait chair ; ni Maquet, le peintre des grandes fresques
historiques ; ni Barrière, qui a écrit la plus belle scène
comique du théâtre contemporain ; ni Labiche le roi
du rire éclatant ; ni Meilhac et Halévy, ces Parisiens
de Paris ; ni Legouvé, ni Saint-Georges, ni Jules Barbier, ni Camille Doucet, ni Coppée, ni Manuel, ni
Gondinet, ni Louis Leroy, ni Raymond Deslandes, ni
Ferdinand Dugué, ni Dennery, le grand architecte,
puisqu'aucun de ces hommes célèbres ou notoires
n'est ni un corrupteur ni un démoralisateur, à qui
donc s'en prendre de la démoralisation générale, à
MM. Blondeau et Monréal, ou à M. Busnach ? à
M. Touroude ou à M. de Jallais ?

Non. Aucun de ces jeunes athlètes n'a exercé jusqu'ici assez d'influence pour mériter d'être rangé parmi les fléaux publics.

Je vous entends. Le bouc émissaire (il doit y en
avoir un) de ce réquisitoire, c'est l'inévitable *Fille de
madame Angot*, qui s'est engueulée quatre cent douze
fois de suite avec mademoiselle Lange, en présence
d'un public de plus en plus insensible au Quantin-
dira-t-on ?

Vous n'y êtes pas non plus. Et je ne vous ferai pas
languir davantage. Le grand coupable c'est *Orphée*

aux Enfers. J'en suis un peu surpris ; mais mon étonnement ne fait rien à l'affaire. Je m'empare de l'argument pour en tirer cette double conséquence : premièrement que le mal dont on gémit n'est pas absolument nouveau, puisque le chef-d'œuvre d'Hector Crémieux et d'Offenbach frise sa vingtième année, et, en second lieu, que la sévère condamnation portée par Paul Féval contre les décors, les costumes et les nudités confond deux espèces de divertissements, que je regarde pour moi comme bien distincts, l'art dramatique et le spectacle.

Qu'on ne crie pas à la subtilité. La distinction n'est pas subtile, et elle n'est pas neuve. Elle gouvernait comme vérité fondamentale la critique des deux grands siècles qui précédèrent la révolution française. Revoyez *l'Année littéraire* de Fréron, qui n'est pas du tout méprisable ; lisez aussi le spirituel journal de Clément l'inclément : vous y retrouverez les justes critiques dirigées contre les tragédies de Voltaire, accusé de substituer, dans *Sémiramis*, par exemple, la pompe du spectacle aux beautés propres de l'action, et de remplacer la pensée tragique par un décor. Si Fréron et Clément revenaient au monde, ils prononceraient un arrêt identique sur le quai Malaquais de *Jean de Thommeray* et sur la scène d'empoisonnement du *Sphinx*. Un effet de nuit et un effet de muscles sont des moyens matériels étrangers à la littérature ; c'est du spectacle et non pas du théatre.

Mais le spectacle, précisément parce qu'il ne fait pas partie des moyens littéraires de l'expression dramatique, échappe a la critique raisonnée. Que des moralistes sévères, que des réformateurs puritains conseillent aux pouvoirs publics de supprimer les spectacles faits pour les yeux et le plaisir des sens, c'est leur droit ; ils n'y réussiront pas, mais ils y réussiraient que la question et les droits de l'art dramatique demeureraient encore intacts.

Je le dis même en toute franchise, le danger social, lorsqu'il se produit, vient de la pensée beaucoup plus que de l'exhibition plastique. Les pièces qui ont le plus troublé peut-être les esprits et les cœurs sont *le Mariage de Figaro, Antony* et *Chatterton*. Ce sont précisément des pièces sans mise en scène et sans spectacle.

Car, arrivons au fait, le mal dont on se plaint ne date pas d'aujourd'hui. Il ne date pas d'hier non plus, ni d'avant-hier. Il est ancien, il est endémique, il est héréditaire ; il remonte aussi haut que les origines du théâtre lui-même. De notre temps, M. Alexandre Dumas fils a eu le privilège de soulever d'éloquentes colères et de sincères indignations ; mais que de clameurs en 1830 contre son illustre père et contre les drames pseudo-historiques de M. Victor Hugo ! Une partie respectable de l'opinion se souleva ; l'on vit des membres de l'Institut se rendre en députation aux Tuileries pour supplier le roi Charles X d'interdire des œuvres scandaleuses capables d'empoisonner la nation. Je ne dis pas que les suppliants ne vissent pas juste ; ils avaient seulement le tort, étant eux-mêmes hommes de lettres, de manquer absolument de talent.

Attendez encore. Remontez un demi siècle en arrière. Prêtez l'oreille : vous entendrez les derniers échos de la clameur qui s'éleva autour de Beaumarchais prenant possession victorieuse de la scène française. Le roi Louis XVI avait décidé que la pièce révolutionnaire ne serait pas jouée ; elle le fut cependant sous la pression de l'opinion publique et de la cour elle-même. Pauvre Louis XVI ! il avait bien raison. Le chef-d'œuvre de Beaumarchais était un défi jeté à la société politique, en même temps qu'un outrage aux bonnes mœurs. *Le Mariage de Figaro* venait d'exposer à la lumière de la scène les excitations équivoques et les tableaux libertins que les *Aventures de Faublas* cachaient du moins dans la pénombre discrète du livre à demi ouvert.

Encore un recul dans le passé. Croyez-vous que la représentation de *Tartuffe* n'ait pas été un grand scandale, et que Molière, animé, je le veux, des intentions les plus droites, n'ait pas eu le malheur de trouver, ce jour-là, la formule qui devait le mieux profiter aux libres penseurs pour battre en brèche les pratiques de la religion et l'honneur des dévôts sincères?

Allez plus loin, plus loin encore. Poussez jusqu'au théâtre grec.

Euripide, vous le savez, fut un corrupteur des traditions nationales, et Eschyle un contempteur de la majesté des dieux. L'humanité aime ainsi à se plaindre qu'on l'a corrompue, pour faire croire apparemment qu'elle était vierge et naïve avant l'arrivée de ce vieux séducteur qui s'appelle le théâtre.

La fameuse lettre de Jean-Jacques Rousseau à d'Alembert sur les spectacles renferme une vérité frappante : « On dit que jamais une bonne pièce ne tombe; vraiment, je le crois bien, c'est que jamais une bonne pièce ne choque les mœurs de son temps. » En d'autres termes, si elle les choque, elle tombe. Conséquence rigoureuse de l'observation qui précède : une pièce immorale ne réussit que par l'immoralité du public qui l'applaudit.

Et c'est là que j'en voulais venir.

Les promoteurs du théâtre moral demandent à la scène non pas seulement ce qu'elle peut donner, mais quelque chose de plus et à quoi elle est impuissante. Pour qu'un théâtre absolument épuré eût la chance de réussir universellement, il faudrait lui préparer un public qui eût le goût exclusif des choses pures, et l'aversion des autres.

A l'éducation seule est réservé ce travail prépara-
toire, et si, comme je le crois fermement, la morale
religieuse pose le seul fondement d'une éducation
effective, propre à garantir l'homme contre l'entraînement des passions qui se développent et s'agitent au
théâtre, il y aura toujours pour le sujet ainsi disposé
quelque chose de bien supérieur et de bien préférable
à la fréquentation du théâtre, même du futur Théâtre
moral : ce sera le travail, la vie de famille et la prière.

<hr />

CCXI

VAUDEVILLE.   11 mai 1874.

Reprise des GANACHES

Comédie en quatre actes, par M. Victorien Sardou.

Lorsque M. Sardou fit représenter *les Ganaches* il y
a douze ans, il n'était encore que l'auteur des *Pattes
de Mouche* et des *Intimes*. Mais quelques personnages
épisodiques de la troisième grande pièce, ceux d'Ur-
bain Fromentel et de Vauclin, par exemple, permet-
taient d'entrevoir le futur peintre des Benoîton et
des Rabagas.

Le fond de l'ouvrage ne dut pas paraître absolument
neuf ; l'opposition de l'ancienne société et du monde
moderne, de la noblesse et de l'industrie, l'avénement
des nouvelles couches sociales, la fusion des classes
obtenue par des concessions réciproques et cimentées
par un heureux mariage, sont des thèmes qui ont
largement et abondamment alimenté le théâtre depuis les premières années de la Restauration jusqu'à

nos jours. En sondant de plus près encore les sources auxquelles on peut rapporter directement l'inspiration des *Ganaches*, on y reconnaît qu'une habile fusion de *Mademoiselle de la Seiglière* avec *Par droit de conquête* donnerait presque toutes les situations principales mises en œuvre par M. Victorien Sardou. Marcel Cavalier offre cette ressemblance particulière avec le héros de M. Jules Sandeau d'être le petit-fils de l'intendant des La Rochepéan comme Bernard Stamply était le fils du fermier des La Seiglière.

C'est d'ailleurs à M. Legouvé qu'appartient la première pièce à ingénieurs! je dis à ingénieurs, parce qu'il y a deux ingénieurs, dans *Par droit de conquête* : d'abord l'ingénieur lui-même, puis le marquis son adversaire et finalement son ami. Un écrivain moins ingénieux que M. Sardou aurait enchéri sur M. Legouvé en introduisant trois ingénieurs dans *les Ganaches*; trop avisé pour commettre une pareille faute, il n'en a pas remis, il en a ôté. Marcel Cavalier représente seul, en présence du musée fossile de Quimperlé, la science moderne, la vapeur et l'électricité, ces agents presque surnaturels dont l'homme est si fier et qui, malheureusement, ne l'ont rendu ni plus raisonnable, ni plus prévoyant, ni plus heureux.

Mais si la donnée première des *Ganaches* atteste la mémoire de M. Victorien Sardou plutôt que la fécondité de son imagination, celle-ci, assistée par une observation pénétrante, a pris sa revanche dans la création de types amusants, saisis sur nature, et mis en lumière au point d'arriver au relief que donne le stéréoscope. Je ne connais aucune pièce où M. Sardou ait dépensé plus de gaieté naturelle et de sensibilité.

Il faut le louer aussi d'avoir entouré de précautions infinies les ridicules qu'il voulait traduire à la scène. L'écueil, c'eût été d'exposer à la risée publique des croyances respectables, et de tourner en satire la pein-

ture de caractères qui n'ont à se reprocher après tout
qu'un excès de fidélité envers un passé glorieux. Cet
écueil, M. Sardou l'a heureusement tourné en con-
servant la noblesse du cœur à ceux de ses personnages
qui professent un culte superstitieux pour la noblesse
du nom.

De même, le démagogue Vauclin, libéral et terro-
riste, matérialiste et bon garçon, capable finalement
d'aller à la messe pour sauver sa jeune malade, est un
excellent portrait, un peu flatté, mais humain et
sympathique.

A ceux qui jugeraient invraisemblable la démarche
faite à Paris par le marquis de la Rochepéan afin
d'obtenir que sa chère petite ville de Quimperlé n'eût
pas de chemin de fer, je répondrai par un exemple qui
m'est personnellement connu. Sous le gouvernement
de Juillet, lorsque la discussion s'ouvrit au sujet des
divers tracés des lignes du Nord, la ville de Beauvais, en
possession séculaire d'une des grandes routes royales,
mit en œuvre les influences les plus puissantes pour
écarter de ses murs le passage du chemin de fer ; elle
y réussit, et lorsqu'on apprit l'heureuse nouvelle qui
allait porter un coup mortel à l'antique prospérité
beauvoisienne, la ville fut illuminée.

La nouvelle épreuve que vient de subir la comédie
de M. Sardou ne lui a pas été défavorable ; elle n'a
pas vieilli ; elle a même fait preuve d'une vitalité singulière en résistant à une interprétation insuffisante
sur bien des points.

Je ne dis pas cela pour M. Delannoy qui se montre
amusant au possible dans le rôle légendaire de Fromentel, auquel M. Lesueur avait imprimé un cachet
inoubliable. Autant M. Lesueur y était amer et grin-
cheux, autant M. Delannoy y déploye de bonhommie
et de ganacherie sans fiel ; c'est peut être un contre-
sens ; mais j'ai trop ri pour donner tort à M. Delannoy.

Mme Alexis a partagé avec M. Delannoy les honneurs
de cette reprise ; elle a dit avec une vérité si plaisante
les imprécations bibliques de cette vieille peste qui
s'appelle Rosalie de Lorbac, que la salle entière l'a
rappelée comme un chanteur après son grand air.

A M. Julien Deschamps était échu le périlleux
honneur de succéder au regretté Lafont dans le rôle
du marquis de la Rochepéan ;· depuis sa retraite pré--
maturée du Gymnase, M. Deschamps n'avait eu
qu'une occasion de reparaître devant le public parisien ; la Porte-Saint-Martin lui confia le rôle de
Louis XV dans *la reine Cotillon,* d'Anicet Bourgeois
et Paul Féval.

Ce soir, M. Deschamps tremblait littéralement de
peur ; le public n'en a pas moins apprécié ses qualités de diction et le timbre gracieux de sa voix,
qui rappelle, dans une gamme un peu affaiblie, celle
de M. Delaunay. Lorque M. Deschamps sera remis de
son émotion, il rendra le personnage du marquis un
peu plus calme dans les premiers actes ; trop de mobi-
lité dans le corps, trop de jeux de physionomie, c'est
un léger excès qui se comprend et s'excuse de la part
d'un comédien habile, mais éloigné depuis longtemps
de la scène, et que le désir de bien faire entraîne
quelquefois au-delà de la juste limite.

Mlle Bartet m'a moins plus dans le rôle de Marguerite que dans ses précédentes créations ; elle s'y montre
plus nerveuse que sensible et ne varie guère ses effets.

M. Ambroise est convenable dans le rôle du duc, et
M. Richard esquisse agréablement le rôle de petit
crevé de province.

M. Abel et M. Michel, chargés des personnages de
Marcel Cavalier et du docteur Vauclin, sont tout à fait
au-dessous de leurs rôles, auxquels MM. Lafontaine et
Landrol, qui les établiront d'origine, avait donné
tant d'importance et d'éclat.

CCXII

COMÉDIE-FRANÇAISE.   12 mai 1874.

LA BELLE PAULE

Comédie en un acte en vers, par M. Louis Denayrouse.

Il paraît que les matinées littéraires ne comptent pas aux yeux de la Comédie-Française, puisque son affiche annonçait ce soir la première représentation de *la Belle Paule*. La vérité non moins que l'équité commandaient d'ajouter : « à ce théâtre », puisque *la Belle Paule* fut réellement jouée pour la première fois sur le théâtre de la Gaîté le 22 décembre 1872, par les comédiens français eux-mêmes, en présence de M. Perrin, qui vint en personne applaudir aux efforts du jeune poète et de son *impresario* M. Ballande.

Si j'avais besoin de me persuader que la première représentation de *la Belle Paule* n'est en réalité qu'une reprise, je n'aurais qu'à me relire, puisque je rendis compte en ce temps-là du début de M. Denayrouse. Il me suffit donc de rappeler que M. Denayrouse a mis en scène la figure de la belle Paule, l'héroïne et le prototype de la beauté toulousaine. Elle était si belle, cette belle Paule, qu'elle finit par être considérée comme une sorte de monument public ; on raconte que le roi François Ier, traversant le midi de la France, se dérangea de sa route, comme il eût fait pour contempler les arènes de Nîmes ou les fortifications de Carcassonne, et que le Parlement de Toulouse condamna cette noble dame à se promener par les rues deux jours de la semaine tout au moins, afin de satisfaire dans une juste mesure l'admiration publique.

Sur cette donnée grotesque plutôt que comique, M. Louis Denayrouse a cousu une légère intrigue qui rappelle d'assez près les amours de la comtesse Almaviva et du page Chérubin dans *le Mariage de Figaro*. Mais l'auteur a couvert cette trame un peu frêle de vers délicats, bien tournés, parfois passionnés ou spirituels, qui justifient l'accueil de la Comédie Française et du public.

M. Martel, M. Thiron et Mlle Sarah Bernhardt ont gardé les rôles qui leur avaient valu de sincères applaudissements devant le public des matinées Ballande ; le rôle de la belle Paule, créé par Mlle Croizette, a été recueilli par la belle Mlle Lloyd, et Mlle Dinah Félix donne du piquant au personnage secondaire d'Isaure, qui, à la Gaîté, passait inaperçu.

CCXIII

Opéra-Comique.   15 mai 1874.

LE CERISIER

Opéra-comique en un acte, paroles de M. Jules Prével,
musique de M. Duprato.

Le *libretto* du *Cerisier* appartient à l'école de Sedaine, avivée de quelques tons égrillards directement empruntés aux contes de La Fontaine.

La donnée fort simple de *la Servante justifiée* a été traitée par M. Prével d'une manière scénique, et je connais dans le répertoire de l'Opéra-Comique d'excellentes partitions qui se sont contentées à moins.

Le fermier Marcellin s'est laissé surprendre par une méchante commère Mme Furet, au moment où il embrassait sous un cerisier sa servante Christine. Mme Furet n'aura rien de plus pressé que d'aller dénoncer à Georgette Marcellin l'infidélité de son mari.

Qu'imagine le rusé compère? Il amène sa femme sous le cerisier, la lutine et l'embrasse, en un mot il répète avec Georgette les ébats qu'il prenait tout à l'heure avec Christine.

Aussi, lorsque Mme Furet arrive et clabaude, je vous assure qu'elle est reçue par un joyeux éclat de rire. — J'ai vu votre mari embrasser une femme! — C'était moi. — Il l'a fait trébucher de l'échelle pour qu'elle tombât dans ses bras! — C'était moi. — Il l'a prise par la taille! — C'était moi.

Furieuse et déçue, la mère Furet se retournera sur Prosper, l'amoureux de Christine.

Au tour de celle-ci à se prémunir contre les mauvaises langues. Elle agace Prosper, l'amène sous le cerisier et se fait embrasser par son amoureux comme elle l'avait été le matin par son maître.

Nouvelle déconvenue pour Mme Furet. — J'ai vu votre Christine embrassée par un homme. — C'était moi! — Il l'a prise par la taille. — C'était moi! c'était moi!

Chœur général : Mme Furet est folle!

Et, pour achever la déconvenue de Mme Furet, Christine est couronnée rosière.

Rien n'empêchait M. Duprato d'égrainer sur cette amusante fantaisie quelques notes de musique légère. S'il n'y a pas réussi, ce n'est pas que les qualités de facture manquent à la plume du compositeur, mais les idées lui arrivent rares et courtes, et, à quelques heureuses exceptions près, plus tristes que ne le comportait le conte gaulois de MM. Jean de la Fontaine et Jules Prével.

S'il fallait à toute force citer un ou deux morceaux qui aient laissé sur ma mémoire une impression moins passagère que les autres, je ne trouverais guère que le duetto de Christine et de Mme Furet : *C'était moi!* et la petite chanson de Prosper : *J'en mettrais ma main au feu*, laquelle, après tout, ne dépasse guère le niveau moyen de l'opérette.

Ajoutons qu'à l'exception de Mlle Révilly, accoutumée à la résignation la plus complète, et de M. Barnolt, amusant sous les traits de Prosper, les acteurs semblent se faire un jeu d'épuiser la politesse infinie du public parisien. Si j'avais à rédiger leur feuille de route, je la libellerais ainsi : « Venant de Quimper-« Corentin ; en route pour Brives-la-Gaillarde. »

CCXIV

L'AMANT DE LA LUNE

Drame en cinq actes, par Charles-Paul de Kock.

> Qu'on est heureux,
> Qu'on est joyeux,
> Tranquille
> A Romainville.
> Ces bois charmants,
> Pour les amants
> Sont remplis d'agréments.

Ainsi chantait dans le premier tiers de notre siècle la muse grivoise, naïve et sensible du plus populaire des romanciers.

Ah! les souvenirs de *la Maison blanche*, de *Moustache*, du *Tourlourou*, de *la Laitière de Montfermeil*

et de *Mon voisin Raymond!* On était jeune et pauvre,
on croyait aux grisettes, aux fêtes champêtres, au
petit vin blanc pétillant sous la charmille, on s'indi-
gnait de l'infidélité des femmes, on applaudissait aux
sentiments honnêtes du chiffonnier vertueux, des
vagabonds qui font des madrigaux à la lune. Que de
francs éclats de rire, que d'émotions douces traversées
d'un peu de terreur!

Malheureusement, il y a vingt-sept ans déjà que
Paul de Kock écrivit le roman qui porte le titre de
l'Amant de la lune, d'où il tira plus tard le drame que
l'Ambigu vient de représenter, mais que je ne puis
qualifier de nouveau. Il y a quelques rides au front de
cette littérature lointaine; les étudiants de dixième
année, avec leur béret blanc et leur pantalon à car-
reaux, sont un type disparu dont on ne rencontrerait
plus un seul échantillon dans le quartier latin. L'illustre
Saucissard manque d'actualité autant qu'un *anoplo-
therium,* ou telle autre bête antédiluvienne.

Pourtant, le mélodrame qu'on a retrouvé dans les
papiers de Paul de Kock, et qui a été, dit-on, légèrement remanié par MM. Beauvallet père et fils, n'est
pas dépourvu d'intérêt; la marche en est un peu primitive; mais on y frémit comme dans *Il y a seize ans,*
et l'on finit par souhaiter, avec une ardeur vraiment
surprenante pour des gens de notre temps, le triomphe
final de l'innocence persécutée.

Une petite pièce de vers, écrite en l'honneur de
Paul de Kock par M. Alexis Bouvier, a été très
goûtée.

Je ne citerai parmi les acteurs que M. Vannoy, chargé
du rôle de Saucissard, et qui rend avec énergie une
épouvantable scène d'ivresse, M. Montbars, qui a de la
bonne humeur, et M. Libert, qui a fait applaudir, avec
un filet de voix chevrottante, la ballade de *l'Amant
de la lune.* Il y a vraiment un reflet de poésie popu-

laire dans ces paroles naïves et dans cette musique monotone comme un chant de paysan.

CCXV

UNE FEMME QUI MENT
Comédie en un acte, par M. Delacour.

Une femme qui ment ! quel thème pour une, deux, trois, dix, cent comédies de cinq actes chacune ? Qu'est-ce que le sujet du *Barbier de Séville* et que celui d'*Andromaque* ? Une femme qui ment. Gavarni et Beaumont, Grévin, Balzac et Laurent Jan racontèrent-ils jamais et aperçurent-ils dans le monde un spectacle plus varié, plus piquant, plus universel et plus profond que celui des « fourberies de femmes ? » Non. Une femme qui ment, c'est donc le fonds de la littérature moderne ; mais le cas révélé par M. Delacour est tellement innocent qu'à peine valait-il la peine d'être extrait de l'inépuisable réservoir des mensonges féminins.

Que voulez-vous que pense M. Paul Clavières lorsqu'il s'aperçoit que sa jeune femme ne lui dit pas un mot de vérité ? lorsqu'il constate que ce châle de dentelle, payé comptant trois cents francs, en a coûté mille ; que cette jardinière, achetée cent francs à l'hotel des ventes, disait madame, a été payée quatre cent cinquante francs chez un célèbre faiseur, et qu'enfin c'est du magasin de celui-ci qu'est sortie l'horrible pendule en zinc que Clémence prétendait avoir gagnée pour cent sous dans une loterie de bienfaisance ?

— Qu'il en pense ce qu'il voudra, me répondrez-vous, je ne me soucie pas d'y penser à sa place. Il fait trop chaud.

C'est aussi l'avis de M. Landrol qui sue sang et eau en se demandant si sa jeune épouse n'aurait pas sacrifié sa vertu, et pour quel prix, grand Dieu ? pour une pendule en zinc !

Rassurez-vous.

Après diverses cascades qui rejaillissent du ménage Clavières sur le mariage Nivodot (joli nom qu'on aurait dû réserver pour un ingénieur du service hydraulique), Paul Clavières reconnaît que son épouse est le modèle des femmes. Seulement, elle avait un parrain ; de ce parrain viennent les cinq mille francs que la pauvre enfant a consacrés en partie à payer une vieille dette de son Paul adoré.

Dire de ce petit acte, écrit avec l'expérience éprouvée de M. Delacour, qu'il est lestement troussé, ce serait lui faire injure et déplaisir : vertueusement habillé, à la bonne heure, et fait pour être joué aux jours de fête dans les pensions de demoiselles.

Et voilà la première pierre du Théâtre Moral toute trouvée.

Somme toute, joli petit succès, inoffensif, lénitif et rafraîchissant.

CCXVI

PORTE-SAINT-MARTIN.   12 juin 1874.

LE PIED DE MOUTON

Féerie en cinq actes et vingt tableaux, par MM. Cogniard frères et Hector Crémieux, et un peu par feu Martainville et feu Ribié.

Je l'ai vu ce célèbre Martainville ; c'était un petit homme gros et difforme, presque cul-de-jatte, quelque

chose comme le Diable boiteux de Le Sage. Par quelle
singularité la physionomie de l'auteur du *Pied de
Mouton*, du rédacteur en chef du *Drapeau blanc*, laissat-elle une profonde empreinte sur la mémoire du petit
enfant que j'étais alors ? C'est qu'on me fit remarquer la main de Martainville, une main hideusement
mutilée, dont la vue excita chez moi une sensation
d'inexprimable horreur.

Nous savons trop, par des exemples d'une palpitante actualité, jusqu'où vont les haines politiques.
Elles n'étaient guère moins ardentes sous la Restauration. Un jour, Martainville reçut un écrin qui contenait une boîte en or d'un riche et beau travail ; un
anonyme priait le journaliste d'accepter ce don d'un
admirateur discret. Martainville s'empresse de l'ouvrir,
une explosion retentit ; la boîte était chargée de matères fulminantes qui lui emportèrent deux doigts.

Grand joueur et grand mangeur, Martainville fut
tout à fait l'homme de ses œuvres. Il assaisonnait son
royalisme du sel le plus voltairien, et sa plaisanterie
épicée ne reculait pas devant une pointe de cynisme.
Comme écrivain, il tombait volontiers de Voltaire en
Ducray-Duminil, et il forme un agréable entre-deux de
Beaumarchais à M. Prud'homme.

Le Pied de Mouton commence par un monologue
visiblement inspiré par celui de Figaro : « J'ai essayé
« de presque tous les états, dit Guzman, et j'ai échoué
« dans tout. Homme de loi, j'eus des scrupules et peu
« de clients ; médecin, je m'avisai de guérir plusieurs
« malades ; je fus proscrit par mes confrères qui me
« traitaient de gâte-métier ; militaire, j'attrapai des
« coups et point d'avancement ; enfin, je me fis poëte,
« et je ne pus pas même aller à l'hôpital. » En lisant
ce début, on pourrait croire que *le Pied de Mouton* fut
originairement destiné à la Comédie-Française.

Heureusement, ces intentions littéraires ne durent .

pas, bien qu'elles se réveillent de temps à autre et se traduisent par des phrases vraiment monumentales. « Être faible et orgueilleux », dit le Génie à Guzman qui voulait se brûler la cervelle. « as-tu le droit de « rien détruire, toi qui n'as le pouvoir de rien « créer? » Admirez cet épanchement philosophique de Guzman, résistant aux instances de Leonora qui lui demande le secret de son talisman : « Jouissons des ef- « fets, sans rechercher les causes ». Mais la plus belle et la plus précieuse des fleurs de rhétorique qui foisonnent dans le chef-d'œuvre de Martinville, est incontestablement cette apostrophe du Génie déjà nommé à son ami Guzman : « Apprends à ne jamais désespérer « de l'avenir; c'est souvent au fond de l'abîme que « l'on trouve la route qui conduit au bonheur. »

MM. Cogniard frères et Hector Crémieux ont eu le bon goût de respecter presque toutes les beautés du vieux chef-d'œuvre, et les ont augmentées de quelques perles de même genre; ce qui gâte la jouissance des amateurs, c'est qu'aujourd'hui presque toutes ces jolies choses se chantent, et qu'on en perd.

La Porte-Saint-Martin a donné au *Pied de Mouton* des décors fort pittoresques et d'admirables costumes. Le ballet des fleurs surtout mérite des éloges.

MM. Alexandre, Mangin et le gros Laurent ont été créés et mis au monde pour jouer les dindons de féerie. Quant aux dames, je n'en veux point parler, et je conseille aux directeurs de supprimer les trop nombreux *duetti* qui leur ont permis d'imiter tour à tour le grincement des clefs dans une serrure rouillée ou le bruit des gouttes d'eau qu'on jette dans la friture en ébullition.

Du reste — musique à part — la pièce est amusante et les trucs marchent avec aisance et facilité.

CCXVII

COMÉDIE-FRANÇAISE. 15 juin 1874.

TABARIN

Comédie en deux actes, en vers, par M. Paul Ferrier.

Tabarin est, de par Boileau, l'un des ancêtres de Molière. A ce titre, la Comédie-Française lui devait bon accueil. J'ai parlé de Tabarin et de son maître Mondor à propos du drame de M. Xavier de Montépin, représenté l'année dernière à l'Ambigu. Je n'y reviendrai pas à si courte distance.

Le célèbre farceur du Pont-Neuf n'occupait que le second plan du drame de l'Ambigu. Il était le chien de Terre-Neuve, fidèle et dévoué, qui veillait sur les jours d'un prince d'aventures.

M. Paul Ferrier n'a vu dans Tabarin que Tabarin lui-même. Ce sont les passions, les fautes et les malheurs de Tabarin qui remplissent la scène.

Tabarin est jaloux de sa femme Francisquine ; quand la jalousie le saisit, il se grise, et lorsqu'il est gris, il bat sa femme. Francisquine, lasse d'être battue, médite une vengeance féminine ; un fils de famille, le jeune Gauthier, sera son complice. Pour les beaux yeux de Francisquine, Gauthier s'engage dans la troupe du Pont-Neuf où il jouera les capitans.

Hardi, jeune et amoureux, Gauthier saisit aux cheveux l'occasion qui lui est offerte par une scène de la parade ; il enlève Francisquine, Tabarin, au désespoir, se lamente et s'arrache les cheveux. Les assistants, qui croient que c'est la pièce, rient d'abord

aux éclats ; puis, ces vraies larmes de leur bouffon
favori commencent à leur déplaire, et ils se fâcheraient
tout rouge si la Providence ne prenait pitié du pauvre
Tabarin.

Un pitre subalterne, nommé Frippesauce, admirateur passionné de Tabarin, a suivi Francisquine et l'a
ramenée de force à son mari. Tabarin, attendri, pardonne à la femme volage. L'auditoire ne comprend
rien à ce nouveau revirement. — « Mais, messieurs,
s'écrie Tabarin redevenu ingénieux, « vous n'aviez donc
« pas compris? C'est la pièce. » Et, par ce trait de génie,
il sauve du même coup sa fortune comique et son
honneur conjugal.

Telle est la substance des deux actes agréablement
versifiés qui ont réussi ce soir à la Comédie-Française.
M. Paul Ferrier a su donner un dénoûment simple et
théâtral à une action dont l'invention ne lui appartient pas en propre et qui a même beaucoup servi. Le
Kean de Dumas, *le Roi s'amuse* de Victor Hugo, le
Rigobert de M. Deligny et le *Paillasse* de Marc Fournier ont exploité, avant M. Paul Ferrier, le contraste
des douleurs privées du comédien ou du bouffon avec
son rire professionnel. Le reproche le plus sérieux que
mérite M. Paul Ferrier, c'est d'avoir prêté à Tabarin,
à ce roi des grossiers tréteaux du dix-septième siècle,
des aspirations lyriques et byronniennes qui constituent un bel et bon anachronisme, en même temps
qu'un contre-sens.

Il s'ensuit que le premier acte est un peu triste, pour
ne pas dire maussade. M. Coquelin, dont j'admire
autant que personne les dons naturels et la verve endiablée, voulait sans doute prouver qu'il aurait pu
jouer Triboulet. L'épreuve ne me paraît pas convain-
cante. Il me souvient d'avoir entendu M. Coquelin dé-
clamer *la Nuit d'Octobre* dans un salon, hélas! à ja-

mais disparu. Mais M. Coquelin commettait une erreur :
il ressemble aussi peu que possible à Alfred de Musset,
et ses meilleurs élans de sensibilité ne valent pas le
moindre de ses éclats de rire. Les artistes ont de ces
fantaisies. M. Ingres professait une grande estime
pour ses œuvres picturales ; mais il se préférait comme
joueur de violon.

Cela dit pour détourner, s'il se peut, M. Coquelin
d'une voie qui n'est pas la sienne, je reconnais qu'il a
débité avec un entrain et un esprit étourdissants la
scène de parade où il imprime à son chapeau de feutre
gris toutes les formes imaginables, et je m'associe à
l'ovation chaleureuse qui lui a été faite par le public
— non pas du Pont-Neuf — mais de la Comédie-Française, lorsqu'il est venu nommer M. Paul Ferrier.

Mlle Lloyd, qui jouait Francisquine, a très spirituellement copié les costumes, le ton et les gestes em-
phatiques par lesquels les comédiennes du temps de
Hardy, de Tristan l'Hermite et de Scarron savaient
charmer nos aïeux.

M. Coquelin cadet s'est taillé un succès de bon aloi
dans le petit rôle de Frippesauce. Il y a montré du naturel et de la gaîté : deux qualités précieuses, qu'on
retrouverait chez lui si son grand frère cédait jamais
à la tentation d'y renoncer au profit du mélodrame ou
de la sensiblerie.

CCXVIII

GYMNASE-DRAMATIQUE.   18 juin 1874.

DUBOIS D'AUSTRALIE

Comédie en deux tableaux, par M. Gustave Nadaud.

LA DRAGONNE

Comédie en deux tableaux, par M. Edouard Plouvier.

LE CHEVALIER BAPTISTE

Comédie en un acte, par MM. Bisson et Sylvane.

Trois premières en une seule soirée. C'est le système des trains funéraires appliqué à l'art théâtral. Les morts vont vite, surtout lorsqu'ils vont en troupe. Messieurs les parents, suivez le deuil.! En voiture, messieurs les voyageurs pour Méry-sur-Oise, je veux dire pour le Gymnase d'été !

Un pleur pour Gustave Nadaud. Ce joyeux chansonnier, presque un poète, a voulu débuter, vers le tard, sur les planches fatales. Que nous a-t-il donné ? Dubois (d'Australie), c'est tout bonnement *l'Habitant de la Guadeloupe* de feu Mercier. Toutefois, M. Nadaud a fait subir à ce vieux thème une variante ingénieuse. Dubois (d'Australie) n'est pas millionnaire du tout, et les parents riches, qui l'ont tour à tour honni et choyé, restent les dindons de la farce.

La Dragonne de M. Edouard Plouvier me laisse une impression de tristesse, bien que le public s'en soit plutôt égayé. L'auteur abordait une situation hardie, mais sans issue possible au théâtre, grave défaut. Il s'agit d'une rencontre de bal masqué. Paul Girard

protège une femme serrée de trop près par un polichinelle aviné, qui croyait avoir affaire à une impure
très connue sous le nom de la Dragonne.

Lorsque l'inconnue se démasque, Paul Girard con-
temple et admire une naïve physionomie de jeune
fille. Par quelle aventure s'est-elle égarée au bal de
l'Opéra ? La curiosité, tout simplement. Accompagnée de sa gouvernante anglaise, Marie s'est, dit-elle,
soustraite pour quelques heures à la surveillance de
son père ; touchée de la bonne grâce de Paul et du respect qu'il lui témoigne, elle lui permet de la revoir.

Au second tableau, les jeunes gens se retrouvent
dans la chambre de la gouvernante. Mais ici la scène
change. Paul a été la dupe d'une audacieuse comédie.
La prétendue Marie n'est autre que la Dragonne, c'est-
à-dire qu'une fille éhontée, qu'une prostituée capri-
cieuse et riche. Paul, saisi de dégoût, s'échappe de
ses mains, et, plus heureux que Joseph, ne lui laisse
même pas son pardessus.

Je m'en tiens, pour tout jugement sur l'erreur d'un
écrivain sympathique et estimé, à cette véridique analyse.

C'est M. Achard qui joue Paul Girard avec son entrain bruyant et factice.

J'ai un bel éloge à faire de la pauvre mademoiselle
Legault, chargée d'interpréter le rôle odieux de la
Dragonne : elle y a été détestable. C'est le plus beau
succès qu'on pût souhaiter à son talent naïf et pur,
qui mérite de meilleurs emplois.

Comme quoi le valet de chambre Baptiste, chargé
simultanément par son maître et par sa maîtresse de
les surveiller respectivement, s'introduit dans une
armure qui orne le cabinet de son maître ; comme
quoi, enfoui sous un heaume qui coiffa jadis le chevalier Bayard, il assiste à l'assaut que le cousin Pitel

livre à la vertu de Mme Baptiste ; comme quoi la sus-
dite vertu triomphe du séducteur Pitel, etc., etc., tel
est le fabliau que MM. Bisson et Sylvano se sont
donné la peine de rédiger en·prose. On a suffisamment ri de l'armure du chevalier Baptiste, moyennant
quoi le chevalier Public a été désarmé.

M. Ravel tient à lui tout seul cette joyeuse plaisanterie, dont il fait un monologue à cinq personnages.

CCXIX

RENAISSANCE.   27 juin 1874.

LE CAISSIER

Comédie en un acte, de MM. André Gill et Georges Richard.

REPRÉSENTATION EXTRAORDINAIRE

LE SUPPLICÉ D'UNE FEMME

La Renaissance vient d'entr'ouvrir ses portes au
bénéfice d'une artiste qui désirait se faire entendre
et juger dans un rôle important. Mme Therval, que
nous avons déjà vue à l'Odéon et à Cluny, avait choisi
le rôle de Mathilde dans *le Supplice d'une femme ;* les
auteurs et la Comédie-Française elle-même avaient
accordé gracieusement les autorisations nécessaires.

Tout aurait donc marché à souhait si Mme Therval
avait pu vaincre, aussi facilement que les autres obstacles, la peur qui la faisait trembler en scène. C'est
là l'inconvénient de ces auditions isolées. Le résultat
n'en a pas moins été favorable à Mme Therval, qui s'est
fait applaudir dans les situations émouvantes de ce
drame plus brutal que vrai, qui s'appelle *le Supplice
d'une Femme*, M. Saint-Germain est un excellent

Dumont... à la muette. Il a l'autorité, la simplicité, et pas l'ombre de voix.

M. Montlouis joue avec conviction le rôle de l'Alvarès de Tolède, en ce moment occupé à la Comédie-Française par M. Laroche, à qui il ressemble étonnamment. Vous auriez été peut-être curieux de voir le rôle de Mme Prévost-Ponsin tenu par Mlle Scriwaneck. Eh bien vous auriez eu tort.

Après divers intermèdes, où l'on a successivement applaudi M. Bosquin, de l'Opéra, la petite Martel, du Théâtre-Français et un chanteur comique plein de goût, M. Piter, le rideau s'est levé vers minuit sur une saynète intitulée *le Caissier*. C'est une pochade plus drôle que spirituelle et plus amusante que neuve. Il s'agit d'un banquier, qui méprise les timides et les scrupuleux. Profitant de ce trait de caractère, un amoureux éconduit s'empare de la confiance de M. Fouridor en lui faisant croire qu'il l'a volé. Le banquier, touché de tant d'audace et de savoir faire, accorde la main de sa fille au caissier infidèle. Bien entendu la caisse est intacte ; et tout le monde s'embrasse.

Cette extravagance est rondement jouée par deux pensionnaires de l'Odéon, MM. Truffier et Georges Richard, lequel est l'un des deux auteurs de la pièce.

CCXX

GYMNASE-DRAMATIQUE.   6 juillet 1874.

LA CHUTE

Drame en quatre actes, par M. Louis Leroy.

Sous ce titre audacieux, M. Louis Leroy voulait développer ce qu'un moraliste a qualifié « la loi de la chute ». Il s'agissait de prouver qu'une femme ne peut pas ne faillir qu'une fois. Heureusement, M. Louis Leroy s'est arrêté au milieu de cette thèse, qui n'est ni humaine ni chrétienne.

Mme de Vandeuil a été mal mariée ; son mari la délaisse pour courir les aventures de jour et de nuit ; la fortune du ménage y a passé, et M. de Vandeuil, pris d'un repentir apparent, a annoncé son départ pour l'Orient où il tentera les affaires financières, si fructueuses au pays des mille et une nuits. La vérité est que M. de Vandeuil a perdu à son cercle quatre-vingt mille francs sur parole contre M. de Mortreux. Grâce à la signature de sa femme, Vandeuil s'est procuré la somme ; mais au lieu de s'en servir pour acquitter sa dette, il suivra en Orient une certaine lady dont il est amoureux. Infidèle, parjure et indélicat, ce n'était pas assez pour préparer ou excuser la chute de Mme de Vandeuil ; le comte — car il est comte, ce déplorable drôle — se présente gris comme un Polonais chez M. de Mortreux, et lui explique qu'il le paiera — plus tard, lorsqu'il se sera dégoûté de son anglaise.

Or, le jour même, Mme de Vandeuil avait donné à M. de Mortreux un premier rendez-vous ; cachée derrière une tapisserie, elle entend la confession écœurante de son mari ; et lorsque celui-ci s'est éloigné, la comtesse tombe dans les bras de M. de Mortreux, qu'elle aime d'une passion jusque là combattue.

Lorsque le rideau se relève sur le second acte, le châtiment commence pour Mme de Vandeuil ; sous des dehors plus polis que M. de Vandeuil, M. de Mortreux est pire encore ; il a moins de crapule et moins de scrupules. Il trahit Mme de Vandeuil pour une « cabotine » nommée Carmina, qui va précisément épouser un de ses amis à lui, le baron de Marbouty.

Ici commencent et se continuent pendant deux

actes les affronts réservés à la femme qui s'est écartée
de la ligne droite. Carmina et l'étonnant cocodès qui
va devenir son époux veulent que Mme de Vandeuil
orne de sa présence un bal qu'ils vont donner dans
leur villa de Nice. Mme de Vandeuil refuse d'abord
avec hauteur ; mais, poussée par le désespoir et la
jalousie, lorsqu'elle apprend que M. de Mortreux y
est allé sans elle, elle se présente dans le bal, d'où, à
son tour, elle est chassée par Carmina.

Et M. de Mortreux est assez lâche pour souffrir,
sans se révolter, que sa nouvelle maîtresse insulte
devant lui la femme qui lui a sacrifié sa vie et avec
laquelle il vit maritalement !

A ce moment, un homme apparaît : c'est M. de Vandeuil, revenu d'Orient depuis quelques jours ; il jette
au nez de M. de Mortreux les quatre-vingt mille francs
qu'il lui devait depuis beaucoup trop longtemps, et qu'il
ne possède d'ailleurs que par la grâce du baccarat ;
puis il prend le bras de sa femme qu'il emmène. La
situation est dramatique, saisissante ; mais tout le
monde l'a reconnue pour l'avoir autrefois saluée dans
les *Effrontés* d'Emile Augier.

Au quatrième acte, Vandeuil et Mortreux se bat-
tent. Vandeuil est mortellement blessé, et il expire
dans les bras de son épouse, en s'écriant : « Pauvre
« femme ! quel avenir ! »

M. Louis Leroy n'avait jamais abordé au théâtre
une composition d'une pareille étendue. Son œuvre
nouvelle est vivante et intéressante, mais pleine d'in-
cohérences et de brutalités inexcusables. Elle a le
tort de promener le spectateur à travers les ignomi-
nies du mauvais monde, et surtout de ne pas conclure.
Lâchement abandonnée par un mari et par un amant
également indignes d'elle, une femme comme Mme de
Vandeuil a d'autres ressources que le vice et la galanterie. Il lui reste le repentir et l'expiation solitaire.

Nul personnage honnête ne 'traverse cette galerie d'êtres dépravés ou dégradés. La fin tragique de M. de Vandeuil ne saurait faire oublier son infamie originelle. Quant à M. de Mortreux, c'est le dernier des pieds plats. Carmina appartient à la race de ces créatures qu'on aperçoit quelquefois le soir descendant les hauteurs de la rue des Martyrs, enveloppées par une escouade d'agents préposés à la salubrité publique.

Et cependant, il faut en convenir, cette figure repoussante de Carmina et celle du jocrisse à col cassé qui la veut faire baronne sont dessinées avec une cruelle justesse et une étonnante vigueur. Les autres personnages appartiennent à la convention ; mais ceux-là sont pris sur le vif et donnent le frisson de la réalité.

Malgré les incertitudes et les tâtonnements d'un écrivain qui n'est pas encore en pleine possession de lui-même, le dialogue a du mordant et de la verve, je dirai même de l'esprit. Mais distinguons. Il y a l'esprit que possède naturellement M. Louis Leroy et celui qu'il voudrait avoir. Le second prend à tâche de gâter l'autre. L'histoire du derviche tourneur, par exemple, ne relève pas de la comédie, mais de l'opérette à cascades. Cet esprit-là pourrait régner sous le nom de Borgne Ier dans le royaume des *Deux Aveugles*. De pareilles calembredaines veulent être accompagnées par la clarinette de Patachon.

N'insistons pas. Le public était de belle humeur. Une température torride, au lieu de le pousser à l'hydrophobie, l'avait rendu conciliant, et, en définitive, le drame de M. Louis Leroy a été applaudi sans conteste.

MM. Landrol, Francès, Villeroy et Mme Fromentin l'ont joué avec conscience et succès. Mlle Angelo a abordé audacieusement et franchement le personnage de Carmina ; que lui manque-t-il pour être une très

agréable comédienne? De corriger l'étonnante prononciation qui lui fait dire tortir pour sortir et tentation pour sensation. J'ai gardé M. Andrieu pour la
bonne bouche. Ce jeune homme a trouvé un rôle : il
rend au naturel et dans une mesure parfaite le caractère d'un imbécile de bonne maison, qui rit bêtement
de ses propres niaiseries, parle en blaisant comme
feu Priston, dit de tout : « c'est splendide! » ou « c'est
insensé! » et se laisse dindonner par une coquine
effrontée. C'est si vrai que c'en est navrant.

CCXXI

THÉATRE-CLUNY.   7 juillet 1874.

L'ENFANT

Drame en quatre actes, par Mme Louis Figuier.

Mme Louis Figuier est évidemment entraînée vers le
théâtre par une passion irrésistible; une seule de ses
nombreuses tentatives a réussi, je veux parler du *Presbytère*, qui renfermait des scènes charmantes empreintes d'une grâce délicate. Est-ce donc le talent
d'écrivain qui manque à Mme Figuier? Non; son nouveau drame nous offre aussi des scènes bien tracées,
écrites avec vigueur et fermeté.

Mais Mme Figuier se trompe, je le crois, sur les conditions mêmes du théâtre. Son *Enfant* est un roman
plutôt qu'un drame, et là comme dans *le Presbytère*,
des tableaux pittoresques, souvenirs de tourisme,
viennent inutilement couper et refroidir une action
déjà très faible par elle-même.

Voici le point de départ de *l'Enfant*. Un maître de

forges, ancien ouvrier enrichi, homme sévère, intègre
et brutal, M. Fabron, retiré dans une délicieuse villa
qui domine le golfe de Naples, tue sa femme d'un
coup de pistolet dans l'accès d'une fureur jalouse, qui
n'est aucunement justifiée.

Au deuxième acte, qui se passe à onze ans d'inter-
valle du premier, Emmeline, la fille de Fabron, vient
d'atteindre l'âge heureux où le cœur éprouve les premières et les plus douces émotions de la vie. Elle aime
le jeune Paul, le fils d'un ami et d'un compatriote de
M. Fabron. Ce mariage réunit toutes les convenances ;
et cependant M. Fabron refuse d'y donner son consentement. Pourquoi ? parce qu'il faudrait, dit-il, révéler à Emmeline la funeste histoire de sa mère. La
nécessité de cette révélation étant fort controversable,
M. Fabron n'apparaît au public que sous l'aspect d'un
égoïste féroce, presque d'un insensé, qui va faire le
malheur de la fille après avoir tranché les jours de la
mère.

Mais — l'avez-vous deviné, lecteur — Mme Fabron
n'est pas morte. Relevée toute sanglante par une *con-
tadina* nommée Natale, elle a échappé à une mort im-
minente, et, pour accomplir le vœu de celle qui l'a
sauvée, elle est entrée, inconnue de tous, au couvent
de l'Annunziata, d'où elle veille sur sa fille.

Lorsqu'elle apprend qu'Emmeline est sur le point
d'être sacrifiée par son père comme elle-même le fut
par le sien, elle intervient au nom de son autorité
maternelle. M. Fabron la reconnaît ; il s'en suit entre
eux deux une explication terrible ; mais enfin, l'ancien
forgeron est obligé de reconnaître qu'il avait eu tort
de jouer du révolver. Il consent au mariage d'Emmeline.

Quant à Mme Fabron, elle continuera à se consacrer
au culte du Seigneur, mais elle descendra quelquefois
à Naples pour embrasser sa fille.

L'imagination tient plus de place que la réalité dans le drame nouveau. Un plaisant prétendait cependant avoir découvert la morale de la pièce, à savoir, qu'un mari qui tire sur sa femme ne doit pas la manquer. Ce n'est pas ainsi que Mme Figuier l'entendait. Dans sa thèse, le mari a tout droit sur sa femme, sauf cette restriction qu'il ne faut jamais priver un enfant de sa mère. Grave sujet de dispute! On pourrait en référer à M. Raudot, qui paraît posséder des notions particulières sur la valeur comparative des célibataires, des hommes mariés, et des veufs sans enfants ou avec enfants. L'honorable représentant du peuple trouverait peut-être dans cette étude la matière d'un nouvel article de loi électorale.

Si Mme Figuier veut m'en croire, elle modifiera complètement sa manière; les gentillesses, les miévreries, les invocations aux fleurs et aux brises, les adorables enfantillages qu'elle affectionne ont le don fâcheux de titiller les muscles zygomatiques d'un public excessivement blasé.

Mme Lacressonnière, qui avait si bien joué le rôle de la fille repentie dans *les deux Orphelines,* porte avec une dignité touchante les voiles blancs de la sœur de l'Annunziata. M. Stuart montre des qualités de premier rôle dans le personnage antipathique de M. Fabron. Mlle Raynard, M. Fleury, et deux débutantes, Mlles Dianie et Delta (des noms d'étoiles) complètent une interprétation agréable.

CCXXII

COMÉDIE-FRANÇAISE.   6 août 1874.

Reprise de ZAÏRE

Tragédie en cinq actes en vers, de Voltaire.

Voltaire avait trente-sept ans lorsqu'il écrivit *Zaïre*, dont Mlle Gaussin, toute jeune et toute charmante, créa le principal rôle. Le théâtre lui devait déjà *Œdipe*, *Marianne*, *l'Indiscret* et *Brutus*. Voici, d'après Voltaire lui même, comment *Zaïre* fut composée en 1732 : « Plusieurs dames avaient reproché à l'auteur qu'il « n'y avait pas assez d'amour dans ses tragédies, il « leur répondit qu'il ne croyait pas que ce fût la véri- « table place de l'amour; mais que, puisqu'il leur fallait « absolument des héros amoureux, il en ferait tout « comme un autre. La pièce fut achevée en vingt-deux « jours ; elle eut un grand succès. On l'appelle à Paris « *tragédie chrétienne*, et on l'a jouée fort souvent à la « place de *Polyeucte*. »

Admirez, en passant, avec quelle prestesse Voltaire s'égale au grand Corneille, et même prend sa place au théâtre.

Pour l'histoire des vingt-deux jours, outre que le temps ne fait rien à l'affaire, il serait permis de ne s'étonner que médiocrement de cette prodigieuse facilité, en considérant que l'auteur eut le temps de refaire à loisir les morceaux manqués du premier jet. Un doute même s'élève dans l'esprit du critique, s'il compare entre eux certains passages contradictoires de la *Correspondance générale*. Par exemple Voltaire écrit à M. de Formont, le 23 juin 1732, deux mois avant la

rèprésentation de *Zaïre* : « Grand merci, mon cher
« ami, des bons conseils que vous me donnez sur le
« plan d'une tragédie, mais ils sont venus trop tard.
« La tragédie était faite. Elle ne m'a coûté que vingt-
« deux jours. Jamais je n'ai travaillé avec tant de
« vitesse. Le sujet m'entraînait, et la pièce se fesait
« toute seule. » Voilà qui est à merveille et qui serait
décisif, si nous ne possédions une autre lettre écrite à
M. de Cideville, où il est expliqué que *Zaïre* est achevée
revue et corrigée, dans l'ensemble et dans les accessoires, y compris la dédicace à M. Falkener. Or, cette
autre lettre, datée du 4 janvier 1732, est précisément
antérieure de cinq mois à la première.

Ainsi, lorsque Voltaire mandait à M. de Formont
qu'il venait d'écrire *Zaïre* en vingt-deux jours, il y
avait cinq à six mois que la pièce était achevée. Ceci
ne diminue en rien l'incontestable fécondité de Voltaire ; mais il aimait la mise en scène et s'y entendait
mieux dans la vie réelle qu'au théâtre.

Outre le désir de plaire aux dames, Voltaire obéissait
à deux motifs d'un intérêt plus positif en combinant le
plan de *Zaïre :* il voulait d'abord mettre à profit ses
études du théâtre anglais et s'approprier la catastrophe
d'*Othello*, en prouvant la supériorité de l'élégance
française sur la barbarie britannique ; secondement,
écrire un rôle pour les qualités charmantes de Mlle Gaussin et employer à sa propre gloire la vogue naissante
de la jeune actrice.

Ces sagaces calculs furent couronnés d'un plein succès. *Zaïre* demeure le meilleur titre de Voltaire comme
auteur dramatique. Le sujet en est « peu digne du co-
thurne », comme on disait en ce temps-là, car ce n'est
qu'un simple roman ; mais il renferme des situations
intéressantes, et l'auteur s'est abstenu, avec un soin
dont il faut lui savoir gré, de toute tirade philosophique
et libre penseuse ; c'est ainsi qu'il est arrivé à écrire

une *tragédie chrétienne*, et à s'en vanter. Que le conseil municipal lui pardonne !

Mais le parallèle avec *Polyeucte* était vraiment audacieux. La tragédie de Corneille étincelle de traits sublimes dont on chercherait vainement l'équivalent dans *Zaïre*. La tragédie de Voltaire est écrite avec une fausse élégance et une pompe stérile, qui, loin de pousser à l'émotion tragique, appellent trop souvent le sourire. Par exemple, ce début du couplet d'Orosmane à sa première entrée :

> Vertueuse Zaïre, avant que l'hyménée
> Joigne à jamais nos cœurs et notre destinée,
> J'ai cru, sur mes projets, sur vous, sur mon amour,
> Devoir *en musulman* vous parler sans détour.

Pour parler comme Orosmane, en musulman, c'est-à-dire avec franchise, je dirai que ce sont là d'étranges pauvretés de langage , et, de plus, qu'en vingt autres endroits, Voltaire s'est permis des inexactitudes et des incorrections, qui sont encore stigmatisées à bon droit dans les cahiers de cacographie; par exemple :

> Mais la mollesse est douce et sa suite est cruelle.

L'auteur voulait évidemment dire : la mollesse est douce, *mais* sa suite est cruelle, *mais* il ne le dit pas.

Heureusement, ces imperfections d'un écrivain qui ne fut jamais supérieur qu'en prose, sont rachetées par des morceaux d'une grande élévation, comme la tirade si connue de Lusignan :

> Mon Dieu, j'ai combattu soixante ans pour ta gloire !

Et par des traits de passion simples et touchants, tels que *Zaïre, vous pleurez!* ou l'exclamation d'Orosmane, après qu'ayant tué Zaïre par jalousie, il reconnaît son erreur :

> ...... O ciel! j'étais aimé !
> Va, je n'ai pas besoin d'en savoir davantage...

La Comédie-Française n'avait pas joué *Zaïre* depuis près de dix-huit ans ; on l'avait reprise en décembre 1856 pour les débuts de Mlle Stella Colas ; après une quinzaine de représentations assez fructueuses, elle disparut complètement du répertoire. Je suppose que la Comédie vient de l'y remettre tout exprès pour Mlle Sarah Bernhardt, qui possède les qualités naturélles et la grâce touchante indispensables à l'interprétation du rôle de Zaïre.

Mlle Sarah Bernhardt n'a pas trahi la confiance qu'on avait mise en elle ; son succès de ce soir est le plus complet qu'elle ait obtenu depuis son entrée à la Comédie-Française ; il a même dépassé de beaucoup celui de ses partenaires.

M. Pierre Berton abordait pour la première fois la tragédie ; il a montré une force et une énergie qui n'ont surpris que ceux qui ne le connaissaient pas.

J'ai l'habitude de louer M. Maubant ; pourquoi cacherai-je qu'il ne m'a satisfait qu'à demi dans le rôle de Lusignan ? La science ne lui manque pas, mais, à ce qu'il me semble, le souffle et la grandeur qu'exige ce rôle, qui est de premier ordre dans sa brièveté.

On a distribué un bout de rôle, celui de Corasmin, à M. Dupont-Vernon, qui, récemment, avait continué ses débuts dans *Polyeucte*. Je saisis l'occasion toute naturelle de constater le succès de ce jeune tragédien, qui, sans s'être encore rendu maître de toutes les parties de son art, possède du moins la qualité dont toutes les autres découlent l'une après l'autre : l'intelligence.

Quant à M. Mounet-Sully, fidèle à son système, il s'est demandé quelle était, de toutes les manières d'interpréter Orosmane, celle qui aurait le plus contrarié Voltaire de son vivant, et c'est celle-là qu'il a choisie. Voltaire voulait créer un Othello qui fût noble et qui n'eût rien de sauvage, un Coucy oriental, un gascon des bords du Jourdain. Aussi, Lafont, gascon de naissance et d'accent, a-t-il laissé son empreinte et sa tradition sur ce personnage tragique. Naturellement, M. Mounet-Sully a transformé ce preux en énergumène, ce noble sultan en Arabe touareg. Lorsqu'il lui faudrait être majestueux, il se tord ; faut-il se contenir, il tonne ; lorsqu'il conviendrait d'éclater, il se fait doux comme un mouton. Ajoutez à cela une prononciation inexplicable, qui, au quatrième acte, a fait penser un instant qu'il parlait arabe. Il mêle d'ailleurs tous les dialectes ; il dit *le sauleil* et *m'n injure ;* les vers, en passant par sa bouche, tantôt acquièrent seize pieds de longueur, tantôt se contractent en huit, ce qui, diront les statisticiens, les ramène à la moyenne règlementaire. Mais la claque l'applaudissait beaucoup, et il ne tient qu'à lui de croire qu'il est le premier tragédien de ce temps-ci.

Pour moi, voici mon opinion, que je soumets à la Comédie-Française. Si l'on faisait permuter M. Dupont-Vernon et M. Mounet-Sully, on n'aurait, il est vrai, qu'un médiocre Corasmin, mais on se donnerait du moins un excellent Orosmane. Je n'espère pas que ce conseil soit suivi, mais j'ai parlé en musulman, cela me suffit.

Entre nous, je doute que *Zaïre* interprétée de la sorte fasse encore dix mille francs de recette à la soixante-dixième représentation.

. CCXXIII

Reprise de MARTIN ET BAMBOCHE

Drame en huit tableaux, par M. Eugène Suë.

Que les jeunes fruits secs du drame contemporain
se consolent : voici un vieux mélodrame, l'œuvre
d'un vieux et d'un mort, qui est aussi vide, aussi
creux, aussi absurde, tranchons le mot, aussi bête
que la pire des méchantes pièces sous le poids desquelles succomba l'infortuné M. Billion.

Le théâtre Cluny, qui, paraît-il, n'avait pas le choix,
a repris le *Martin* d'Eugène Suë, dans le tas, comme
au hasard, se fiant apparemment à l'influence d'un
nom dont la célébrité persiste vingt ans après la mort
de celui qui le portait.

La pièce fut jouée d'origine à l'ancienne Gaîté, salle
du boulevard du Temple, le 27 octobre 1847, par Deshayes l'ancien, Surville, Goujet, Saint-Marc, Neuville
et Lesueur. Pour les dames, il en est à peine une qui
ait laissé un souvenir : qui pourrait dire aujourd'hui,
sauf Mme Abit, que nous avons revue dans l'*Orestie*,
ce qu'étaient Mmes Paturel, Marie Clarisse, Meignan et
Weys? On m'assure que ce fut un succès, grâce à la
partie comique, interprétée par Deshayes, Neuville et
Lesueur. Au troisième tableau, Deshayes (Bamboche)
désarmait Gouget (le vicomte) en lui enlevant son
pistolet des mains par un coup de savate, la pointe du
pied à la hauteur de l'œil! Ce genre d'escrime ravissait
le populaire ; et c'était, je crois, l'un des plus grands
effets de la pièce.

A Cluny, l'acteur chargé du rôle de Bamboche désarme son adversaire avec la main, tout bonnement. Le charme s'est envolé.

Si l'on jugeait d'après la pièce le roman d'où elle fut tirée, on commettrait une méprise et l'on ne comprendrait plus rien à l'engouement des contemporains pour cette personnalité singulière et antipathique, mais puissante, qui s'appelait Eugène Suë.

Ce fut une rare variété de l'école byronienne ; le pessimisme déborde dans *la Vigie de Koatven*, dans *Atar Gull* et dans *Arthur* ; mais peu à peu le dandy glacial, le misanthrope hautain que le grand monde revendiquait comme un des siens, se déclara l'apôtre des petits et des misérables, des faibles et des déshérités. C'était du dandysme encore, et *Martin l'Enfant trouvé* ou *les Mémoires d'un valet de chambre*, appartient à l'époque de la transition. Eugène Suë essayait le roman réformateur avant de tomber dans le roman démagogique. Le livre est dédié au comte Alfred d'Orsay, qu'il affecte de traiter uniquement en artiste et de glorifier comme l'auteur du plus beau buste connu de l'empereur Napoléon Ier.

Quant aux réformes sociales, il les développe dans une correspondance fictive avec le roi Oscar de Suède, et les résume en un projet de loi parfaitement inoffensif, qui défend aux parents d'apprendre aux enfants le métier de saltimbanque. L'Assemblée nationale vient précisément de donner satisfaction, au bout de vingt-huit ans, au vœu d'Eugène Suë.

Mais si l'on écarte ce dogmatisme prétentieux lorsqu'il n'est pas puéril, on se trouve en présence d'un récit dont l'allure puissante saisit encore le lecteur, aujourd'hui comme au premier jour. Les figures sont brutales, exagérées, caricaturales même, et cependant ressemblantes. L'esprit de son époque, j'entends celui qui soufflait sur les dernières années du règne de

Louis-Philippe et annonçait la tempête, anime toutes les parties du roman, qui oppose et compare, avec moins de partialité qu'on ne le supposerait, les vices de la bourgeoisie parvenue, représentée par le comte Duriveau et son fils le vicomte Scipion, aux crimes et aux souffrances des enfants abandonnés, Martin, Basquine et Bamboche.

C'est une justice à rendre au mélodrame qu'il ne garde rien des qualités violentes et passionnées qui firent le succès du roman. Les peintures de mœurs ont disparu. Les événements principaux s'accomplissent dans les entr'actes ; les personnages se contentent de les raconter sommairement et si peu clairement que ceux des spectateurs qui n'avaient pas lu le roman ou qui l'avaient oublié ne comprenaient rien à cette longue et fatigante odyssée.

La troupe de Cluny avait été renforcée pour la circonstance par M. Paul Clèves, qui donne de l'autorité et de la distinction au vicomte Scipion Duriveau.

CCXXIV

Variétés.   26 août 1874.

LES MORMONS A PARIS

Drame en quatre actes, par MM. Delacour et Louis Leroy.

Le titre de la pièce nouvelle m'autoriserait à placer ici un aperçu historique de la fondation du mormonisme dans la province d'Utah (Etats-Unis de l'Amérique du Nord). Mais ce serait de l'érudition déplacée. MM. Delacour et Louis Leroy ne se sont servis des

mormons que comme d'un prétexte pour refaire la
cent et unième édition d'une pièce très connue. Qu'on
l'appelle *le Chapeau de paille d'Itatie, les Noces de
Merluchet* ou *la Mariée de la rue Saint-Denis*, c'est
tout un.

Le premier acte se passe au Grand-Hôtel. Albert
Savarin se marie avec Mlle Mathilde Chamboran;
par un louable esprit d'économie, M. Duboulloy,
l'oncle de Mathilde, a stipulé avec M. Van Hymbeck
que la noce aurait le droit d'assister au bal de la
colonie américaine qui a lieu le même soir. Grâce à
cette ingénieuse combinaison, les rafraîchissements ne
coûteront rien à l'oncle Duboulloy.

Or, la colonie américaine compte ce soir-là dans son
sein le révérend Jonathan, venu des bords du Lac salé
avec ses trente-cinq femmes, pour faire de la propa-
gande en Europe. Jonathan, le grand prêtre de l'Utah,
et Savarin, le nouveau marié des bords de la Seine, se
reconnaissent. Ce scélérat de Savarin avait imaginé
d'écouler une partie de sa vie de garçon parmi les
adeptes du mormonisme, puis, un jour, las de la plu-
ralité des femmes... il avait abandonné ses ménages,
laissant inconsolables la blonde Eva et la brune Nadèje.

Comme vous n'en pouvez pas douter un seul instant
les deux délaissées ont franchi l'Océan à la suite du
révérend Jonathan. L'une d'elles, Eva, qui est une
sorte de grande dame, promène sa robe à queue dans
les salons du Grand-Hôtel; jugez de sa joie et de la
consternation de Savarin, lorsqu'elle aperçoit l'infidèle. Savarin ne trouve d'autre moyen d'échapper à
une revendication importune qu'en se déguisant sous
la pelisse fourrée et le bonnet d'astrakan d'un persan
qui se trouve là.

Rentré chez lui, ceci est le second acte, Savarin
se prépare à goûter les délices d'une première nuit de

noces; il avait compté sans la femme de chambre arrêtée le matin même par sa belle-mère : cette femme de chambre c'est Nadèje, la collègue d'Eva dans le harem du pays des Mormons. Traqué jusque dans son intérieur par le souvenir palpable de ses folies de jeunesse, Savarin prend le parti de s'enfuir à Chatou.

A partir de ce moment-là, la pièce, qui déjà n'était pas trop corsée, s'égare tout à fait. Il suffit de savoir qu'Eva et Nadèje se laissent enlever, la première par un gandin, la seconde par un coiffeur, et que Savarin, délivré, peut enfin arriver à la conclusion suprême de ses justes noces avec Mathilde Chamboran.

Le premier acte est leste et gai; les autres se perdent dans un piétinement sur place et dans un tapage stérile. Il y a, par exemple, une fin d'acte où le coiffeur Raphaël se met à sonner de la trompe sans qu'on sache pourquoi. Ce jeu de scène a paru désobliger la partie du public qui s'était arrangée pour faire la sieste :

Ou laissez-moi dormir, ou ne m'endormez pas !

MM. Grenier, Léonce, Baron, Cooper, Mmes Aline Duval et Priston ont vaillamment défendu la pièce; Mme Berthe Legrand, en américaine du Nord, s'est fait applaudir dans la scène de reconnaissance du premier acte; pour tenir un succès, il ne lui a manqué qu'un rôle.

CCXXV

Reprise de SÉRAPHINE

Comédie en cinq actes, par M. Victorien Sardou.

Séraphine me paraît, dans son ensemble, une des meilleures comédies de M. Sardou, une des plus spirituelles surtout. Elle renferme des mots charmants et qui n'appartiennent qu'à lui. Par exemple, n'est-ce pas une trouvaille que cette définition de la piété tardive du vieux colonel baron de Rosanges, qui s'est fait dévôt pour guérir sa goutte, et qui va à l'église comme on va aux eaux, sans conviction, « pour essayer » ?

Le défaut de l'œuvre, au point de vue particulier du théâtre, c'est qu'à partir de la fin du second acte, la lutte qui s'engage entre la dévote Séraphine et son ancien amant le contre-amiral Montignac, lutte très dramatique, j'en conviens, présente quelque chose d'odieux, que l'art très grand de l'auteur ne parvient pas à masquer complètement. La pauvre petite Yvonne, qu'une mère dénaturée veut mettre au couvent pour racheter ses propres fautes, inspire, il est vrai, tant d'intérêt qu'on s'associe de grand cœur aux efforts de l'amiral Montignac pour arracher à un malheur immérité cette charmante fille, qui est la sienne. Cependant, à tout prendre, cet honnête homme d'amiral se donne là un rôle étrange : il ne lui suffisait pas d'avoir été séducteur et adultère, le voici maintenant coupable de rapt et d'enlèvement de mineure. Belle situation pour un des chefs de la marine française !

M. Victorien Sardou, heureusement, n'a pas poussé l'aventure jusqu'à ses conséquences extrêmes ; la pièce rentre, au dénoûment, dans les horizons purs de la famille légale ; mais, convenons-en, les sentiments délicats du spectateur ont un rude quart d'heure à passer.

La peinture de la fausse dévotion et du monde qui la pratique, comme d'autres pratiquent le sport ou les arts libéraux, est rendue de main de maître. Pour mon compte, j'éprouve cependant comme un froissement, ou tout au moins une inquiétude, lorsque je vois traduire à la scène des tableaux de ce genre, qui, en livrant à une juste dérision les grimaces de l'hypocrisie ou les méfaits du fanatisme, risquent d'atteindre, dans une mesure difficile à préciser, des convictions qui ont droit, entre toutes, à un absolu respect.

Je sais bien que c'est là une tendance ancienne et invétérée de la littérature française ; l'esprit voltairien a des origines bien antérieures au dix-huitième siècle. On se moquait des béguines, des papelards et des moines au temps de Philippe-Auguste et de Philippe le Bel ; depuis la vieille *Bible Guyot* jusqu'à la *Marianne* de La Harpe, en passant par le *Tartuffe* de Molière, ce fut toujours un régal pour un public moqueur que de rire aux dépens des simagrées mystiques.

Mais quoi ! n'avons-nous rien de mieux à faire, et si la civilisation est menacée, est-ce bien par les idées religieuses ? Je ne le pense pas ; M. Sardou ne doit pas le penser non plus ; le bonhomme La Harpe vécut assez vieux pour se repentir d'avoir écrit *Marianne* et M. Sardou nous a déjà dédommagés de *Séraphine* en nous donnant *Rabagas*.

L'interprétation nouvelle ne diffère qu'en partie de celle de 1869 ; M. Derval remplace fort gaîment M. Nertann dans le rôle du vieux colonel de spahis qui tâche de faire son salut en mangeant de la morue.

M. Villeray n'a pas l'élan juvénile d'un Pierre Berton, mais il a de l'intelligence et de la tenue ; quant à Mlle Legault, elle joue à ravir le joli rôle d'Yvonne, si remarquablement créé par Mlle Antonine.

Je n'affligerai pas Mme Fromentin d'un parallèle entre elle et Mme Pasca. La perspective générale du rôle, si je ne me trompe, est donnée par le contraste entre la grave et chaste sérénité de la baronne Séraphine pendant les deux premiers actes, avec les élans furieux et débordants qui remplissent la dernière partie du drame. Ce contraste, Mme Fromentin n'a pas paru le soupçonner.

CCXXVI

Chateau-d'Eau.   1er septembre 1874.

LE TREIZIÈME COUP DE MINUIT

Légende lyrique en trois actes, paroles de MM. Clairville et Gaston Marot, musique de M. Debillemont.

Légende lyrique, c'est ainsi que l'opéra populaire est déguisé sous un synonyme par les directeurs du Château-d'Eau ; car le *Treizième coup de minuit* est purement et simplement un opéra, avec ouverture, introduction, chœurs, cavatines, duos, trios et finales. C'est de plus une féerie avec ballets, changements à vue, trucs, pluies de feu et les trente-six mille tonnerres du diable, qui joue un rôle assez élégiaque dans la légende lyrique dont s'agit.

Comme toute action dramatique et même lyrique doit se passer quelque part, les auteurs ont daigné choisir la Transylvanie ou plutôt le Banat, dont Temeswar est la ville capitale. C'est aussi le pays des Vampires, Uscoques et autres brucolaques dont les déportements infernaux inspirèrent à Charles Nodier, il y a un demi-siècle, tant de récits lugubres dont frissonnèrent nos mères. Mais, comme cet excellent M. Clairville est un homme qui ne respecte rien et qui ne sait pas se tenir en société, il a introduit un hospodar en Transylvanie, et cet hospodar répond au nom bellevillois de Baudruchard ! ! Constatons tout de suite, pour n'y pas revenir, que le compositeur et le costumier lui-même se sont exercés à compliquer les anachronismes géographiques commis par les paroliers. Les troupes transylvaniennes sont coiffées de bérets espagnols, en foi de quoi M. Debillemont a écrit pour ses danseuses bohémiennes une gigue écossaise.

La question posée par le livret est de savoir pourquoi, depuis deux jours, l'horloge du grand beffroi sonne treize coups à minuit. Nul Transylvanien ne se sent assez de courage pour monter dans le donjon à l'heure du crime, afin d'y surprendre en flagrant délit le fantôme ou le mauvais plaisant qui apporte un tel désordre dans la sonnerie la mieux réglée de toute l'Europe orientale. Passe une compagnie de soldats d'élite, commandée par Georges Brown, je veux dire par le capitaine Zapoli. On lui conte l'aventure. N'est-ce que cela ? le jeune et hardi capitaine n'a pas peur des revenants. Il a semblé à tout le monde que Boïeldieu avait déjà mis cela en musique.

Zapoli trouve dans le beffroi de Temeswar ce que Georges Brown rencontra jadis dans la salle basse du château d'Avenel, une jeune et charmante fille. Viens, gentille dame ! Mais ici s'arrête la ressemblance avec *la Dame blanche*. La jeune Léonor, fille de Baudruchard, est réellement une sorcière, fille de sorcière. Depuis deux jours qu'elle a atteint sa dix-huitième année, qui est la majorité civile des sorcières, une force invisible la saisit dans son sommeil et la transporte à minuit dans le vieux donjon, et elle frappe elle-même le treizième coup de minuit, donnant ainsi le signal du sabbat.

Zapoli s'éprend si vivement de la malheureuse damnée qu'il se laisse mener au sabbat avec elle ; les deux amants y sont reçus par un bonhomme de démon, qui paraît décidé à en finir promptement avec la vie qu'il mène, à en juger par les mélodies qu'il soupire et qui sont évidemment préparées pour porter le diable en terre. Grâce aux confidences de cette espèce de vieux chevrier du val d'enfer, nous apprenons que Léonor sera désensorcelée le jour où elle se trouvera avec son amant au milieu d'un champ de mandragores en fleurs.

Comme on le pense bien, c'est ainsi que la légende se dénoue ; malheureusement on ne nous a pas donné seulement le champ des mandragores, mais aussi leur chant tout à fait singulier pour des fleurs enchantées ; Léonor, redevenue la fille de son père terrestre, épouse le capitaine Zapoli.

Il n'aurait tenu qu'à MM. Clairville et Marot d'écrire un véritable livret d'opéra sur cette donnée qui, plaisanterie à part, est intéressante et musicale. M. Debillemont a pris le canevas tel qu'on le lui a fourni, lyrisme et cocasserie mêlés, et il a écrit là-dessus un gros tas de notes, dans lequel on trouve de tout, même de très jolies choses. Ce n'est pas distingué ; beaucoup de remplissages, où le rhythme tient lieu d'idées ; néanmoins, M. Debillemont a rencontré çà et là des inspirations franches, telles que la marche du régiment transylvanien, qui deviendra certainement populaire. Dans un ordre d'idées plus élevé, la scène chorale des habitants de Temeswar attendant le treizième coup de minuit a de la poésie et de la couleur.

Le rôle du capitaine Zapoli est chanté par M. Edmond
Cabel, qui débuta, je crois, il y a quelques années, à
l'Opéra Comique ; M. Cabel possède une bonne voix
de ténor, la meilleure à coup sûr qu'on puisse entendre entre le boulevard du Temple et celui des Italiens ;
il chante avec un certain goût, et, somme toute, a
beaucoup réussi. Une jeune débutante, Mlle Bressolles,
d'abord étranglée par la peur, a fini par en triompher
et par faire reconnaître des qualités sérieuses de
méthode et de voix.

Je ne prédis pas au *Treizième coup de minuit* les
mille représentations de son aïeule *la Dame Blanche*,
mais je crois néanmoins à un succès d'une certaine
durée. La mise en scène est somptueuse et le truc qui
transporte la sorcière de son lit de jeune fille jusque
dans les hauteurs du vieux donjon est très habilement
réussi.

CCXXVII

Odéon.   3 septembre 1874.

Réouverture. LA JEUNESSE DE LOUIS XIV

Début de M. Gil Nasa.

L'Odéon vient de rouvrir ses portes avec la soixante-
dix septième représentation de *la Jeunesse de Louis XIV*.

Cette soirée ne comportait ni première représentation, ni reprise, puisqu'elle continuait simplement le
cours d'un succès établi, je n'en veux donc dire qu'un
mot, pour constater le début et le succès de M. Gil
Naza, un comédien jeune encore, que la Belgique
nous envoie tout formé et plus parisien qu'elle ne nous
les rend d'ordinaire.

M. Gil Naza possède une belle voix, un excellent
masque, une diction fine, de la prestance, c'est-à-dire
un ensemble de qualités qui font de lui une précieuse
acquisition pour l'Odéon ; car M. Gil Naza subissait une
obligation difficile ; il s'en est acquitté avec beaucoup
de bonheur et de tact ; et, sans faire oublier Lafontaine, il a conquis du premier coup les sympathies et
la faveur du public.

CCXXVIII

Théâtre-Scribe.   5 septembre 1874.

LES ÉCOLIERS D'AMOUR

Comédie en un acte en vers, par M. Pierre Elzéar.

LE VIGNOBLE DE Mme VEUVE PICHOIS

Comédie en quatre actes en prose, par MM. Bisson
et André Sylvane.

Les deux pièces soumises au jugement du public
bienveillant qui assistait ce soir à l'ouverture du
Théâtre-Scribe étaient précédées d'un prologue en
vers dit par Mlle Elisa Picard. Ce prologue, sans
prétention littéraire, expliquait seulement que le
Théâtre-Scribe s'ouvrait et se dévouait aux *jeunes*, et
réclamait une préalable, universelle et incondition-
nelle indulgence. Les spectateurs ont applaudi, con-
tractant ainsi un engagement implicite, qu'ils ont
fidèlement tenu, et auquel je m'associe, du moins
pour cette fois.

Le premier bénéficiaire de ce *convenio* a été M. Pierre
Elzéar, auteur d'une saynète espagnole galamment
rimée, mais dans laquelle il n'y a pas plus de pièce

qu'on n'en trouverait sur la place de la Concorde une nuit d'hiver à trois heures du matin. Un tuteur, sa pupille, un jeune officier, un figaro, des guitares, tout ce qu'il faut pour faire un *Barbier de Séville* lorsqu'on s'appelle Beaumarchais, tels sont les éléments autour desquels trottine, sans but appréciable, la plume excessivement juvénile de M. Pierre Elzéar. Du reste, abondance de vers bien faits; en voici quelques-uns; c'est le Scapin Beppo qui parle :

> Un soir, le cœur léger, j'ai quitté l'Italie
> Pour cet Eden, qu'on nomme Espagne, sol divin,
> Pays des chevaliers errants et du bon vin.
> Je redresse les torts et dresse les échelles,
> Trait d'union aimable entre eux et les cruelles,
> Je suis le protecteur des pauvres amoureux,
> Et par mon dévouement pour faire des heureux,
> Tu vois en moi, soit dit sans folle outrecuidance,
> Un des aspects divers que prend la Providence.

MM. Sylvane et Bisson ne se mettent point en peine de tant de poésie. Les jeunes auteurs du *Chevalier Baptiste* travaillent sur le terrain longuement défriché par Picard, Wafflard, Fulgence et par Scribe lui-même. *Le Vignoble de madame veuve Pichois* est une comédie pêchée dans les eaux bourgeoises de *la Petite Ville* et de *la Maison en loterie*. La peinture de physionomies provinciales, bourgeonnées de ridicules microscopiques, emplit à elle seule ces quatre actes un peu trop développés.

Le ménage Coulandon serait parfaitement heureux si Mᵐᵉ veuve Pichois, mère de Mᵐᵉ Coulandon, consentait à laisser roucouler en paix de jeunes époux qui s'aiment. Le pauvre M. Coulandon ne sait à quel saint se vouer, lorsqu'un sien ami, M. Damoiseau, lui conseille de se débarrasser de sa belle-mère en la mariant à un certain Trumelet, qui a une fille, dont lui, Damoiseau, est éperdûment amoureux.

Mme veuve Pichois n'est pas insensible; elle a un cœur et de plus un vignoble très convoité des Pourguignons du voisinage. Une idée de mariage est venue, non-seulement au sieur Trumelet, membre de diverses sociétés d'agriculture et de l'association pour le déve-loppement du melon en France, mais aussi à M. Bonnardeau, capitaine en retraite; la rivalité de Trumelet et de Bonnardeau occupe la plus grande partie de la pièce; enfin, Mme veuve Pichois, croyant reconnaître en la personne de Trumelet le héros d'une aventure dans laquelle l'honneur conjugal de feu Pichois courut autrefois de fort grands risques, se décide à épou-ser le propagateur des melons français. L'ami Damoi-seau épousera Mlle Trumelet.

La comédie de MM. Bisson et Sylvane décèle l'inex-périence de leur âge; elle est toute en épisodes qui ne se commandent pas nécessairement l'un l'autre et qui, d'ailleurs, gravitent autour d'un fait d'un intérêt excessivement secondaire, mais ils possèdent un don de gaieté assez rare, qui déjà avait fait réussir au Gymnase leur *Chevalier Baptiste* et qui a valu hier soir à *Madame Pichois* un accueil favorable.

La troupe réunie au théâtre Scribe par M. Noël Martin n'est pas encore parfaitement homogène. Hier soir, Mlle Elisa Picard a seule rencontré l'occasion de faire applaudir son talent original et vraiment comique; M. Péricaud et M. Mercier ont joué avec fantaisie et rondeur les rôles de Bonnardeau et de Trumelet. Il faut ajourner tout jugement sur leurs camarades, particulièrement sur Mlle Geslin, qui a eu de grands succès au Conservatoire, et qui n'est apparue hier que dans deux bouts de rôle absolument insignifiants.

CCXXIX

COMÉDIE-FRANÇAISE. 8 septembre 1874.

Reprise d'UNE CHAINE

Comédie en cinq actes, en prose, par Eugène Scribe.

Elle n'a guère vieilli cette comédie âgée de trente-trois ans ; elle repose sur une base si solidement construite, elle développe une donnée humaine d'un si puissant intérêt qu'il faut, bon gré mal gré, la suivre jusqu'au bout, alors même que cet intérêt s'épuise, et que l'ingénieux observateur qui en a écrit les deux premiers actes s'est retiré pour laisser la place libre au prestidigitateur.

Je rappelle seulement, pour la clarté de mes observations, qu'au début de la pièce, l'amiral comte de Saint-Géran obtient pour un jeune compositeur, plein de talent mais pauvre, M. Emeric d'Albret, la main de Mlle Clerambault, fille d'un armateur millionnaire. Clerambault, qui est l'oncle d'Emeric, et qui se méfie des entraînements de la vie parisienne, a mis une condition à son consentement, c'est que l'amiral lui[1] garantirait que son protégé n'est engagé dans aucune de ces chaines de fleurs, plus résistantes que des chaines de fer, et qui trop souvent survivent au mariage. M. de Saint-Géran interroge loyalement Emeric : et dès le premier mot, la situation capitale du drame apparaît flamboyante aux yeux du spectateur : Emeric est l'amant de la comtesse de Saint-Géran.

Emeric parviendra-t-il à rompre cette liaison funeste qui fait de lui un coupable et un lâche en présence de cet homme de cœur qui lui a donné son amitié ? Il es-

saye du moins, mais à la première tentative d'explication et de rupture, au premier geste de retraite, il faut
voir comment la comtesse prend le change, comme sa
passion pour Emeric se complaît à deviner des preuves
de jalousie dans les premiers symptômes de la trahison !
La scène est trouvée et exécutée de main de maître ; le
théâtre contemporain ne renferme rien de plus complet, de plus fort ni de plus exquis.

Malheureusement, au lieu de suivre et d'approfondir le sujet plein et fécond qu'il venait d'exposer
avec tant de puissance, Scribe s'est laissé dévoyer par
sa fatale habileté d'escamoteur de muscades et de dé-
videur de toiles d'araignée.

Etant donné que l'amiral comte de Saint-Géran est
un homme terrible et que, d'un moment à l'autre, la découverte de la vérité peut amener une catastrophe,
Scribe s'est mis à jouer avec l'inquiétude du spectateur ; de sorte que la comédie, sans que son unité ex-
terne soit rompue, change réellement de sujet; il ne
s'agit plus de savoir si la comtesse Louise, cette femme
si jeune, si belle, si aimante et si dévouée, sera lâchement abandonnée par l'ingrat à qui elle a tout sacrifié,
mais seulement de savoir si l'on arrivera au dénoûment sans que l'époux irrité ait eu le soupçon de sa
disgrâce. Nous voilà sortis par la tangente d'une situation de premier ordre pour tomber sur la raquette
d'un volant.

Aussi, dès le troisième acte, l'émotion s'efface-t-elle
devant la curiosité, qui elle-même se réduit bientôt
à cette espèce d'ahurissement qu'on éprouve à l'aspect
d'un tour de passe passe exécuté de sang froid par un
jongleur qui ne se laisse arrêter ni surprendre par aucune dificulté.

Mais, sous ces réserves, que de chose à louer dans
cette grande composition, l'une des meilleures de
Scribe ! Quelle science du théâtre ! quelle connais-

sance approfondie des ressorts naturels que fournit la
passion toute pure ! Et comme on comprend, après
tout, les inépuisables succès de cette organisation
sans pareille !

Ah ! Parnassiens, mes amis, vous « les jeunes »,
sur qui repose l'avenir de trois ou quatre théâtres
hospitaliers, allez étudier dans *une Chaîne* comment
on pose, comment on développe, comment on dénoue
une situation, et vous comprendrez alors pourquoi
Scribe moissonna presque autant de lauriers que
d'écus dans ces champs du théâtre, qui, sous vos
mains inexpérimentées, apparaissent si maigres et
comme à jamais stérilisés !

Une Chaîne est bien jouée; M. Got est parfait en
Clerambault; M. Coquelin a fait beaucoup rire dans
le rôle légendaire d'Hector Balandard ; toujours un
peu petit garçon, par les jambes surtout, c'est-à-dire
trop sautillant ; mais des mines si effarées ! Il n'y a
pas moyen d'y tenir. Mlle Reichemberg est charmante
dans le rôle d'Aline, qui fut créé, si ma mémoire ne
me trompe pas, par Mlle Doze.

J'aime à constater le succès de Mlle Favart ; elle a
dit avec infiniment de justesse et de charme la grande
scène du second acte, et s'y est fait très légitimement
applaudir.

Si la comtesse Louise est la femme sacrifiée de la
pièce, en revanche l'acteur sacrifié, c'est bien l'infortuné chargé du rôle d'Emeric. M. Pierre Berton en a
tiré le meilleur parti qu'il a pu ; il a même été excellent au premier acte, alors qu'il échappe au jeune
compositeur, pris entre deux femmes, des élans de
désespoir qui touchent à l'éloquence. Dans tout le
reste, M. Berton a paru gêné de sa situation ; on le
serait à moins ; mais, à sa place, j'en prendrais mon
parti avec plus de philosophie extérieure.

CCXXX

RENAISSANCE.   10 septembre 1874.

LA FAMILLE TROUILLAT

Opérette en trois actes, par MM. Hector Crémieux et Ernest
Blum, musique de M. Vasseur.

En écoutant les aventures de la famille Trouillat,
venue de Honfleur par le coche de la Basse-Seine pour
retrouver l'honneur de Mlle Pervenche, compromis
par un Parisien anonyme, j'ai eu le temps de penser
à beaucoup de choses diverses, assez étrangères au
lieu où je me trouvais et à l'occasion qui m'y avait
amené : telles que le sens commun, le respect du public, l'art de s'amuser en société, et autres chimères.
Il y eut même un moment où j'agitai mentalement
les foudres de la critique pour en terrasser les audacieux qui ont obligé M. Vasseur à écrire un final sur
les paroles que voici :

> C'est l'apothicaire
> De la place du Caire. (*bis sept fois.*)

Mais après de mûres réflexions, considérant que *la
Famille Trouillat* n'est pas une œuvre ordinaire ; que,
placé entre l'obligation d'en faire autant ou d'écrire
un poème épique, tout homme de cœur choisirait
cette seconde alternative, par la raison qu'il est évidemment plus facile de lutter avec Homère qu'avec
Ernest Blum, j'ai fait rentrer le tonnerre dans mes
arsenaux internes, et je livre *la Famille Trouillat* au
sort que voudra lui faire le public bénévole qui l'a
écoutée, tolérée et même applaudie.

M. Vasseur ne paraît pas s'être inquiété d'examiner
si son *poème* renfermait ou non des situations musicales ; il a écrit au hasard des airs, des duos et des
morceaux d'ensemble qui tombent où ils peuvent,
sur des paroles quelconques. La main du jeune compositeur est alerte et fine ; il expose ses idées avec une
sorte de coquetterie qui fait illusion sur leur peu de
fraîcheur. Par exemple le morceau qui seul a laissé
quelques traces dans la mémoire des auditeurs, je
veux parler des premiers couplets chantés par Thérésa :

> C'est les Normands, m'a dit ma mère,
> C'est les Normands qu'ont conquis l'Angleterre !

reproduit d'une manière un peu trop frappante l'effet
final d'autres couplets chantés par la même artiste
dans *la Reine Carotte*, et dont la musique était de
M. Cœdès. Dans le même acte, les couplets de Bobi-
net rappellent le rythme, la coupe et le dessin musical d'une des mélodies les plus connues de *la Belle
Hélène*. Je pourrais multiplier ces exemples ; mais à
quoi bon ? M. Vasseur est assez jeune pour avoir le
temps de se chercher, de se trouver peut-être ; atten-
dons-le patiemment.

Du moins, si le succès du poème et de la musique
demeure incertain, je n'ai pas à faire de restrictions
analogues au sujet de Thérésa ; elle a, dès son entrée,
costumée en Normande de fantaisie, avec ses énormes
manches à gigot et son haut bonnet de Cauchoise,
retrouvé toute son action sur le public. Sa voix a repris de la vibration et de la force ; et elle a fait valoir,
avec une science et une finesse qui vont jusqu'au style,
les couplets, heureusèment assez nombreux, par lesquels elle a littéralement sauvé *la Famille Trouillat*.

A côté d'elle, on a remarqué la belle voix de baryton de M. Vauthier, bien mal employée, hélas !

Quant à M. Paulin Ménier, qui mourait de peur, je lui prouve mon estime et mes regrets en me taisant absolument sur une tentative qui s'explique d'autant moins que les auteurs, ayant sous la main un artiste de cette force, ont jugé superflu de lui écrire un rôle.

CCXXXI

AMBIGU-COMIQUE.   11 septembre 1874.

L'OFFICIER DE FORTUNE

Drame en dix tableaux, par MM. Jules Adenis et Jules Rostaing.

La *Liste des guillotinés, barrière renversée (ci-devant barrière du Trône)* pour la journée du 7 thermidor an II (25 juillet 1794), fournit les noms suivants :

J.-A. Roucher, homme de lettres (n° 2505), âgé de 48 ans ; rue des Noyers ;

André Chénier, homme de lettres (n° 2506), âgé de 31 ans, né à Constantinople, demeurant rue de Cléry ;

G. Montalembert (n° 2509), âgé de 62 ans, né à Limoges, ex-capitaine du ci-devant tyran, demeurant rue Neuve-de-l'Egalité, ex-comte ,

C.-F. Montcrif (n° 2512), âgé de 42 ans, né à Stigny, ex-noble, ex-garde du corps du tyran ;

J.-B.-B. Bessuejoul Roquelaure (n° 2513), âgé de 46 ans, né à Toulouse, demeurant rue Dominique, ex-marquis ;

L.-A. Créqui Montmorency (n° 2514), âgé de 60 ans, né au château de Schatzemberg, en Allemagne, demeurant à Paris, rue Cocatrix, ex-noble ;

L.-V. Goesman, âgé de 61 ans (n° 2518), né à Lanxerre, demeurant rue des Enfants-Rouges, ex-conseiller au ci-devant parlement de Maupou.

FRÉDÉRIC DE TRENCK (n° 2508), *âgé de 70 ans, né en Prusse, ex-baron, rue de Cléry.*

Ces noms font partie d'une fournée de vingt-cinq innocents, qui furent guillotinés, quarante-huit heures avant la révolution du 9 thermidor qui allait les sauver, comme « convaincus de s'être déclarés les ennemis « du peuple, en entretenant des intelligences avec les « ennemis de l'Etat, en participant aux conspirations « et complots du tyran, en avilissant les assignats, en « conspirant dans la maison d'arrêt de Lazarre (*sic*), « en cherchant à rompre l'unité et l'indivisibilité de « la République... »

Ce Frédéric de Trenck, baron prussien, qui eut l'honneur de mourir avec André Chénier, avec Roucher, avec Montcrif, avec un Montmorency et un Roquelaure, et même avec l'infortuné Goesman, la victime de Beaumarchais, ce Frédéric de Trenck, dis-je, qui vint en France pour y porter sa tête septuagénaire sur l'échafaud républicain, est le héros du drame de l'Ambigu.

La vie de Frédéric de Trenck a déjà fourni bien des volumes sans compter ses propres mémoires; je la résume en quelques lignes. Frédéric, baron von der Trenck (on voit que Voltaire n'a pas eu beaucoup de peine à créer le nom de son célèbre baron von der Ten Tronk), né à Kœnigsberg vers 1724, fut admis dès l'âge de seize ans comme cadet dans les gardes du grand Frédéric; deux ans plus tard, sa faveur s'accentuait et il occupait déjà le rang d'officier d'ordonnance du roi, lorsque, pour son malheur, il devint amoureux de la princesse Amélie, sœur de son maître, et parvint à se faire aimer d'elle. Le roi sut tout. L'ami de Voltaire, le philosophe couronné, ne méprisait les

préjugés que chez les autres; pour son compte personnel il les cultivait tous. Il résolut de punir cruellement
le téméraire qui avait osé toucher à l'honneur de la
famille royale; mais comment expliquer ses rigueurs
sans compromettre la princesse elle-même? Le roi
prépara de ses mains l'intrigue la plus noire.

Frédéric de Trenck était le cousin d'un autre Trenck,
non moins fameux, le baron François, colonel des
pandours au service de l'Autriche. On supposa entre
les deux cousins, qui servaient sous des drapeaux différents, une correspondance politique préjudiciable à la
sûreté de l'Etat. En punition de ce crime imaginaire,
l'infortuné Frédéric fut enfermé à la citadelle de
Glatz, où il eut à subir le traitement le plus barbare;
il s'en échappa cependant en 1747, avec l'aide secret
de la princesse Amélie. Par une singulière coïncidence,
le baron François subissait en ce même temps, au
Spielberg, la captivité dans laquelle il termina sa vie.
Frédéric prit du service en Autriche comme capitaine;
mais, vers 1748, chargé d'une mission pour la Russie,
il eut l'imprudence de passer par Dantzig, où le roi
de Prusse n'hésita pas à le faire saisir. Jeté dans un
cachot de la citadelle de Magdebourg, couvert de
cent livres de chaines, dix tentatives d'évasion échouè-
rent et ne firent qu'aggraver son épouvantable situation, qui dura plus de quinze années.

Enfin, délivré en 1763, il séjourna successivement
en Bohême, en Autriche, en Bavière, où il publia des
ouvrages jugés répréhensibles. Il était payé, convenons-en, pour détester la tyrannie; aussi la révolution
française le séduisit-elle à distance, et il vint se précipiter dans son gouffre. Pauvre Frédéric de Trenck!
les rois absolus l'avaient emprisonné comme sédi-
tieux; les délégués du peuple libre lui coupèrent la
tête comme aristocrate.

Quant à la princesse Amélie, touchante figure de

femme, dont la mélancolie et la douceur forment un contraste si poétique avec la barbare figure de son frère le conquérant, née le 9 novembre 1723, elle n'avait que trente-deux ans lorsque, voulant donner un gage de fidélité éternelle à celui qu'elle ne devait plus revoir, elle prit le voile et devint abbesse de Quedlinbourg. Elle mourut en 1787, sept ans avant son amant.

Tel est le roman historique dans lequel MM. Jules Adenis et Jules Rostaing ont découpé leur drame. Mais avant d'arriver à la lumière de la rampe il leur a fallu franchir bien des obstacles, et ceci mérite explication, car la portion du public à qui la biographie du Latude prussien n'était pas absolument inconnue s'est montrée profondément surprise et comme déroutée, en s'apercevant que le roi Frédéric II de Prusse avait changé de nom et s'appelait Charles-Albert de Bavière. Ne pouvant ni ne voulant affronter une aventure périlleuse, les auteurs ont habilement sauvé la difficulté, en substituant au héros de Potsdam l'électeur Charles-Albert, qui, prétendant à la succession d'Autriche en 1740, avec l'appui de la France, fut proclamé empereur d'Allemagne en 1742, sous le nom de Charles VII.

D'ailleurs, comme les auteurs n'avaient pas songé un seul instant à surexciter les passions politiques, leur drame n'a rien perdu à ces modifications imposées. Il n'est pas improbable non plus que des susceptibilités d'un autre ordre et qu'on pourrait qualifier d'intérieures ont obligé MM. Adenis et Rostaing à diminuer de beaucoup la part personnelle que la princesse Amélie prit à la première évasion du baron de Trenck, lorsqu'il parvint à sortir de la citadelle de Glatz. N'insistons pas.

A part ces atténuations voulues, l'histoire est traitée avec ménagement dans le drame nouveau, qui aurait

dû s'intituler *les Invisibles*, puisque la fameuse association fondée par Adam Weisshaupt et le tribunal
de sang qu'elle avait institué fournissent, par leur
intervention, le nœud et le dénouement de la pièce.

Dans la fiction, les Invisibles ont accordé à Charles VII
un subside de cent mille ducats, dont François de
Trenck, le pandour, s'empare dans la propre tente du
du roi. Les deux cousins se ressemblent d'une manière frappante, et Charles VII profite de l'erreur qui
s'accrédite contre son aide de camp pour le disgrácier
sans compromettre la princesse Amélie.

Mais le tribunal des Invisibles, qui veut savoir la
vérité, fait comparaître devant lui le baron Frédéric ; un
accusateur masqué se présente, c'est le capitaine Kerner, son ennemi acharné. Malgré ses protestations
véhémentes, Frédéric est condamné à mort. La sentence va s'exécuter. Tout à coup la salle est envahie ;
ce sont les pandours qui viennent surprendre les Invisibles dans les ruines où ils se cachent. Au moment
où le pistolet d'un pandour se pose sur sa poitrine, le
capitaine Kerner se récrie :

— Mais je ne suis pas l'ami de ces hommes, dit le
traître ; c'est moi qui, d'accord avec votre colonel, le
baron François de Trenck, ai fait disparaître les cent
mille ducats !

— C'est bien ! dit le président des Invisibles ;
l'épreuve est décisive. Capitaine Kerner, vous êtes un
traître et un lâche. Que la sentence s'exécute !

Les faux pandours laissent voir sur leur poitrine
le signe des Invisibles, et Kerner tombe poignardé.

Au dernier acte, la princesse Amélie, ignorant que
l'évasion projetée a réussi, s'empoisonne pour supprimer l'obstacle qui retient Frédéric dans les fers.

Je suis heureux de constater que *l'Officier de fortune*
a obtenu un succès très-franc, très-mérité et qui sera
certainement fructueux. La pièce est écrite dans une

manière sobre, vigoureuse et claire, qui rappelle les bons modèles. Elle repose sur deux rôles extrèmement intéressants et sympatiques. C'est pour cela qu'elle plaît.

J'ajoute qu'elle est montée non-seulement avec luxe, mais avec goût ; on y remarque des costumes riches et des costumes simples, et ceux-ci ne sont pas les moins réussis.

Tous les décors sont neufs et fort agréables ; il en est deux qu'il faut citer à part : le tableau de la débâcle, où l'on voit Frédéric de Trenck, à peine sauvé, s'engloutir entre deux glaçons pour reparaître un peu plus loin, à fleur d'eau ; mais surtout le sixième décor, celui du tableau qui s'appelle « la poursuite ». Le théâtre représente un pavillon quadrangulaire, élevé d'un premier étage, et isolé à gauche de la scène, dont il n'occupe environ que le quart. Au fond les arbres d'une forêt. C'est là que la princesse Amélie et Frédéric de Trenck se sont donné rendez-vous. Tout à coup on frappe : c'est le capitaine Kerner, avec une escorte de pandours ; il veut surprendre son ennemi et le livrer à la colère du roi. Pendant qu'il essaie d'enfoncer la porte, Frédéric s'enfuit par la fenêtre, qui ouvre sur la scène même, à droite du spectateur.

Il s'agissait de faire passer sous les yeux du public les incidents émouvants d'une poursuite ; mais, avec un décor ordinaire, Frédéric, se dérobant aux recherches de Kerner, devenait également invisible pour le spectateur. Qu'a-t-on imaginé ? Au lieu de faire tourner l'acteur autour du pavillon, on fait tourner le pavillon autour de l'acteur ; Kerner descend à son tour par la fenêtre, mais déjà le pavillon a tourné lentement sur son axe, et Frédéric paraît se diriger vers le mur de clôture ; à son tour, le mur approche et se place perpendiculairement à la rampe ; Frédéric le franchit et gagne enfin la forêt, sans que le public ait perdu de vue une seule de ces péripéties successives.

L'idée du décor tournant était originale et neuve ; elle a été réalisée avec le plus grand soin et un pittoresque du plus puissant effet.

Une autre cause efficace du succès décisif qui vient d'accueillir *l'Officier de fortune*, c'est qu'il est interprété par une réunion d'artistes d'un véritable talent. M. Paul Deshayes est un jeune premier de drame comme il nous en reste peu ; il tient la scène avec énergie et autorité, et même il dit juste, chose rare. Dans son rôle des deux Trenck, le chevaleresque et le bandit, il a prouvé que le successeur de M. Lacressonnière était tout trouvé lorsqu'on voudra reprendre *le Courrier de Lyon*.

MM. Charly et Montal, le premier malgré son coryza, le second malgré sa prononciation faubourienne, sont des acteurs solides et qui saisissent leur public.

Mlle Vannoy représente la princesse Amélie ; elle ne donne peut-être pas la vision exacte d'une personne de sang royal, mais elle rend dramatiquement les angoisses de la femme aimante et empoisonnée.

Citons encore une jeune débutante, Mlle Marie Dany, et M. Courtès, qui a fait rire dans un rôle épisodique de valet paresseux et poltron.

CCXXXII

Théatre-Cluny.   16 septembre 1874.

LE MÉDAILLON DE COLOMBINE
Comédie en un acte en vers, par M. Maurice Dreyfus.

LES BÊTES NOIRES DU CAPITAINE
Comédie en quatre actes en prose, par M. Paul Cellière.

La parole était ce soir aux jeunes ; ils ne s'en sont pas trop mal servis.

Le Médaillon de Colombine n'était évidemment pour
M. Maurice Dreyfus qu'un prétexte à vers bouffons et
bien sonnants ; cependant, cette petite saynète, où
l'on voit Arlequin, Pierrot et le matamore Pamphile
se disputer le cœur de Colombine au moyen d'un médaillon en chrysocale, ne demanderait, pour devenir tout à fait amusante, que d'être raccourcie d'un
bon tiers.

M. Paul Cellière, auteur des *Bêtes noires du Capitaine*, n'avait encore écrit que deux ou trois petites
pièces en un acte dont je ne garde pas un souvenir
très vif. La soirée d'hier comptait pour lui comme un
début sérieux, car une pièce en quatre actes est un
travail qu'on ne mène pas à fin sans posséder quelque énergie et quelque valeur propre.

L'épreuve a été favorable au jeune auteur.

Le capitaine en question a servi dans l'infanterie, et
il a pour bêtes noires, la cavalerie naturellement,
puis l'artillerie, et surtout la marine. Enfant, un quar-
tier-maître ivre a failli l'écraser dans son berceau ;
jeune homme, il s'est vu enlever sa fiancée par un enseigne de vaisseau qui, pour consolation, lui a donné
un joli coup d'épée ; devenu vieux, riche et ambitieux,
il vient d'être battu aux élections du conseil général
par un vice-amiral, son voisin. Aussi nourrit-il contre
les marins de tout grade une aversion qui va jusqu'à
la manie.

Précisément, une nièce qu'il adorait et à laquelle il
destinait son héritage, a épousé un lieutenant de vaisseau qui l'a abandonnée et qui, maintenant, navigue
autour du monde. Terrible responsabilité que celle
d'une jeune femme de vingt ans, doublée d'une petite
sœur qui n'en compte que seize et qui voudrait sortir
de l'esclavage où la maintient la chatouilleuse sévérité du capitaine.

Mais il a beau faire, cet ennemi des marins et des amoureux : le loup ne tarde pas à s'introduire dans la bergerie, sous la forme d'un peintre de marine, amoureux de la sœur aînée.

Ce Robert Morin (pourquoi pas Marin), a osé tenter une escalade ; il en est puni par un coup de fusil que lui tire un garde-chasse trop zélé et voilà Mme Césarine de Langlar forcée de garder dans son appartement un beau garçon blessé, qui l'adore et qu'elle n'est pas éloignée d'aimer. Le capitaine les surprend au plus fort de leur trouble. Après un premier instant de surprise et de fureur, le capitaine, confiant dans la vertu de sa nièce, finit par imaginer que l'inconnu ne peut être que son neveu le marin, revenu pour obtenir le pardon de sa femme ; et Paul Morin se trouve installé au cœur de la place. Mais une situation si scabreuse ne saurait se prolonger ; aussi, lorsque le capitaine détrompé ne songe plus qu'à laver dans le sang de Paul Morin l'injure faite à l'honneur de sa famille, on apprend que Berthe est veuve. On aurait pu le savoir beaucoup plus tôt, mais depuis huit jours le lieutenant de vaisseau chargé par son amiral d'apporter la fatale nouvelle s'était vu refuser, grâce à son uniforme, l'entrée de la maison. Les deux sœurs se marient, l'aînée à Paul Morin et la cadette au lieutenant.

La comédie de M. Paul Cellière, sous réserve de quelques coupures absolument nécessaires, est fine, amusante et gaie ; l'inexpérience de l'auteur est visible presque partout, et cependant, en quelques parties, l'auteur montre une dextérité qui fait pressentir un homme de théâtre ; de plus, il y a çà et là des traces d'observation et souvent de l'esprit ; c'est assez pour une première tentative. Il me paraît, ceci soit dit en passant, que M. Paul Cellière a laborieusement étudié le répertoire de M. Sardou, et qu'il en a rapporté quelques souvenirs un peu trop accusés ; ainsi, le second

acte réunit en une seule situation le coup de fusil des
Intimes et la scène capitale de *Maison Neuve*. Il reste à
M. Paul Cellière, qui ne doit pas être pressé, à s'étu--
dier soi-même, à rechercher et à dégager sa propre
personnalité, qui, j'en ai le pressentiment, vaut la
peine qu'il la dépouille de tout vêtement étranger.

Le théâtre Cluny, qui rentre dans sa vraie voie en
abandonnant les reprises de vieux mélodrames, a mis au
service de M. Paul Cellière une troupe qui se fortifie
de jour en jour. Mme Lacressonnière, M. Paul Clèves,
Mlle Charlotte Raynard et M. Montbars tiennent les
quatre principaux rôles. Mme Lacressonnière aura du
talent lorsqu'elle abandonnera les traditions du mélodrame pour prendre le ton de la comédie ; M. Paul
Clèves a de la chaleur et de l'aisance et le public ne
paraît pas choqué de ses défauts de diction ; Mlle Raynard est charmante quand elle parle naturellement ;
enfin M. Montbars, qui a eu des succès à l'Ambigu,
est un comique froid, qui ne manque ni d'intelligence
ni de finesse.

CCXXXIII

Odéon.   18 septembre 1874.

Reprise de LE CÉLIBATAIRE ET L'HOMME MARIÉ

Comédie en trois actes en prose, par Wafflard et Fulgence.

Le Célibataire et l'Homme marié fut représenté pour
la première fois sur le théâtre royal de l'Odéon par
les comédiens du roi, le 16 décembre 1822 et non le
29 juillet 1824, comme l'imprime M. Quérard, toujours
inexact. L'histoire littéraire a gardé quelque trace de

Wafflard, qui mourut vers **1825**, à peine âgé de
trente-six ans et poitrinaire. Il paraît n'avoir eu de
commun que le nom avec son homonyme l'entrepre-
neur des pompes funèbres de la Ville. Quant à Fulgence, qui s'appelait tout au long Fulgence de Buri,
voici tout ce que m'a fourni sur lui un recueil,
d'ailleurs estimé à juste titre, la *Biographie générale*
de MM. Didot : à l'article Buri, voyez Fulgence et à
la place où se devrait trouver l'article Fulgence, rien.
Pauvres niais, qui rêvez la gloire par le théâtre, ayez
donc de l'esprit, du talent, du succès, des pièces applaudies et gardées au répertoire des deux grandes
scènes françaises, pour qu'après vingt-cinq ou trente
ans on en soit réduit à parcourir inutilement les
répertoires bibliographiques sans y découvrir autre
chose que la poussière de votre nom !

Je ne saurais dire si la comédie que l'Odéon nous a
restituée hier d'une manière si complète et si originale a été souvent reprise durant le laps de cinquante-
deux ans qui s'est écoulé depuis sa première représentation. Elle fut créée par des artistes dont aucun
n'est encore oublié : Perrier, David, Thénard, Armand, Mlles Georges cadette et Anaïs. Je suppose que
cette interprétation remarquable ne contribua pas
moins que la franche gaîté de la pièce au succès fructueux et durable que lui firent les contemporains.

En la reprenant avec une jeune troupe qui n'est
pas trop indigne de ses devanciers, le spirituel directeur de l'Odéon a eu l'idée de lui conserver les costumes du temps où elle fut créée; c'était un moyen
ingénieux de la rajeunir sans y rien changer.

Parmi les ajustements qui ont contribué pour la
plus large part à la joie du public, une mention particulière est due au costume exhibé par M. Porel au
premier acte ; l'habit noir avec un gros pli au-dessus

de chaque poignet, plus trois autres plis dans le dos, et surtout le pantalon aventurine ou saumon, je ne sais trop quel nom donner à cette nuance introuvable, auraient mérité l'approbation de Carle Vernet, de Pigalle ou de Boilly.

La pièce, que je ne donne pas comme une œuvre de complexion très forte, possède cependant un mérite que je recommande aux jeunes auteurs : elle est extrêmement comique ; tous les mots portent, comme il arrive dans les pièces à situation. M. Porel a de la légèreté et du piquant dans le rôle du jeune Alfred ; M. Richard, chargé de celui de Dupont, ressemble étonnamment à Perrier qui l'a créé, il en a le ton brusque, la voix gutturale et le geste décidé. L'un et l'autre ont été fort applaudis.

La pièce renferme un bout de rôle, celui du clerc d'huissier, sur lequel les auteurs comptaient avec raison, car ils l'ont ainsi défini dans une note assez naïve : « Celui du clerc d'huissier doit être, autant que possible, joué par un jeune homme ; il est très essentiel que sa mise ne diffère en rien de celle des autres personnages, afin de rendre vraisemblable, au second acte, la méprise d'Alfred, qui, le prenant pour un invité du bal, lui offre une glace. Au surplus, ce rôle est moderne et ne ressemble en rien aux huissiers de l'ancienne comédie, tels que MM. Loyal de *Tartuffe*, Michel de *l'Intrigue épistolaire*, etc. Il doit être joué avec naïveté, gaiement, mais sans charge. » C'est précisément ainsi que M. Truffier l'a compris et rendu.

Les rôles de femme ont peu d'importance ; Mlle Gravier porte supérieurement son costume à taille courte et son chapeau en capote de cabriolet ; une jeune élève de Conservatoire, Mlle Rochefort débutait dans le rôle de la « chère Elise » du séduisant Alfred ; elle y a fait rire, quoique disant avec justesse et expression, par l'exhibition d'un profil qui rappelle feu Bache en même temps que la lune dans son dernier quartier.

Avant la comédie de Wafflard et Fulgence, on a joué *l'École des maris;* Mlle Barretta a joué délicieusement le rôle d'Isabelle, qu'elle abordait pour la première fois.

CCXXXIV

GYMNASE.   19 septembre 1874.

GILBERTE

Comédie en quatre actes, par MM. Raymond Deslandes
et Edmond Gondinet.

Gilberte, c'est Mlle Delaporte, éloignée de Paris depuis une dizaine d'années, et à qui son ancien public, un peu vieilli mais au cœur toujours chaud, vient de faire une rentrée, je ne dirai pas triomphale, mot à la fois banal et ambitieux, mais amicale et profondément sympathique. La curiosité, *l'attraction,* comme disent les Anglais, étaient si vivement excitées qu'elles ne s'en prenaient guère moins à la pièce nouvelle qu'à l'actrice revenue : il semblait qu'on attendît un chef-d'œuvre, mais, entre nous, cher public, on ne te l'avait pas promis.

Cet exorde ne signifie pas que *Gilberte* soit une œuvre sans valeur; elle renferme, au contraire, des scènes intéressantes et beaucoup de détails ingénieux; mais je dois tout d'abord en tracer une esquisse rapide, qui sera le document justificatif de mes impressions personnelles.

Mlle Gilberte de Verdière a été élevée dans un châ-

teau du Poitou, qu'elle n'a jamais quitté; la raison
apparente de cet isolement, c'est que sa mère, Mme de
Verdière, remariée à un diplomate nommé M. de
Rhuys, a été trompée et abandonnée par ce coureur
d'aventures, qui, pour le moment, fricasse les plaisirs
mondains dans les neiges de Stockholm, où il représente la France... galante. Mme de Rhuys, délaissée,
s'est consacrée, loin des agitations parisiennes, à l'éducation de sa fille unique. Jusqu'ici Gilberte a refusé
tous les partis qui prétendaient à son alliance, et n'a
jamais donné l'explication de cette étrange résistance.

Mais enfin le vainqueur se présente; le ·baron de
Guerches est un bon gentilhomme d'une trentaine
d'années, qui commence à revenir des folles amours
où s'est consumée sa jeunesse; il vient de rompre avec
une certaine marquise d'Orbeccha, l'une des étoiles
du monde parisien, et il s'est enfui en province pour
achever la conquête de sa liberté. Il voit Gilberte, il
l'aime et demande sa main. Gilberte le refuse d'abord
comme les autres. Mais M. de Guerches n'est pas un
inconnu pour elle; elle a gardé dans son cœur l'impression concentrée d'une rencontre antérieure, et
elle se résout, non sans une arrière pensée inavouée,
à rendre M. de Guerches lui-même le confident des
motifs intimes qu'elle a toujours cachés à des indiffé-
rents.

La vérité, c'est que Mme de Rhuys est ruinée et ne
s'en doute pas; la seule fortune dont elle jouisse encore appartient à sa fille; or, un contrat de mariage
apprendrait à Mme de Rhuys la triste vérité; voilà pourquoi Gilberte ne se mariera jamais. On devine la
réponse que fait M. de Guerches à un aveu si déli-
·cat : « Je me mets de moitié dans votre destinée; nous
« nous marierons sans contrat, votre mère ne nous
« quittera jamais; elle n'avait qu'une fille, eh bien,
« elle aura deux enfants. »

Le mariage s'accomplit. Mais, avant que la lune de miel ne soit arrivée à son décours, M. de Guerches est obligé de s'absenter pour aller rendre les derniers devoirs à un vieux parent. Mme de Rhuys, toujours ignorante de sa situation personnelle, profite de l'absence de son gendre pour lui préparer une installation à Paris; elle s'est dit qu'un homme du monde tel que M. de Guerches s'ennuierait d'une condamnation au Poitou à perpétuité, qu'il faut, pour le bonheur même de Gilberte, replacer son mari dans le milieu brillant qui lui convient; et elle croit bien faire en achetant en bloc le mobilier fantasque et luxueux dont la marquise d'Orbeccha a voulu se défaire par caprice.

Lorsque M. de Guerches revient, il se trouve environné de mille objets qui lui rappellent son ancienne maîtresse; il se trouble; Gilberte a des soupçons et bientôt elle apprend, à ne s'y pouvoir tromper, quels liens ont existé entre son mari et Mme d'Orbeccha; c'est M. d'Orbeccha lui même qui éclaire involontairement Gilberte, en lui racontant que la marquise s'est évanouie à l'annonce du mariage de son ami le baron de Guerches.

La situation se tend, car Mme de Rhuys donne un bal le soir même, et elle est tellement étrangère à la chronique scandaleuse des salons parisiens, qu'elle a invité Mme d'Orbeccha. Bientôt la jalousie de Gilberte est portée à son comble, car la marquise à osé écrire à son ancien amant qu'elle l'attendait ; si M. de Guerches ne vient pas au rendez-vous, Mme d'Orbeccha paraîtra à ce bal, où sa présence produira le scandale d'un éclat public. Cependant, M. de Guerches se conduit en homme loyal ; il n'a pas trompé et ne trompera pas Gilberte. Les angoisses de celle-ci se prolongent. et changent d'objet lorsqu'on lui dit que son mari s'est échappé au petit jour pour se battre en duel. Avec M. d'Orbeccha, sans doute ? Non, mais avec un

jeune fat, M. Robien, qui osait poursuivre de ses déclarations audacieuses M^mo de Rhuys elle-même. Gilberte, en apprenant que c'est pour sa mère à elle que
M. de Guerches a risqué ses jours, embrasse son mari
avec passion. Les deux époux retourneront en Poitou
et vivront heureux loin du monde.

Quant à M^mo de Rhuys, soudainement eclairée sur
le dévouement de sa fille, elle prend le·bon parti,
c'est-à-dire qu'elle pardonne à son mauvais sujet de
mari et qu'elle ira le rejoindre à Stockholm.

Le vrai défaut de cette intrigue, plus romanesque
que dramatique, c'est le manque d'unité. Le premier
acte développe le noble caractère de Gilberte, et son
abnégation filiale ; sa jalousie conjugale occupe tout
le reste de la soirée ; mais je ne vois guère de lien
entre ces deux sentiments qui, sans être contradictoires, ne dépendent pas absolument l'un de l'autre.
Voilà comment le public, qui, au milieu de la pièce,
en était encore à démêler le véritable dessein des
auteurs, a trouvé un peu longues les conversations et
les peintures mondaines par lesquelles s'ouvre le
second acte et qui retardaient pour lui le commencement de l'action.

Je ne m'explique ces incertitudes et ces hésitations de deux écrivains expérimentés que par la
destinée antérieure de leur pièce ; écrite pour le Vaudeville, en vue de M^llo Fargueil, elle a dû subir de
profonds remaniements pour convenir au cadre du
Gymnase et à la personnalité de Mlle Delaporte. Et,
pour rester dans la mesure de cette vérité relative qui
seule est conciliable avec la justice lorsqu'il s'agit
d'apprécier les choses du théâtre, je conclus que la
soirée d'hier étant expressément préparée en l'honneur
de M^llo Delaporte, il est temps de s'occuper d'elle.

Ici la tâche devient facile. En dépit des vingt années
qui se sont écoulées depuis ses débuts, Mlle Delaporte

est restée une jeune première par les meilleures qualités qu'exige cet emploi ; elle possède une voix d'un timbre jeune, plein, expressif, qui lui permet d'aller jusqu'aux extrêmes limites de l'émotion contenue et s'arrête précisément où commencerait le drame ; jeune fille au premier acte, jeune femme dans les trois suivants, elle a joué toutes les parties de son rôle avec une finesse exquise et un charme pénétrant.

J'ai pu analyser la pièce sans-parler de M. de Pontvillain, joué par M. Lesueur, ni de M. de Blossac, joué par M. Ravel ; ceci prouve que ces deux personnages n'étaient pas absolument indispensables ; je n'en dis pas autant des deux interprètes qui s'y montrent fort réjouissants. M. Andrieux a la spécialité des gandins, autrement dit des ganaches jeunes ; il joue avec mesure le rôle, un peu plus que scabreux, du marquis d'Orbeccha, ce grand enfant qui conduit les cotillons à grands renforts d'accessoires et de joujoux, tandis que la marquise le trompe avec son meilleur ami.

Un des grands succès de la soirée a été pour un figurant chargé de représenter un personnage muet, celui d'un monsieur d'un certain âge, cheveux gris, visage glabre, cravate blanche en plein jour, lequel se présente dans un salon, salue, s'assied, écoute, sourit malicieusement lorsqu'on parle de l'Académie française, se relève, salue et se retire sans avoir prononcé une parole. L'impayable c'est que personne ne le connaît. A coup sûr ce n'est pas un avocat ! dit une de ces dames. Il y a dans *Gilberte* beaucoup de saillies et d'épisodes de ce genre ; mais, disait le maître Scribe, qui s'y connaissait : pour faire une pièce à peine faut-il de l'esprit ; seulement, il faut... une pièce.

CCXXXV

VARIÉTÉS.   24 septembre 1874.

L'INGÉNUE

Comédie en un acte, par MM. Henri Meilhac et Ludovic Halévy.

Je ne me meurs pas de l'envie d'écrire un long article sur une si petite pièce; le public connaît ces fins croquis, d'allure cavalière, enluminés de légendes croustillantes, où fourmillent les mots piquants, salés, imprévus et même un peu grossiers. Je voudrais retirer ou atténuer l'expression, car je n'aime pas ce qui choque, et lorsque je dénonce une malfaçon littéraire, pardonnez-moi ma faiblesse, je suis tenté de demander pardon comme si c'était moi qui l'avais commise.

Mais oui vraiment, je respire comme une odeur de grossièreté à travers ces parfums de poudre à la maréchale; et je ne dis pas que ce revenez-y d'écurie démente en quelque façon la faculté d'observation qui distingue les deux frères siamois de la vie parisienne, au contraire ; ni que ce qui me blesse déplaise à tout le monde. Il est naturel que la corruption s'annonce d'elle-même à distance, et qu'elle agrée, comme plaît le gibier faisandé à certains estomacs, souvent plus copistes que sincères.

Vous souvient-il de *la Petite Marquise*? C'était Mlle Chaumont. Eh bien, *l'Ingénue* c'est encore Mlle Chaumont, c'est-à-dire *la Petite Marquise*. Vous souvient-il du marquis qui écrivait l'histoire des *troubads*, plus connus sous le nom de trouvères? C'était M. Baron. Eh bien, M. Lambertier de *l'Ingénue*, c'est encore M. Baron de *la Petite Marquise*. Vous souvient-il du vicomte qui essayait de séduire la petite marquise et qui, en l'attendant, faisait l'amour à deux paysannes d'opéra-comique? C'était M. Dupuis. Eh bien, M. le baron de la Roche-Barrière ou Beurrière, de *l'Ingénue*, c'est encore M. Dupuis de *la Petite Marquise*. La différence, c'est que la petite marquise était une petite dame avancée qui jouait l'ingénue, tandis qu'ici l'ingénue est extrèmement avancée pour son âge. Mais, après tout, elle possède une dot d'un million, et le baron l'épousera sans se croire « trop canaille », pour me servir, après lui, d'un mot qui paraît révéler son état psychologique.

Le plus grand défaut de ce genre de plaisanterie, assaisonnée d'humour et du plus verveux, c'est qu'on ne sait trop dans quel monde cela se passe, genre d'incertitude qui met le spectateur aussi mal à l'aise au théâtre que dans la vie réelle. Il y a une scène où le baron de la Roche-Beurrière, qui s'est introduit comme précepteur dans la famille Lambertier, est pris à son propre piège par la petite ingénue qui lui demande des leçons d'histoire de France. Le baron n'hésite pas; un homme du monde n'hésite jamais. Et lorsqu'on lui demande quel est le successeur de Louis XII, il répond imperturbablement que c'est Louis XIII. — « Bien, »s'écrie l'ingénue, « je sais ce que je « voulais savoir. Vous n'êtes pas un précepteur. Si vous « étiez un précepteur, vous sauriez toujours quelques « petites choses. Mais vous ne savez rien du tout; « vous êtes un homme du monde! » Le mot est joli et il fait rire excessivement. Je dis excessivement parce qu'il n'est pas juste ; ici la note est forcée; et nous voilà rejetés dans le monde imaginaire des vicomtes de carton où se complaisait notre pauvre ami Ponson du Terrail, vicomte lui-même à ses moments perdus.

M. Dupuis, vous le connaissez, naturel, fin, ahuri, et plaisant à son public : M. Baron, dans son rôle de devineur de rébus de *l'Illustration*, aurait paru plus neuf si M. Gondinet n'avait écrémé le type dans son *Chef de division*; enfin Mlle Magnier et M. Cooper complètent un ensemble agréable.

Quant à Mlle Céline Chaumont, qu'en dire pour désabuser ceux qui l'aiment, ou pour convaincre ceux qui ne l'aiment pas? C'est un petit paquet de nerfs, un petit bâton nerveux fait pour donner la danse de Saint-Guy aux gens impressionnables; à travers toute cette névrose, beaucoup d'esprit, et dans cet esprit beaucoup d'alliage : hier le faux a sonné trop souvent.

CCXXXVI

PORTE-SAINT-MARTIN.   5 octobre 1874.

Reprise de DON JUAN D'AUTRICHE OU LA VOCATION

Comédie en cinq actes en prose, par Casimir Delavigne.

Lisez, je vous prie, le sommaire du présent article, et conférez-en le texte avec l'affiche de la Porte-Saint-Martin. Vous apercevrez certaines différences qui en entraînent et en expliquent bien d'autres. Casimir Delavigne a voulu écrire et de fait a écrit une *comédie*; la Porte-Saint-Martin, de son autorité privée, la transforme en *drame historique*; et, comme si ce n'était pas assez d'une pareille atteinte portée aux droits de l'auteur mort, la fait accompagner d'une musique étrange; et voilà le *drame historique* tombé au *mélodrame*. Mesurez la chute, et surtout le contresens, car la prose plus enjouée qu'éclatante et plus spirituelle que forte de Casimir Delavigne s'éteint complètement sous des fanfares de trompettes et des roulements de tambours.

L'an dernier, la Porte-Saint-Martin nous donnait *Henri III*, d'Alexandre Dumas, également abandonné par la Comédie Française. Ainsi, notre première scène littéraire se laisse enlever, sans résistance et sans regret apparent, les œuvres qui l'illustrèrent dans l'un et l'autre genre aux belles années de la renaisrance moderne; je dis dans l'un et l'autre genre, car en 1835 un. succès de Casimir Delavigne comptait comme une revanche des victoires romantiques; aujourd'hui, la Comédie française renvoie les deux écoles dos à dos; dehors Alexandre Dumas! dehors Casimir Delavigne! Allez vous faire pendre ailleurs!

Et voilà comment, après avoir assisté l'an dernier au supplice de Saint-Mégrin, nous avons été conviés ce soir à l'exécution de *Don Juan d'Autriche*. Ainsi passe la gloire de ce monde.

L'histoire raconte que le lord Protecteur d'Angleterre, que le grand Olivier Cromwell, enterré solennellement à Westminster, au milieu des pompes terrestres, fut déterré deux ans plus tard pour être accroché non moins solennellement au gibet de Tyburn. A coup sûr, ce souvenir lointain ne tient que par un rapport éloigné aux mésaventures posthumes de deux grands auteurs dramatiques; mais il me semble que la Porte-Saint-Martin aurait pu adoucir pour eux l'amertume de ces déménagements d'outre-tombe.

L'*Henri III* de Dumas avait été joué faiblement; *Don Juan d'Autriche* est joué follement, pour employer un mot poli. Or, de toutes les pièces que la Porte-Saint-Martin enlève ou pourra enlever plus tard au répertoire de l'ancienne Comédie française, il n'en est peut-être pas une seule qui exigeât au même degré que *Don Juan d'Autriche* le concours d'artistes expérimentés, instruits des secrets de leur art et familiarisés avec les grandes traditions.

Le second chef-d'œuvre de Casimir Delavigne (le premier étant incontestablement *l'Ecole des Vieillards*), appartient à l'ordre des comédies politiques dont la série s'ouvrit il y a soixante-quinze ans par un essai qui fut un coup de maître, avec *Pinto* de Népomucène Lemercier, et dont *Bertrand et Raton* de Scribe nous donna, vers 1833, l'exemplaire le plus achevé. Nulle profondeur dans l'ouvrage de Casimir Delavigne; sa conception du caractère de Philippe II est superficielle et bourgeoise ; elle ressemble à l'original comme le portrait d'un garde national de 1830 peint par Horace Vernet peut ressembler au portrait d'un Philippe IV peint par Velasquez.

Ce roi fanatique et violent porte assez de responsabilités devant l'histoire pour qu'on lui épargne des avilissements subalternes qu'il n'a point mérités. Loin de nourrir de mauvais sentiments contre son frère naturel, Philippe II le reconnut spontanément, volontairement, publiquement, par affection fraternelle et personnelle, et lui confia le commandement des armées espagnoles. Si quelque sentiment de jalousie se glissa dans l'âme soupçonneuse de Philippe II, ce fut après la victoire de Lépante, lorsque le nom de Don Juan, salué le plus grand général de son temps, courait de bouche en bouche et semblait éclipser celui du monarque pour lequel il avait vaincu. Mais cette jalousie n'a pas laissé de trace appréciable, et nul plus que Philippe II ne pleura sincèrement le héros qui mourut à trente-trois ans, après avoir écrasé les Flamands à Gembloux comme il avait détruit les Turcs à Lépante.

Mais, enfin, à prendre l'ouvrage de Casimir Delavigne comme il l'a donné, et c'est un devoir étroit pour le théâtre et pour les acteurs, nous avons affaire à une comédie puissante, nuancée de quelques parties dramatiques, écrite d'une manière soutenue, dans le ton des salons littéraires, aiguisée d'allusions fines aux choses du jour et à celles de la veille. Derrière le masque de don Juan, faut-il reconnaître le profil du duc de Reichstadt, le *fils de l'homme*, ou celui du duc de Chartres, le jeune général de Jemmapes et de Valmy, posé comme un contraste en face d'un monarque dévôt et qui ne se bat pas, pseudonyme du vieux roi Charles X ? Grâce à un parti pris d'élégance un peu frivole, il semble que tous les rôles, hommes et femmes, fussent écrits pour Mlle Mars. Jé veux dire que ce sont tous rôles de diction savante et mesurée, qui se dénaturent et deviennent incompréhensibles si l'on essaye de les rendre en dehors des traditions du lieu pour lequel ils furent écrits.

C'est assez dire quelles figures ont faites MM. Dumaine, Taillade et René Didier, succédant, qui à Ligier et à Beauvallet, qui à Geffroy, qui à Firmin et à Delaunay. Sans insister d'une manière désobligeante, pour d'estimables artistes qui jouent plus aisément du trombone que de la flûte, je me demande pourquoi M. Dumaine a pris le rôle de Charles-Quint au jovial ; ce n'était plus un empereur vieilli, fatigué de tout, même du repos, c'était Roger Bontemps, bénissant sa nombreuse famille. M. René Didier, qui positivement ne sait rien de ce que comporte un rôle de grande allure, est bien jeune encore ; il peut travailler ; il a du feu ; mais son ardeur doit être ménagée ; il s'était échappé avec tant de fougue au travers des deux premiers actes, qu'au troisième il s'est trouvé enroué, et qu'au cinquième il ne disposait plus que d'un filet de voix aigredoux, bon tout au plus pour les chats ou pour les *tenorini* d'opérettes.

M. Machanette ne dit que quatre phrases ; le public les a ponctuées par des témoignages non équivoques de son admiration.

Quant à M. Mangin, qui succédait à Samson (!!), il continue dans le personnage de don Quexada son rôle de don Lopez du *Pied de Mouton*, et ne semble pas s'être aperçu qu'on avait changé de pièce.

Il est vrai qu'on n'avait pas non plus changé de musique; les coups de caisse et de tambour semblaient annoncer des trucs ou des flammes de Bengale qui n'arrivaient pas; de là, un léger désappointement.

Un conseil sérieux à la Porte-Saint-Martin : supprimer absolument cet accompagnement d'orchestre, qui, intrinsèquement, est ridicule, et qui, littérairement, prête un air de parodie à la reprise de *Don Juan d'Autriche*. Si la pièce peut recouvrer de l'ascendant sur le public d'aujourd'hui, c'est à la condition qu'on la suive librement dans ses combinaisons scéniques, qui sont ingénieuses, dans son expression qui est délicate et fine. Quel mot de comédie résiste à un coup de tambour? Quel mot du cœur peut émouvoir s'il est comme opprimé et exploité par une chanterelle? Pendant que dona Florinde prononçait ces paroles simples et touchantes : « Puisque je ne puis cacher mon émo- « tion, don Juan, je vais vous quitter. Ma présence « ressemble à une prière, et j'en rougirais », l'orchestre jouait une romance, et le parterre, au lieu de s'attendrir, avait envie de chanter.

J'allais oublier de parler des dames; toute réflexion faite, je l'oublie volontairement.

CCXXXVII

MARCELLE

· Drame en quatre actes, par MM. d'Ennery et Brésil.

« Le faux peut quelquefois n'être pas vraisemblable »
dit plaisamment le marseillais de la pièce nouvelle;
mais l'axiome primitif de Boileau est encore plus certain. MM. d'Ennery et Brésil viennent d'en faire
l'expérience. La situation fondamentale de leur pièce
était vraie, — malheureusement, — si vraie qu'ils l'ont
cueillie dans un débat scandaleux qui remplissait il y
a quelques années les colonnes des journaux judiciaires.

Mais cette vérité-là, assez humiliante pour nos
mœurs contemporaines, a violemment déplu; le désaccord entre le public et les auteurs a été complet.
On en va comprendre les causes.

Il existe à Paris une maison de santé à l'usage des
gens riches; elle est dirigée par le docteur Imbert,
assisté d'un jeune médecin, M. Lionel Dumesnil, qui
cumule les fonctions de sous-directeur et de caissier.
Quant à la surveillance administrative de la maison,
elle est dévolue à une certaine Mme Fromental; c'est
une femme du monde qui a eu des malheurs, particulièrement celui d'être abandonnée par son mari qui,
après l'avoir ruinée, est allé chercher fortune au Mexi-
que. Parmi les pensionnaires de la maison de santé,
se trouve une vieille dame, Mme de Saint-Géran, arrivée depuis peu de l'île Bourbon avec sa petite-fille
Marcelle. Le docteur Lionel, lui aussi, a habité les

colonies; il a donné ses soins à Mme Saint-Géran et l'a
sauvée d'une maladie mortelle. Aussi, quand il est
parti, a-t-il laissé derrière lui des souvenirs recon-
naissants, qui, dans le cœur de Marcelle, se sont trans-
formés en tendresse passionnée. Mme de Saint-Géran
ne s'y est pas méprise, et si elle s'est installée dans
la maison de santé du docteur Imbert, c'est pour
amener le mariage de sa petite-fille avec Lionel. Afin
d'y mieux réussir, ce qui ne semble pas très facile,
car Lionel n'a jamais fait attention à Marcelle, Mme de
Saint-Géran communique ses projets à Mme Fromental, en la priant d'entremettre son influence pour en
assurer le succès, mais en lui cachant l'amour de
Marcelle pour Lionel. Or, Mme Fromental est, en
secret, la maîtresse du docteur Dumesnil. Vous jugez
de sa surprise et de son malaise devant une pareille
confidence. Une circonstance inattendue vient changer, pour leur malheur, la situation respective de tous
les personnages.

Le docteur Imbert veut quitter sa maison pour se
retirer en province. Son successeur sera le docteur
Lionel, à qui il accorde cinq ans pour le paiement du
prix, lui demandant seulement son solde de caisse.

Cet argent, Lionel Dumesnil ne l'a plus; comptant
sur une remise de fonds qu'il attendait de son père,
il a prélevé trente mile francs sur sa caisse, et cet argent a été dévoré par ses amours hebdomadaires avec
Mme Fromental. Or, le banquier de M. Dumesnil père
vient de faire faillite. Lionel est donc perdu, et,
déshonoré, n'a plus qu'à se faire sauter la cervelle.

C'est Mme Fromental qui le sauvera, si c'est sauver
un homme que de l'enfoncer jusqu'au col dans la
boue. Elle sacrifiera son amour, et Lionel épousera
Marcelle. La demande est faite et acceptée. A peine
les consentements sont-ils échangés que Mme Fromental fait une horrible découverte; elle croyait n'avoir

servi que l'égoïsme d'une vieille femme maniaque qui
voulait s'attacher comme gendre un médecin de son
choix ; et c'est Marcelle elle-même qui apprend à sa
rivale qu'elle aime depuis cinq ans Lionel Dumesnil.

Furieuse et désespérée, Mme Fromental restera dans
cette maison pour défendre son amour coupable
contre l'innocente affection de Marcelle, et pour écraser la femme légitime sous son humiliante domination. Mme Fromental entame cette lutte avec si peu de
ménagements que bientôt Marcelle essaye de se révolter contre d'intolérables outrages, qu'aggrave l'évidente et lâche complicité de son mari. Mme Fromental
seule commande dans la maison ; elle règle les allées
et les venues de chacun, elle invite les gens à dîner
sans que Marcelle en soit avertie, elle chasse le vieux
domestique François, qui, depuis quarante ans, servait
la famille de Saint-Géran.

Au milieu de cette horrible lutte, Mme Fromental
apprend qu'elle est devenue veuve et presque riche.
Incurables remords ! inutiles regrets !

Cependant, Marcelle a fini par découvrir la vérité
tout entière, grâce à un bracelet que Lionel a donné
à sa maîtresse et qui porte leurs chiffres entrelacés.
Alors elle éclate, les reproches sanglants débordent
de ses lèvres presque enfantines, et elle tombe en
syncope. Lionel accourt, il tâte le pouls de sa femme,
et déclare qu'une saignée immédiate peut seule la
sauver.

Mme Fromental le saisit par le bras et lui dit les
yeux dans les yeux : « — Elle morte, je suis libre ! »

Lionel se dégage de son étreinte, et répond fermement : « — Je suis médecin. » Et il fait son devoir.

Marcelle, malgré la prostration où elle est plongée,
a entendu la demande et la réponse. Cela suffit pour
que l'amour l'emporte dans son cœur sur la répulsion
que devrait lui inspirer un personnage tel que Lionel,

et au dernier acte elle pardonne. Mᵐᵉ Fromental, désa-
busée et repentante, se jette aux pieds de Marcelle,
puis elle s'éloigne pour toujours.

M. d'Ennery compte d'assez nombreux et d'assez
grands succès dans sa vie pour porter allègrement le
poids d'une défaite. Ni sa renommée, ni son autorité
n'en sauraient être atteintes.

Disons-le franchement, *Marcelle* est une chute.
Recherchons-en les causes.

Elles sont complexes. mais je vais aux plus simples.

Je l'ai déjà dit, c'est dans la vie réelle que les auteurs ont puisé la situation énergique, mais hideuse,
sur laquelle leur pièce repose. Préoccupés de laisser
à cette situation son cadre originaire ; ils ont enfermé
leurs quatre actes entre les murs d'une maison de
santé, où l'on ne parle que maladies, remèdes, morts
et inhumations. A la vérité, les clients du docteur
Dumesnil sont tous des malades imaginaires ; l'effet
n'en est pas moins pénible, si grande que soit l'abondance des mots plaisants qui s'efforcent de briller sous
les crêpes funèbres d'un pareil sujet.

Mais l'erreur capitale de l'habile dramaturge qui
s'appelle d'Ennery, c'est d'avoir pensé qu'il pourrait
dénouer une pareille aventure sans la pousser jusqu'aux
extrémités sanglantes dont l'usage est réservé, par
tradition, aux scènes du boulevard. Je comprends que
l'innocente Marcelle pardonne à son mari ; elle ne le
connaît pas tout entier ; elle ne le croit coupable que
d'infidélité conjugale ; elle ne sait pas que le docteur
Lionel a volé sa caisse au profit de ses anciennes
amours, et que c'est pour réparer les conséquences de
cet abus de confiance qu'il a escroqué la main et la
dot d'une jeune fille de dix-huit ans.

Mais ce que Marcelle ignore, le public le sait, lui,
et il n'a pas ratifié le pardon de Marcelle. Ce qu'il
attendait, ce qui l'aurait soulagé, sauf à crier après au

mélodrame, c'eût été l'apparition d'un vengeur qui aurait giflé Lionel et l'aurait tué comme un chien, faisant ainsi deux veuves d'un seul coup.

L'humiliation finale de Mme Fromental devant Marcelle n'est pas non plus acceptable et ne saurait être prise au sérieux. Une femme comme Mme Fromental tue sa rivale, ou bien elle avale un petit verre de laudanum ; mais elle ne se roule pas à ses pieds.

Cela dit, plutôt que d'insister sur quelques menus épisodes qui n'ont pas paru suffisamment neufs, j'aime mieux employer le peu de place qui me reste à constater du moins que le rôle touchant de Marcelle est irréprochable d'un bout à l'autre, et qu'il a été compris à merveille par Mlle Bartet.

Mlle Jane Essler a le talent sombre et résolu qui convient au caractère de Mme Fromental. Elle a dit le mot final du premier acte : « Je reste » de manière à faire tressaillir les spectateurs. Efforts inutiles. Dès les premières scènes du second acte, la partie était perdue pour Mme Fromental comme pour la pièce.

Je ne veux pas accabler M. Montlouis sous le poids de son insuffisance ; le personnage de Lionel était assez odieux sans qu'on le rendît ridicule.

MM. Delannoy, Parade et Mme Alexis ont fait de leur mieux dans des rôles accessoires ou épisodiques.

Triste soirée, non pour M. d'Ennery, qui se rattrappera demain par dix succès, mais pour le Vaudeville, qui semble avoir perdu sa voie — comme Saint-Germain.

CCXXXVIII

Gymnase. 13 octobre 1874.

Reprise de la PRINCESSE GEORGES

Comédie en trois actes, par M. Alexandre Dumas fils.

Trois années se sont écoulées depuis la première représentation de *la Princesse Georges;* à peine se souvient-on de la polémique engagée sur le dénoûment de cette comédie ou de ce drame, et ce n'est pas moi qui la réveillerai. Ces sòrtes de controverses n'intéressent que lorsque les adversaires en présence sont encore, aussi bien que la galerie qui les écoute, sous le coup de l'impression première ; puis l'heure arrive où le débat se ferme comme de lui-même ; l'œuvre, si elle est médiocre, disparaît submergée sous les flots silencieux de l'oubli ; que si, au contraire, elle renferme les éléments d'une vie plus ou moins durable, elle se fait accepter telle qu'elle est, la masse de ses parties saillantes jetant une ombre protectrice sur les parties faibles ou discutées.

Hier soir, il m'a semblé que le public se laissait aller, sans résistance aucune, au souffle impétueux qui anime les deux premiers actes de *la Princesse Georges* et ne gardait plus d'arrière-pensée récriminante ni contre le sujet de la pièce, ni contre la solution donnée par M. Alexandre Dumas fils au cas social et spécial que pose la trahison de M. de Birac envers la princesse Severine.

Et puis, il faut bien l'avouer, la curiosité d'une salle comble s'adressait moins à l'œuvre d'Alexandre Dumas qu'à sa nouvelle interprète, annoncée par ses amis avec une intempérance de zèle dont elle a plutôt souffert que profité.

Pour juger sans injustice ni complaisance Mlle Tallandiéra, la critique doit lutter d'abord contre les fàcheuses impressions d'un enthousiasme factice, disproportionné à son objet et par conséquent ridicule. Il lui faut, par justice et par devoir, écarter le mélancolique souvenir de Mlle Desclée, absolument belle, complète, et même supérieure à elle-même, dans cet admirable rôle de la princesse Severine, si doux, si charmant et si fort. Elle y réalisait l'idée que nous nous formons tous, avec plus ou moins de compétence personnelle, d'une femme du plus grand monde, spirituelle et altière, honnête et passionnée, d'une vraie princesse en un mot, de qui le notaire Galanson puisse dire avec vraisemblance : « Ces femmes-là sont d'une « race à part ».

Ne parlons plus d'Aimée Desclée en présence de Mlle Tallandiéra.

La débutante est une écolière ; grande, brune, hardie, elle a les défauts de l'inexpérience et ne les voile pas sous la grâce protectrice de la timidité ; sa voix est forte plutôt que sonore, presque toujours sombrée ou caverneuse. Elle a des attitudes et n'a pas de tenue. La princesse qu'elle nous a montrée arpente le théâtre à grands pas, lève les bras tout droits au ciel, se donne bruyamment de grandes tapes sur la cuisse, et, dans ses moments de calme relatif, s'appuie contre un portant en tenant son bras droit replié et appuyé sur le sommet de la tête, pose très appréciée dans les ateliers, parce qu'elle développe des motifs d'académies. Tout cela ne représente ni la princesse Georges ni aucune princesse qui nous puisse paraître acceptable, même si nous nous reportions par la pensée aux temps homériques où la princesse Nausicaa lavait elle-même son linge au lavoir, en présence de l'artificieux Ulysse.

La diction de Mlle Tallandiéra n'est pas mieux réglée que ses gestes ; son accentuation, précipitée et saccadée, court sur la phrase souple et serrée du dialogue sans s'y modeler fidèlement ; du sein de ce chaos surgit de temps à autre quelque cri énergique et faux.

Que conclure de cette audition prématurée, pour ne pas dire téméraire ? C'est que Mlle Tallandiéra, dont la place n'est pas au Gymnase, aurait peut-être quelque chance, le courage, l'étude et le travail aidant, de s'en créer une dans le drame[1] ; l'Ambigu ou le théâtre Castellano pourraient à la rigueur tirer parti de sa vocation tardive et de ses allures violentes.

Voilà ma pensée sincère sur un début qui ne méritait pas le bruit qu'on en a fait. Ni les applaudissements, ni les bouquets, ni les rappels ne sauraient donner le change ni assurer à l'étrange soirée d'hier l'ombre d'un lendemain.

La distribution primitive de *la Princesse Georges* a subi quelques modifications de détail ; M. Francès ne vaut peut-être pas M. Raynard dans le rôle du valet de chambre Victor ; mais M. Blaisot montre de la finesse et de la bonhomie sous les traits du notaire créé par M. Francès ; Mlle Angelo s'est substituée sans désavantage à Mlle Massin dans le rôle de la baronne.

Quant à Mlle Pierson, elle a gardé le rôle de la comtesse de Terremonde, qu'elle avait créé avec une originalité et une sûreté remarquables. Les applaudissements qu'elle a reçus sont ceux des connaisseurs.

---

[1] Mlle Tallandiéra justifia mes prévisions, car elle obtint plus tard un vrai succès à l'Ambigu dans une reprise de *l'Oncle Tom*. La pauvre créature mourut poitrinaire à Nice, toute jeune encore, au moment où elle commençait à comprendre l'insuffisance de son éducation première et les difficultés de l'art avec lequel elle s'était témérairement mesurée.

Mais comment n'a-t-on pas fait remarquer à Mˡˡᵉ Tallandiéra, pendant les répétitions, que l'équilibre et le sens général de l'œuvre étaient détruits, si, dans la terrible lutte entre Severine et Sylvanie, les avantages extérieurs, l'élégance, le ton, la grâce et la dignité se trouvaient transposés, et mettaient, aux yeux de M. de Birac comme aux yeux du public, la supériorité visible du côté de la courtisane contre l'honnête femme ?

CCXXXIX

VAUDEVILLE. 21 octobre 1874.

BERTHE D'ESTRÉE

Comédie en trois actes, par M. Henri Rivière.

L'administration du Vaudeville, considérant le résultat de la soirée d'hier, pourrait ajouter un sous-titre à celui de la pièce nouvelle, qui s'inscrirait ainsi sur l'affiche : *Berthe d'Estrée, ou la revanche de Marcelle.* Revanche pour M. d'Ennery s'entend, mais non pour le théâtre qui vient de perdre deux parties de suite; si ce jeu lui plaît, je n'y ai rien à dire.

M. Henri Rivière débuta il y a quelques années, non sans éclat, dans la littérature ; des nouvelles du genre fantastique et terrible attirèrent l'attention sur un talent qui promettait d'être original, mais qui ne tarda pas à s'embrumer et à se faire oublier dans les eaux dormantes de la *Revue des Deux-Mondes.* Sa première œuvre dramatique, une comédie intitulée *la Parvenue,* passa par la Comédie-Française sans y laisser de trace, et *Berthe d'Estrée,* qui vient d'avoir le même sort, semble prouver que le tempérament littéraire de M. Henri Rivière ne s'accorde pas aux exigences du théâtre.

La situation capitale de *Berthe d'Estrée* se pose seulement au troisième et dernier acte. Elle contient et résume la pièce tout entière.

M. Richard d'Estrée vient d'enlever la marquise de Cimieuse, abandonnant, lui sa femme, elle son mari. A peine arrivent-ils dans la petite maison, d'où ils vont repartir pour fuir à l'étranger, que Mme d'Estrée se jette entre les deux coupables qu'elle a suivis.

Que veut-elle ? Arracher les yeux charmants de la marquise et lui disputer son Richard à coups de revolver ou à coups d'ombrelle ? Vous ne connaissez pas cette femme angélique. Elle est venue à Ermont par la neige pour emmener la marquise et la soustraire à la fureur du marquis qui est sur ses traces ; elle sauvera du même coup son infidèle Richard, que le marquis, très fort à l'épée, tuerait comme un poulet d'Inde.

Mais cet étonnant Richard, ancien officier démissionnaire et homme de lettres *in partibus*, n'entend pas de cette oreille-là ; il déclare nettement à sa légitime épouse qu'il prétend garder l'autre, laquelle ne dit rien, la pauvrette, en quoi elle ne manque pas d'esprit. Devant une pareille attitude (*qui qu'en grogne ?* c'est le public), Mme d'Estrée tient bon ; pendant ce débat édifiant, on sonne (*c'est la cloche de la tourelle*), le public ne grogne plus parce qu'il rit. — « Vite ! » dit-elle à la marquise toujours muette, « cachez-vous dans ce salon sans issue. » — On resonne à la cloche de la tourelle, et M. le marquis de Cimieuse fait son entrée. Ici le public ne rit plus, il se tord.

Donc après avoir carillonné comme un sonneur, M. le marquis de Cimieuse pénètre dans la maison; il n'y

trouve que M. et Mme d'Estrée en tête à tête; Berthe a
le courage de jouer une scène de félicité intime; mais
Richard se montre si maussade que les soupçons du
marquis, un instant dissipés, renaissent dans toute leur
force. Berthe prend alors ce taureau de marquis par
ses cornes : — « Eh bien oui », lui dit-elle, « votre
« femme est là, cachée; mais qu'y voulez-vous faire?
« Elle est pure, mon mari n'ayant pas encore eu le
« temps de mieux faire; elle va retourner chez vous,
« vous lui pardonnerez en galant homme; et moi je
« resterai seule en possession de mon cher Richard,
« qui n'avait pas su me comprendre, que je n'avais
« moi-même compris qu'à moitié, mais qui va me re-
« venir en récompense d'un si beau dévouement. »

Le marquis se laisse toucher par cette éloquence;
toutefois il voudrait une preuve qui le rassurât complètement et lui permît de se décoiffer en public sans
apprêter à rire aux gens. « — N'est-ce que cela ? » s'é-
crie Richard qui commence à revenir de la blonde à la
brune; « voici ma main, je la mets sans scrupule dans
« votre main de mari, de marquis et de diplomate. »

Sur ce, parfaitement convaincu, le marquis salue
comme on salue dans les cours étrangères sur les
genoux desquelles il a évidemment sauté dans son enfance, et il se retire   .

        Au milieu des éclats de rire de la foule

comme dit don Salluste au premier acte de *Ruy Blas*.

Dès qu'il est reparti — à pied et par la neige — la
marquise s'esquive à son tour, mais en voiture; grâce
à cet arrangement, elle sera rentrée à l'hôtel avant
son mari, qui la retrouvera mollement étendue sur sa
chaise longue et pourra se figurer qu'il a fait un mauvais rêve.

Berthe et Richard, restés seuls, se jettent dans les

bras l'un de l'autre ; ils se comprennent enfin, ou plutôt ils vont se comprendre, et le rideau tombe... Il était temps.

Le sujet traité par M. Henri Rivière pouvait donner une comédie, qui n'eût pas été neuve, car il est identique au *Secret du ménage* de feu Creuzé de Lesser et à dix pièces du répertoire de Scribe ou d'Octave Feuillet. Mais l'inexpérience de l'auteur l'a trahi moins encore que certaines velléités d'observation psychologique et même physiologique, qui engendrent de l'ennui lorsqu'on ne les comprend pas ou de la gêne lorsqu'on en saisit la signification cachée. L'auteur compare, par exemple, Mme Berthe d'Estrée, qui n'a pas su s'attacher son mari, à Pénélope, dont elle est le contraire, parce que Pénélope défaisait pendant la nuit l'ouvrage de sa journée, tandis que Mme d'Estrée ne sait pas réparer pendant la nuit les atteintes qu'elle a portées pendant le jour à son bonheur domestique. J'avoue que « en termes fort galants ces choses-là sont mises », mais les secrets d'alcôve, divulgués sur la scène, ont quelque chose d'embarrassant pour les spectateurs, surtout pour les hommes, qui n'ont pas d'éventail.

M. Henri Rivière écrit d'un style correct, mais cherché, qui obscurcit la pensée et qui, par conséquent, ne convient pas au théâtre, où l'on demande, avant tout, du relief et de la netteté. La grande scène du troisième acte échappe à cette critique ; les personnages y parlent franchement et sans emphase ; malheureusement, dans la situation où l'auteur les place, leur franchise ressemble à du cynisme chez M. d'Estrée, à de la bêtise chez M. de Cimieuse. D'ailleurs, la noble conduite de Berthe manque son effet ; elle serait touchante si elle pouvait être vraie ; mais tout le monde sent que la situation est purement théorique ; c'est une leçon qu'on propose aux femmes trahies, mais on ne leur fera ja-

mais croire que cela soit arrivé. Ici nous sommes au
prêche plutôt qu'au théâtre; de là un sentiment de
froideur dans les endroits que l'auteur a dû tenir pour
les plus entraînants de son œuvre.

Ce rôle de Berthe d'Estrée, Mlle Bartet l'a soutenu
de manière à le préserver du naufrage général. Il y
faudrait peut-être plus de force, mais on n'y saurait
mettre plus d'intelligence ni de sentiment.

Mlle Masson a dit finement un petit rôle de vieille
demoiselle, qui ne tient pas l'action.

Les toilettes de Mlle Massin ont plaidé les circonstances atténuantes en faveur de la marquise de Cimieuse.

CCXL

Théatre-Cluny.   22 octobre 1874.

FAITS-DIVERS
Drame en trois actes, par M. Paul Manuel.

On jouait en lever de rideau un vieux *Jocrisse* du
vieux Sewrin, échantillon naïf d'un art disparu; et
je repassais dans mon souvenir les traits les plus
célèbres du personnage.

Pauvre diable de Jocrisse! ne mettait-il pas toutes
ses légendaires espérances sur le gros lot qu'il devait
infailliblement gagner à la loterie? Il n'avait pas pris
de billets; mais, disait-il, le hasard est si grand!

Ainsi pensais-je, vers les onze heures du soir, au
milieu du brouhaha qui accompagnait les plus beaux
endroits des *Faits-Divers* : l'édifice de gloire rêvé par
l'auteur ou les auteurs de la pièce nouvelle, le voilà

qui s'écroule ; ils ne gagneront pas le gros lot ; mais qu'avaient-ils mis au jeu ? Ni science, ni bon sens, ni invention, ni style, ni rien enfin ; mais ils comptaient sur leur étoile : le hasard est si grand !

Vous devinez bien que ce *Faits-Divers* cache un adultère, l'unique, le seul, le suprême et le misérable lieu commun du théâtre contemporain. Le mari trompé est un médecin, comme dans le drame réel de la rue Tiquetonne. Mais ici l'imagination avait eu la priorité sur la nature, le drame nouveau datant d'au moins quatre ans, car il fut offert à feu M. de Chilly, qui s'en défendit avec persistance, et qui, pour adoucir ses refus, les enveloppa dans cette consolation judicieuse : « Comme pièce comique, votre drame est assez réussi ».

Chilly ne savait pas si bien dire. Le premier acte, qui nous montrait le docteur Guérin s'embarquant pour un voyage en Amérique sans savoir qu'il était trompé par son épouse avec un certain M. Varney, avait paru vivement exposé, quoique singulièrement écrit.

La joie publique ne s'est manifestée qu'au second acte, lorsque Mme Guérin, prête à se tuer pour échapper aux remords qui la déchirent, éprouve quelque chose de bizarre et d'inconnu, qui l'avertit qu'elle n'est plus seule. « Je suis deux ! » s'écrie-t-elle. Précisément, l'ami Varney survient ; ils sont trois : la maîtresse, l'amant, et le petit enfant que Mme Guérin sent palpiter dans ses flancs. — « Que je souffre ! » s'écrie le nommé Varney, comme s'il était menacé lui-même de tomber en gésine. — « Volupté de la maternité ! » reprend triomphalement Mme Guérin enchantée de sa découverte.

Et le petit enfant, où donc est-il ?

Patience : il n'est pas encore né ; ce sera pour le troisième acte.

Nous y voici. Varney a conduit Mme Guérin à Mantes

pour y faire ses couches ; il paraît que Mantes-la-Jolie
manque totalement de médecins, car, au moment
décisif, Varney en est réduit à faire demander à la
station de Mantes le secours d'un praticien de passage. Justement le train descendant du Havre est en
gare : un médecin qui s'y trouve répond à l'appel fait
à son humanité et se laisse conduire auprès de la
patiente. Ce médecin, vous l'avez deviné, c'est le docteur Guérin.

Après une scène entre l'amant et le mari, qui serait
dramatique si la situation ne dépassait de beaucoup
la dose d'infamie qui se peut supporter au théâtre, le
docteur Guérin accouche sa propre femme, qui meurt
en le reconnaissant.

L'enfant vivra.

— « Le mien », répondit le docteur ; « il n'y a pas
de bâtard dans le mariage ».

Et il casse la tête à Varney d'un coup de pistolet.

Tel est le cas de M. Guérin, d. m. p.

Le public du théâtre de Cluny, généralement
débonnaire, a voulu montrer jusqu'à quels excès peut
se porter un mouton enragé. A partir de la déclaration de grossesse de l'infortunée Mme Guérin, les
acteurs ont eu de la peine à se faire entendre, et il a
fallu la puissance d'organe et l'autorité de M. Laray
pour rétablir le silence au troisième acte.

Encore une chute, et très complète ; mais au moins
pour cette fois, la littérature est étrangère à l'événement.

Il faut donc attendre une meilleure occasion pour
juger Mlle Rhéa, qui débutait dans un rôle ingrat,
odieux, et qui pis est, ridicule.

Une autre débutante, Mlle Kléber, a montré du goût
et de la finesse dans un rôle accessoire qui serait
peut-être devenu intéressant si les auteurs ne l'a-
vaient subitement abandonné en route.

CCXLI

THÉATRE DES ARTS. 27 octobre 1874.

L'IDOLE

Drame en quatre actes, par MM. Henri Crisafulli
et Léopold Stapleaux.

La soirée du présent mardi 27 octobre a été marquée
par un scandale d'une espèce particulière, qui a eu pour
témoin l'élite de la société parisienne et de la presse.
MM. Henri Crisafulli et Léopold Stapleaux en profi-
teront sans doute, et je les en félicite. Mais n'antici-
pons pas sur le récit de l'événement. .

L'Idole a grandement réussi ; je m'empresse de le
dire, afin de rompre au plus vite avec les malencontreux souvenirs de cette dernière quinzaine, qui n'a-
vait offert au public que des ouvrages de valeur médiocre ou nulle, entraînés plus bas qu'ils ne seraient
allés d'eux-mêmes par des acteurs insuffisants ou
grotesques. Ici, au contraire, la pièce, malgré de notables imperfections, renferme des éléments de vitalité qui ont été fécondés par une interprète supérieure.

J'abrégerai les lenteurs minutieuses d'une analyse
suivie de *l'Idole* en réduisant les deux premiers actes
à cette formule monosyllabique : *Antony.* Figurez-
vous une autre Adèle d'Hervey, la duchesse Andrée
d'Argèles, assaillie par un autre chevalier de l'amour
impétueux, Réginald de Thérigny.

La duchesse est bonne, douce, vertueuse comme
Adèle d'Hervey ; femme et veuve tout à la fois, elle
consume ses belles années au chevet d'un mari

paralytique et privé de tout espoir de guérison. Mais
sa fierté native, le respect du nom qu'elle porte la
défendent victorieusement contre les entraînements
d'une passion coupable. Ce n'est pas par la violence
physique qu'un amant triompherait de cette noble et
généreuse nature ; mais l'obsession morale est plus
puissante. Lorsque la duchesse a pu juger par elle-
même des ravages que sa résistance a produits dans
l'existence et dans les idées de Réginald, lorsqu'elle le voit dévorer, dans une vie fiévreuse et rui-
neuse, des jours qui lui sont devenus insupportables,
et courir au-devant d'une mort volontaire en provo-
quant follement un adversaire sûr de ses coups, la
duchesse ne se sent plus maîtresse d'elle-même : —
« Honneur pour honneur ! s'écrie-t-elle, vaincue par
sa propre passion ; ne te bats pas ; je t'aime. »

Avec le troisième acte commence la vraie pièce de
MM. Crisafulli et Stapleaux, je veux dire le développement qui leur est personnel de la situation exposée
dans les deux premières parties du drame.

Pendant quelques mois d'un bonheur sans mélange,
Reginald a pu détourner ses yeux de l'avenir ; mais le moment arrive de compter avec le passé ; la vérité simple et
triste, c'est que Reginald est ruiné ; sa terre patrimo-
niale de Thérigny paiera ses dettes. Pour lui, deshérité par un oncle qui voulait lui imposer un mariage
de raison, il acceptera, pour vivre, un poste de secrétaire d'ambassade à Saint-Pétersbourg ; au bout d'une
absence de six mois, il reviendra à Paris avec la certitude d'entrer au cabinet du ministre.

L'idée de cette séparation, si courte qu'elle soit en
réalité, épouvante la duchesse. L'isolement, l'oubli
peut-être après tant d'heures enivrantes ! Andrée n'y
peut souscrire sans résistance ; après tout, pourquoi
cette séparation ? Question d'argent ! Mais elle a des
millions, elle, et qui lui appartiennent en propre.

Si déguisées et détournées que lui parviennent les propositions de la duchesse, Reginald les repousse avec autant de raison que de dignité. Une explication sur ce chapitre pouvait devenir bien scabreuse ; les auteurs en ont fait l'une des scènes capitales de leur drame par la franchise de leur procédé et par une conclusion qui donne la victoire aux sévérités de l'honneur sur les sophismes de la passion.

« — Que nous importe le monde ! » s'écrie la duchesse exaltée ; « fuyons dans un pays lointain où « nous serons à l'abri des regards accusateurs. »

« — Non », répond Reginald avec l'élan d'une conscience incorruptible ; « ayons au contraire l'au- « dace de notre déshonneur et montrons-nous publi- « quement au bras l'un de l'autre, moi l'amant ruiné, « vous la femme coupable et millionnaire ! »

La duchesse frémit et courbe de nouveau la tête sous le joug du devoir. Elle consent au départ de Reginald, et elle reste seule auprès du duc, dont les forces vont en déclinant chaque jour.

Le dernier acte se passe à Saint-Pétersbourg. Voilà plus d'un an que dure la mission de Reginald ; et depuis trois grands mois, pas une lettre de la duchesse ! Aurait-elle oublié l'absent ? Tel est le thème invraisemblable que développe avec une persistance cruelle un collègue et ami de Reginald, M. de Montenac. Secondé par l'influence d'un grand personnage russe, le général Naridoff, directeur général des postes, qui veut marier sa nièce à ce jeune Français qu'il adore, Montenac parvient à engager Reginald envers Mlle Naridoff ; et le contrat vient d'être signé.

La péripétie se devine. Naridoff, en sa qualité de directeur général des postes, a supprimé la correspondance de la duchesse, y compris une dernière lettre par laquelle Mme d'Argèles annonçait à Reginald le veuvage qui lui rendait sa liberté.

Et Mme d'Argèles est partie pour la Russie; elle veut revoir Reginald mort ou vivant; lorsqu'elle pénètre chez le secrétaire d'ambassade, un premier objet frappe sa vue, c'est la corbeille de noces.

Puis Reginald se présente à son tour, et demeure comme pétrifié à la vue de celle qu'il n'a cessé d'aimer.

Le désespoir de la duchesse éclate, et il est terrible:

« — Tu m'a pris l'honneur, rends-le moi », s'écrie-t-elle; « tu me devais ton nom et tu me le voles. « Crois-moi, je ne suis pas une de ces pauvres femmes « qu'on prend et qu'on abandonne, qu'on avilit et « qu'on oublie; je ne sortirai pas d'ici et je serai « vengée. »

Et, avant que Reginald ait pu prévenir son dessein, elle s'enfonce un poignard dans la poitrine.

On accourt. « — J'étais sa maîtresse », dit-elle en montrant Reginald, « je le gênais et il m'a tuée... »

C'est exactement la contre-partie — voulue — du dénoûment d'*Antony*.

Les difficiles qui ne se contentent pas des effets, et qui aiment à discuter les causes, aperçoivent du premier coup d'œil le point faible du dernier acte: je veux dire l'insuffisante justification de la trahison commise par Reginald; aussi lorsqu'il essaye de s'en disculper en alléguant le silence prolongé de sa maîtresse: — « Belle raison! » s'écrie-t-elle. « Moi, « quand j'ai cessé de recevoir vos lettres, j'ai cru que « vous étiez mort! » La réplique est saisissante, et les auteurs ont su tirer ainsi un heureux parti de leurs propres fautes.

On peut trouver encore un défaut dans l'accusation *in extremis* portée par la duchesse contre Reginald, c'est qu'elle fait finir *l'Idole* exactement par où commence *l'Article 47* d'Adolphe Belot.

La critique épuisera ses objections en constatant le

remplissage des deux premiers actes par des épisodes prétendus comiques qui manquent de gaîté.

Mais qu'importent ces chicanes de détail, lorsqu'il s'agit d'une pièce animée d'un souffle ardent et où la passion parle un langage sincère? Deux actes d'un intérêt poignant, n'est-ce pas autant qu'il en faut pour décider du succès?

M. Paul Esquier, qui débutait, ou plutôt redébutait à Paris par le rôle difficile de Reginald, avait, il y a quelques années, appartenu au Gymnase, puis il partagea en Italie les succès de Mlle Desclée; il faillit, dit-on, reparaître l'an dernier au boulevard Bonne-Nouvelle avec le rôle d'Alphonse, qui fut définitivement distribué à M. Achard.

Quoi qu'il en soit, M. Esquier nous est revenu, et il a réussi, non pas d'emblée, car il était fort troublé, et le premier aspect de sa personne, un peu contractée et comme stupéfiée, n'a permis d'apprécier que progressivement des qualités solides, une diction chaleureuse et vraie, qui ont fini par s'imposer au public. Sa voix, un peu rauque et voilée par suite d'un enrouement, a fini par sortir pleine et vibrante au troisième acte, et je crois qu'on le reverra aux prochaines représentations en pleine possession de soi-même.

Et ce scandale? Nous y voici.

Ce scandale, je répète le mot et j'y insiste, c'est l'immense succès, disons mieux, le triomphe obtenu par Mlle Rousseil dans le rôle de la duchesse d'Argèles. Le quatrième acte, qui ne contient, pour ainsi dire, qu'une suite de monologues, dits par la duchesse outragée et abandonnée, a été composé et rendu par Mlle Rousseil avec une science, une vérité, une puissance qui ont littéralement transporté la salle; des larmes coulaient sur tous les visages, et l'émotion de l'artiste était si réelle qu'on a vu Mlle Rousseil chanceler et presque s'évanouir lorsqu'elle a été ramenée

ou plutôt traînée à deux reprises sur la scène pour
obéir aux acclamations *unanimes* du public.

Eh ! bien, c'est ce public de choix, où les écrivains
célèbres se mêlaient aux hommes du meilleur monde
et aux aimables diplomates qui se font un mérite de
partager avec nous le culte des lettres françaises, c'est
ce public, dis-je, qui exprimait à haute voix un jugement dont je me constitue le greffier : « — Comment
« se fait-il », disait-on, « qu'une femme de la valeur de
« Mlle Rousseil en soit réduite à faire la fortune du
« petit Théâtre des Arts, tandis que nous cherchons
« vainement sa pareille à la Comédie-Française ? Et,
« chose plus étrange encore, comment s'expliquer
« qu'après l'avoir possédée comme pensionnaire, la
« Comédie-Française l'ait laissée partir, nous ne vou-
« lons pas dire l'ait congédiée ? »

Ce sont là des questions que je transcris, sans chercher à les résoudre. Je m'abstiens habituellement,
par goût et par prudence, de toute ingérence dans les
affaires intérieures des théâtres. Mais il m'appartient
de dire que dans la soirée d'hier Mlle Rousseil s'est
élevée à une hauteur où elle ne craint plus de rivales,
maintenant que Desclée n'est plus. Et lorsqu'on pense
que la femme qui jouait hier *l'Idole* avec une sincérité de passion qui me rappelait les meilleurs jours de
Marie Dorval, possède également le grand répertoire
tragique de notre première scène, je me demande à
mon tour pourquoi Mlle Rousseil n'occupe pas à la rue
Richelieu la place qui lui revient légitimement, et qui
serait la première.

CCXLII

Comédie-Française.   29 octobre 1874.

LE DEMI-MONDE

Comédie en cinq actes, par M. Alexandre Dumas fils.

La Comédie-Française est dans son droit et pour
ainsi dire dans l'exercice de sa fonction lorsqu'elle emprunte au répertoire des autres théâtres leurs meilleurs pièces consacrées par le succès et par l'estime
publique. En ce qui concerne *le Demi-Monde*, elle ne
faisait d'ailleurs que reprendre son bien, puisque le
chef-d'œuvre d'Alexandre Dumas fils lui fut originairement destiné.

Faut-il regretter que certains scrupules d'un côté, de
l'autre certaines susceptibilités également légitimes,
aient enlevé il y a vingt ans à la Comédie-Française la
primeur d'une œuvre de ce genre ? Je ne le pense pas.
Joué d'origine à la Comédie-Française, *le Demi-Monde*
eût été, je le crains, mal compris, et quelque bour-
rasque l'eût emporté à peu de jours de sa naissance.
Qui sait ? ce serait peut-être aujourd'hui le Gymnase
qui reprendrait la pièce, avec Mlle Tallandiéra dans le
principal rôle.

Heureusement, les choses se passèrent autrement.
Alexandre Dumas fils eut la bonne fortune de se voir
interpréter par une réunion d'acteurs intelligents et
distingués qui fixèrent définitivement le caractère et la
physionomie du *Demi-Monde*. Soutenue par eux,
l'œuvre se défendit contre les hostilités des uns, contre
les protestations sincères des autres, et finit par s'imposer à l'admiration du public, comme l'une des plus

spirituelles et des plus audacieuses comédies qui se fussent produites depuis...

Au fait, depuis quand ? A vrai dire, il n'est pas une comédie célèbre qui, à son apparition, n'ait été réputée audacieuse, extravagante, scandaleuse, digne de punition en ce monde ou dans l'autre ; *l'École des femmes, Tartuffe, Turcaret, le Mariage de Figaro* valurent à leurs immortels auteurs des accusations et des injures auprès desquelles les critiques dirigées contre Alexandre Dumas fils passeraient à bon droit pour les caresses d'une aïeule indulgente envers un petit-fils mauvais sujet mais adoré.

Quel est le premier mouvement du spectateur devant la représentation du vice ? C'est d'accuser l'auteur de prédilection pour son sujet et, par conséquent, de complicité avec les méchants qu'il a voulu peindre. Il faut l'éloignement, la réflexion lente et le travail du temps pour que les choses reprennent leur place et que la signification vraie de l'œuvre contestée se dégage des circonstances accessoires qui tendaient à l'obscurcir.

Je crois que l'heure de la justice est venue pour *le Demi-Monde*. Je ne connais pas de pièce où l'immoralité vivante soit exposée avec moins de tendresse, ni avec plus de haine ; l'auteur montre les chairs à nu, mais c'est pour les fouailler de verges sifflantes et sanglantes.

Qu'en ressort-il ? un spectacle plein d'amertume, instructif peut-être, mais morose comme une visite à ces hôpitaux que peuplent les baronnes d'Ange lorsqu'elles n'ont pas réussi.

Est-ce bien la seule cause de cette impression désolante ? En y regardant d'un peu près, je me persuade que les dépravées et les inconscientes qui peuplent le demi-monde nous paraîtraient encore plus vraies mais en même temps beaucoup moins dangereuses, si elles étaient circonscrites dans un sévère et solide contraste.

Savez-vous ce qui est faible dans *le Demi-Monde*? C'est l'honnêteté des honnêtes gens. Qui donc, parmi ceux qu'on y qualifie de ce beau titre, a le droit et l'autorité pour flétrir les femmes égarées ou perdues?

Est-ce Olivier de Jalin, qui vit avec elles, qui s'en amuse et qui les trahit? Pour lapider la femme coupable, il faut être soi-même sans péché, et, à plus forte raison, n'avoir pas péché avec elle.

Ce ne sera pas non plus le marquis de Thonnerins, chez qui les manières exquises de l'homme du monde voilent à peine la corruption du vieillard libertin.

Hippolyte Richond est à plaindre, j'en conviens; mais de quel front refuse-t-il le pardon à la femme adultère, lorsqu'il s'avoue lui-même engagé dans les liens du concubinage?

Reste M. de Nanjac; celui-là serait vraiment l'homme intéressant et vertueux, si, au moment décisif, il n'immolait l'honneur à l'amour, en consentant à couvrir de son nom, jusqu'alors immaculé, le passé d'une fille entretenue.

La seule figure sympathique, quoiqu'au fond assez inquiétante, est celle de Marcelle, et je souhaite, pour leur bonheur commun, que son mari n'ait jamais à se souvenir qu'il l'a ramassée dans le panier des pêches à quinze sous.

Du reste, la transplantation du *Demi-Monde* à la Comédie-Française modifie étonnamment la physionomie de la pièce telle que la mémoire des contemporains en avait gardé l'empreinte. S'élargissant avec le cadre, la toile n'a plus l'équilibre de ses proportions naturelles, et les couleurs s'en sont adoucies, je ne veux pas dire affaiblies.

La pièce aussi subit un genre particulier de transformation par l'effet d'une mise en scène très soignée, mais qui dépasse le but. Les meubles, les accessoires, les toilettes de femmes, tout est trop frais, trop riche, trop somptueux. Regardez les costumes de la baronne d'Ange; il est évident qu'ils doivent absorber en un mois les pauvres petites quinze mille livres de rentes que lui a constituées le marquis de Thonnerins.

Au Gymnase le tableau avait une apparence plus modeste, plus bourgeoise, et par conséquent plus vraie. Le Demi-Monde, tel que l'a entendu et défini son ingénieux créateur, n'est pas le monde de la galanterie; il n'en est que le vestibule ou le déversoir.

Cette différence, purement matérielle, se retrouve aussi dans l'interprétation.

· Le rôle de la baronne d'Ange, qui commence dans le mépris et s'achève dans l'odieux, est un des plus périlleux que puisse aborder une actrice, même consommée. Rose Chéri en tirait tout le parti possible, et cela sans effort apparent; elle le mettait *au point*, comme on dit, au théâtre et en sculpture, par le simple aspect de sa personne; la baronne d'Ange jouée par Rose Chéri ressemblait si naturellement à une honnête femme qu'elle excusait et justifiait l'illusion de M. de Nanjac, illusion sans laquelle la pièce devient inexplicable.

Mlle Croizette ne paraît avoir cherché ni étudié cette nuance; elle a joué le personnage tout d'une venue, sans précautions hypocrites, sans masque trompeur, confiante en elle-même, et se disant sans doute qu'une ou deux inspirations à la *Sphinx* sauveraient tout. Le fait est qu'elle a rencontré au quatrième acte un ou deux effets violents qui marquent sa vocation pour le drame convulsionnaire, et qui ont fourni à ses amis l'occasion de rompre enfin le silence glacial où les avait réduits jusque-là l'insuffisance de la comédienne. Ce n'est pas que Mlle Croizette manque d'autorité; elle a la certitude tranquille et impérieuse de la sociétaire qui se sait chez elle sur ces planches illustres; mais le reste, la diction, le ton, les gestes et jusqu'à la démarche sont d'une écolière.

Que dire de M. Delaunay ? qu'il est charmant, excellent et même trop parfait pour le rôle d'Olivièr de
Jalin. A ne le point céler, il me semble que ledit
Olivier joue pendant toute la pièce, et surtout au
dénoûment, un assez vilain personnage ; mais on peut
admettre qu'il soit léger, bavard, indiscret, et qu'il
s'engage ainsi par étourderie en des situations délicates ou indélicates. Au contraire, le prendriez-vous
au sérieux ? Garde à vous ; l'odieux n'est pas loin.
D'où il suit qu'à mon humble avis, M. Delaunay, avec
sa voix puissante et frémissante, avec cette chaleur
d'entrailles qui ne demande qu'à rayonner, prête trop
de valeur intellectuelle, trop de profondeur au personnage ; Olivier de Jalin tourne ainsi, en quelque
sorte, tantôt au Méphistophélès et tantôt au justicier,
au lieu de rester un simple désœuvré parisien, un
aimable boulevardier qui médit du demi-monde en
l'adorant, et qui finit par s'y rattacher d'un lien indis-
soluble en y prenant sa femme.

M. Got donne au personnage secondaire d'Hippolyte Richond une physionomie plus vraie que séduisante, et vraiment trop atténuante pour les fautes de
Mme Richond. M. Thiron est un excellent marquis de
Thonnerins, et Mlle Nathalie donne l'exemple qu'il
aurait fallu suivre en maintenant le rôle de la vicom-
tesse dans un excellent ton de noblesse déchue, mais
non point oubliée.

Le rôle de Marcelle, la jeune fleur éclose dans les
terres équivoques du Demi-Monde, a été joué par
Mlle Broisat, pour son début à la Comédie-Française,
avec une franchise, un charme et une finesse de sentiment qui lui ont valu un succès immédiat et décisif.

CCXLIII

Théatre-Cluny.   3 novembre 1874.

LES HÉRITIERS RABOURDIN

Comédie en trois actes, par M. Emile Zola.

Aimez-vous l'atmosphère des chambres de malade, l'odeur du renfermé, où le suif des côtelettes d'antan se marie à la fade senteur des cataplasmes? Aimez-vous à parler catarrhes, toux, gravelle, cachexie, apepsie, dyspepsie et lientérie? Vous plaisez-vous à l'aspect des moribonds crachant leurs foies, comme dit le peuple, et vous intéressez-vous aux filouteries commises par de vieilles femmes au cabas graisseux? S'il est un seul de mes lecteurs qui réponde oui à chacune de ces questions irrévérencieuses non moins qu'abominables, eh bien! qu'il parte en omnibus pour le théâtre Cluny; M. Emile Zola est son homme. Pour moi, je ne serai pas fâché de lui avoir trouvé un spectateur.

Quant au sujet de sa pièce, qui offenserait la délicatesse des infirmiers d'hôpital, trois lignes me suffiront pour l'indiquer. Le sieur Rabourdin passait, dans la ville de Senlis, pour ce qu'on appelle un parent riche; ses collatéraux ont commencé par le ruiner en emprunts et en carottes variées; mais il se fait rendre la monnaie de sa pièce en exploitant leur avidité par la promesse fallacieuse d'une succession imaginaire.

Tel est le plan enfantin autour duquel M. Emile Zola fait graviter d'odieuses caricatures qui suent la cupidité, la gourmandise et la crasse. Du reste, pas un développement original, pas une scène dont l'in-

vention appartienne en propre au signataire des *Héritiers Rabourdin*. Nous partons du *Malade imaginaire*
pour arriver à *l'Oncle d'Amérique* en traversant *le
Légataire universel*, *le Testament de César Girodot* et
l'Héritage de M. Plumet. Seulement, il existe entre
ces œuvres de génie ou ces pièces bien faites et la comédie de M. Zola toute la différence qui sépare les
tableaux de maîtres et l'imagerie d'Epinal.

CCXLIV

GYMNASE-DRAMATIQUE.   5 novembre 1874.

LA VEUVE

Comédie en trois actes, par MM. Henri Meilhac
et Ludovic Halévy.

La perte d'un époux ne va point sans soupirs ;
On fait beaucoup de bruit, et puis on se console.
Sur l'aile du printemps la tristesse s'envole ;
    Le temps ramène les plaisirs.
        Entre la veuve d'une année
        Et la veuve d'une journée
La différence est grande ; on ne croirait jamais
        Que ce fût la même personne :
L'une fait fuir les gens, et l'autre a mille attraits,
Aux soupirs vrais ou faux celle-là s'abandonne,
C'est toujours même note et pareil entretien.
        On dit qu'on est inconsolable ;
        On le dit, mais il n'en est rien...

J'arrête ici cette citation du bonhomme La Fontaine, et, ma citation faite, j'ai raconté la pièce nouvelle, nouvelle, oui vraiment, quoique La Fontaine
en ait tracé le *scenario* il y a deux cents ans, et que

lui-même l'eût emprunté à un ancien fabliau de Gauthier le Long, recueilli par Legrand d'Aussy en son troisième volume des *Contes et Fabliaux français*.

MM. Henri Meilhac et Ludovic Halévy — prenons-les comme ils sont — ne se piquent pas d'écrire, selon l'expression d'André Chénier, des vers antiques sur des pensers nouveaux : tout au contraire; leur art, très agréable d'ailleurs et divertissant, consiste à rajeunir des sujets antiques par des ajustements nouveaux. Quoi de plus frais que le quadrille de *Madame Angot*, par exemple, venant égayer une soirée qui se passe en 1869? Quoi de plus piquant qu'un anachronisme en matière si légère et d'une actualité si palpitante ?

Les trois actes de *la Veuve* correspondent à ces trois phases : deuil, demi-deuil, renouveau.

Au premier acte, la comtesse (la comtesse de quoi? je ne sais plus !) soupire sous ses longs voiles noirs devant le buste du comte, mort depuis dix mois à peine.

Au second acte, elle a quitté ses voiles et va voir *la Timbale* en loge grillée.

Au troisième acte, le buste du mari est remplacé par une cage d'oiseaux chanteurs, et la comtesse se remarie.

Voilà tout ! Est-ce assez ? La pièce n'est pas forte ; elle peut sembler trop triste à son début, et trop gaie vers son dénoûment.

N'écrasons pas d'une critique pédante cette chose inconsistante et légère. *La Veuve* occupe dans la hiérarchie dramatique une place analogue à celle des *soufflés* dans l'ordre culinaire. Tout ce qu'on exige de cette friandise, c'est qu'elle ne tombe pas trop tôt, c'est-à-dire dans le trajet de l'office à la salle à manger. Le *soufflé* de MM. Meilhac et Halévy a fait bonne figure à table pendant quarante minutes sur une

heure et demie. Cela suffit pour lui mériter l'indulgence des gourmets.

C'est Mlle Pierson qui fait la veuve ; la gaîté ne lui
messied pas ; MM. Achard, Landrol, Pradeau, Andrieux, Lenormant, Francès, Mmes Angelo et Helmont
trouvent une physionomie pour des rôles à peine esquissés.

CCXLV

Reprise de LA JEUNESSE DU ROI HENRI

Drame en huit tableaux, par Ponson du Terrail.

Sorti des cendres de la Commune, l'ancien Théâtre
Lyrique vient de célébrer sa renaissance par une petite
fête dédiée à la presse. Comment répondre à des
avances courtoises par un jugement rigoureux ? Que
s'il suffisait d'avouer que la salle est admirablement
restaurée et qu'elle réjouit agréablement les yeux, le
directeur du nouveau théâtre penserait que ce n'est
pas là son affaire et que MM. Daviond et Alphand
sont assez riches de gloire pour ne pas accaparer tous
les compliments au passage.

Et le drame de Ponson du Terrail ? Voilà justement
le faible et le fort de *la Jeunesse du roi Henri*, c'est
d'avoir été écrite par Ponson du Terrail, car jamais
improvisation moins étudiée n'a promené sur la scène
des peintures plus superficielles ; cependant, je n'aurai jamais le courage d'écrire un mot sévère qui pût
affliger la mémoire de ce brave, spirituel et excellent
garçon, qui fut notre camarade et notre ami.

Me rattrapperai-je sur la troupe ? Je ne demande pas mieux ; elle manque encore de cohésion et d'ensemble, mais comme rien ne m'empêche d'admettre par hypothèse qu'elle se formera, je lui souhaite tout le succès qu'elle peut se flatter de mériter dans l'avenir.

D'ailleurs le présent même comporte quelques exceptions ; Mlle Grandet, par exemple, qui s'est montrée comédienne gracieuse et fine sous les traits de Marguerite de Navarre, et M. Rosambeau, qui porte allègrement un nom célèbre dans le roman comique du xixe siècle. M. Rosambeau a trois qualités fort agréables au théâtre : la jeunesse, la verve et la gaîté. Le reste viendra peut-être par surcroît.

Quant à la mise en scène, elle est fort soignée et même brillante ; le tableau de la chasse royale, avec ses chevaux et ses chiens, est habilement réglé et a été fort applaudi.

***

CCXLVI

PORTE-SAINT-MARTIN.　　　　　　　　8 novembre 1874.

LE TOUR DU MONDE EN 80 JOURS

Drame en cinq actes et quinze tableaux, par MM. Adolphe d'Ennery et Jules Verne.

Les livres de M. Jules Verne sont entre toutes les mains ; personne n'a su mieux que lui vulgariser les problèmes des sciences physiques, mettre la cosmographie en roman et passionner la géographie. Entre *les Aventures du capitaine Hatteras*, par exemple, et *le Robinson suisse*, immortel prototype du genre, il existe la même différence qu'entre la locomotive moderne et la patache du siècle dernier.

Nous vivons dans une ère scientifique; le dix-neuvième siècle sera dans l'histoire le siècle de la vapeur et de l'électricité, comme le quinzième siècle fut celui de l'Amérique et de l'imprimerie.

M. Jules Verne comprend admirablement son époque et la sert efficacement dans ses meilleures tendances. Voilà qui suffit, indépendamment du charme intrinsèque de l'écrivain, pour justifier une renommée populaire.

Mais puisqu'il y a un roman dans chacun des livres scientifiques de M. Jules Verne, pourquoi ne renfermeraient-ils pas un drame? Telle est la question que se sont posée plusieurs directeurs de théâtre; et M. Adolphe d'Ennery s'est chargé d'exécuter les sondages nécessaires dans l'œuvre de M. Jules Verne.

Un succès complet a couronné la recherche de l'éminent ingénieur.

Le point de départ du drame tient tout entier dans une conversation de club. Nous sommes à Londres, à *l'eccentric Club*, réunion sévèrement triée sur le volet, et dans laquelle on n'est admis qu'à la condition de s'être distingué par quelque entreprise de haute singularité, pour ne pas dire de folie. Par exemple, on vient de blackbouler un Américain, M. Archibald Corsican, qui se vantait d'avoir fait le tour du littoral de la mer Rouge à pied et à reculons. Le club, suivant en cela l'inspiration d'un de ses membres les plus influents, M. Philéas Fogg, a jugé que le voyage à rebours de M. Corsican, quoique considérable en soi à cause de sa parfaite inutilité, ne constituait pas un titre suffisant, faute d'avoir été accompli à cloche-pied.

Au moment où le rideau se lève, les excentriques s'entretiennent d'un vol de deux millions qui vient d'être commis au préjudice de la Banque d'Angle-

terre, et des chances que le voleur peut avoir d'é-
chapper aux poursuites de la police, soit qu'il se
réfugie aux Indes, soit qu'il aille plus loin. « — Le
« monde n'est pas si grand », s'écrie M. Philéas,
« puisqu'on en peut faire le tour en quatre-vingts
« jours. »

A cette assertion absolue, on se récrie : « — Sur le
« papier rien de plus facile, mais dans la réalité rien
« de moins pratique », objecte-t-on, « il y a les retards,
« les accidents, la fatigue, mille obstacles. — Il n'y a
« pas d'obstacles », répond tranquillement M. Philéas,
« et la preuve, c'est que je tiens contre vous tous un
« pari d'un million ». On est au 2 octobre 1872; dans
quatre-vingts jours, à neuf heures du soir, Philéas
Fogg devra se retrouver dans le grand salon du club.

M. Philéas part sur-le-champ, emmenant avec lui
un domestique français nommé Passepartout, paresseux comme un loir, mais adroit comme un singe et
fidèle comme un chien. La fortune de M. Philéas Fogg
monte à deux millions liquides ; un million reste
déposé chez MM. Baring frères pour répondre du
pari ; l'autre, en banknotes, est enfermé dans une
sacoche portée en bandoulière par Passepartout. C'est
l'argent de poche du voyage.

Vous devinez dès à présent le plan de la pièce. Philéas Fogg gagnera-t-il son pari? Quels accidents suc-
cessifs, ingénieusement renouvelés, marqueront chacune des étapes de son voyage? C'est ce qu'on va voir
en suivant, pour la clarté du récit, l'ordre des tableaux.

Deuxième tableau. — Suez. Archibald Corsican,
rencontrant à Suez Philéas Fogg, à qui il se sait
redevable de son échec au club des excentriques, le
provoque en duel; d'autre part, un détective, nommé
Fix, chargé de retrouver les deux millions de la Banque
d'Angleterre, après avoir alternativement soupçonné
nos deux excentriques qui courent le monde en semant

les billets de banque à pleines mains, s'attache plus
particulièrement à M. Philéas dont la conduite est
incompréhensible pour lui. L'heure du départ va
sonner; une difficulté de passeport suscitée par Fix
est levée, Philéas donne un coup d'épée dans le bras
gauche à l'Américain Archibald; le vapeur siffle; tout
ce monde part pour Bombay; Archibald, afin d'avoir
sa revanche, Fix pour ne pas perdre de vue son prétendu voleur.

Troisième tableau. — Aux Indes. Nos voyageurs
ont manqué je ne sais quel coche; ils viennent
dans la case d'un cultivateur indien pour lui louer un
éléphant qui les mènera à une station de chemin de
fer. En leur présence, les brahmanes font arrêter
deux jeunes Indiennes fugitives, les deux sœurs, dont
l'une est la veuve d'un vieux rajah qui vient de mourir; la religion de Brahma , de Vishnou et de Civah
exige qu'elle se brûle sur le corps de son mari. Les
plaintes de la malheureuse émeuvent de pitié l'imper-
turbable Archibald. « — Vous avez donc un cœur? »,
s'écrie l'Américain surpris. — « Oui, quand j'ai le
temps. »

Quatrième tableau. — L'intérieur de la pagode de
Bundel-Kund. — On va sacrifier la malheureuse
Aouda; Archibald et Philéas la délivrent le revolver
au poing, tandis que Passepartout, déguisé en grand
brahmane, distrait l'attention du peuple indou stupéfait.

Cinquième tableau. — Calcutta. Fix, déguisé en
brahmane, porte plainte contre Philéas coupable
d'avoir tué un des prêtres de Bundelkund; sur un
signe de son maître, Passepartout dépose cent mille
francs de caution. « En route, en route, sinon nous
« manquerions le paquebot de Bornéo ». Mais ici
l'action se corse. La séduisante veuve Aouda, qui n'a
d'une veuve que le titre, son défunt époux n'ayant

jamais dénoué sa ceinture, est seule au monde avec
sa sœur. N'est-ce que cela ? Aouda et Nemea suivront
leurs libérateurs jusqu'au bout du monde. On entrevoit un double mariage pour le dénouement.

Sixième tableau. — Bornéo. Le paquebot a fait
naufrage. Une grotte d'une immense étendue s'ouvre
aux regards des voyageurs: on y dresse à la hâte des
lits de repos pour les deux femmes; mais à peine
sont-elles endormies, horreur! dix serpents montrent
leurs têtes hideuses dans les anfractuosités des roches;
vingt autres se laissent pendre du haut de la voûte;
en une minute, les serpents remplissent la scène, ils
enlacent les deux femmes qui poussent des cris d'ef-
froi : heureusement nous sommes ici dans le sanc-
tuaire même des charmeuses: leur prêtresse, Nakahiva, jadis délivrée par Aouda, reconnaît sa bienfai-
trice; elle entonne le chant sacré (musique de Félicien
David); et les serpents vaincus, abandonnant leur
proie, se roulent à terre en ondulations voluptueuses
et soumises. Superbe tableau, qui produit une impression presque douloureuse sur l'appareil nerveux des
spectateurs.

Septième tableau. — Fête donnée par Nakahiva en
l'honneur de son ancienne souveraine ; double ballet,
admirablement réglé, plein d'invention et de richesses,
et qui fait applaudir deux danseuses de grand talent,
Mmes Mérante et Mariquita.

Celle-ci, surtout, a déployé des qualités de vigueur
et de verve sauvage vraiment prodigieuses ; on se croirait à la cour du dieu-roi Hanoumàn, le protecteur du
héros Râma.

Huitième tableau. — Un *bar-room* à San Francisco.
En attendant le départ du grand train qui traverse
en douze jours le continent nord-américain, de San
Francisco à New-York, Passepartout se laisse griser
par Fix, déguisé en chercheur d'or. Lorsque Passepar-

tout est tombé sous la table, Fix découd la fameuse
sacoche, en extrait ce qui reste du million de M. Philéas, et remplace les bank-notes par un reçu au nom
de la Banque d'Angleterre. Le désespoir de Passepartout est indicible; heureusement Archibald Corsiscan
est là; après avoir reçu trois coups d'épée de Philéas,
l'Américain, homme pratique, éprouve le besoin de
devenir le meilleur ami de son ancien ennemi; Archibald et Philéas se donnent une poignée de mains, qui
réconcilient en leur personne John Bull et l'oncle
Jonathan.

Neuvième tableau. — La traversée des montagnes
Rocheuses. — Nous sommes à la station de Kearney,
en pleine montagne et en pleine neige. Les Indiens-
Pawnies, glissant sur le sol en silence, égorgent le
chef de station, renversent les poteaux et coupent les
fils télégraphiques.

Le train arrive en gare, un vrai train, avec locomotive, tender et wagons remplis de voyageurs. Les
Indiens l'attaquent ; ils sont repoussés à coups de revolver, mais pendant la bagarre, Aouda et Nemea sont
enlevées sur un ordre du chef Peau-Rouge. Philéas et
Archibald se lancent à leur poursuite.

Dixième tableau. — La petite garnison du fort de
Kearney prête son aide aux voyageurs; mais Philéas
se laisse surprendre par les Indiens: un seul coup de
feu appellerait les soldats américains ; Philéas sacrifie
sa vie pour sauver celle des deux femmes: tire sur
moi, dit-il au chef indien, c'est moi qui ai tué ton fils
dans une précédente bataille. Au moment où le chef
des Pawnies, transporté de fureur, va faire feu sur
Philéas, c'est lui qui tombe mort, abattu par Passepartout qui l'a tiré du haut d'un arbre. Les soldats
accourent, les Pawnies sont cernés, et les voyageurs
délivrés.

Onzième tableau. — Nous sommes dans le carré du

steamer *Henrietta*, en route pour Liverpool. Fix, déguisé en cuisinier nègre, est démasqué, ou pour mieux
dire, débarbouillé par Passepartout, qui l'oblige à
rendre les *banknotes* dont il avait été allégé à San
Francisco.

Douzième tableau. — Le pont du *steamer*; au milieu
du théâtre la passerelle du commandement; à droite,
à gauche, au fond, la mer. On va manquer de com-
bustible; Philéas, qui a pris le commandement du navire après l'avoir acheté, fait arracher les bordages
pour alimenter le foyer; à force de pression, les soupapes se soulèvent; «qu'on charge les soupapes!» s'é-
crie-t-il. Les soupapes chargées, la chaudière éclate,
tout naturellement; une fumée noire envahit le navire
démantelé, qui peu à peu s'abîme dans les flots. La
mer envahit la scène tout entière.

Treizième tableau. — La pleine mer. Les naufragés
luttent en s'accrochant aux épaves. Au fond, à l'horizon, on aperçoit le port de Liverpool éclairé par les
feux de nuit. Philéas recueille à son bord l'agent Fix,
qui l'arrête à l'instant, ce que voyant Passepartout
rejette Fix à la mer.

Quatorzième tableau. — Un hôtel à Liverpool. Tout
le monde est sauvé; mais trop tard. Le dernier train
pour Londres est parti; Philéas ne pourra plus être au
club avant 9 heures du soir. O miracle! ô bonheur!
on se croyait au lundi et l'on n'est qu'au dimanche;
en courant de l'ouest à l'est, les voyageurs ont gagné
4 minutes de jour par degré de longitude; 4 minutes
multipliées par 360 degrés, mesure de la sphère terrestre, donnent 1,440 minutes; lesquelles, divisées
par 60, égalent 24 heures.

Hurrah pour Philéas! il va partir par un train spécial, — mais Fix se présente assisté d'une escouade de
policemen et arrête Philéas, au nom de la Reine,
comme inculpé de vol au préjudice de la Banque d'An-

gleterre. — Laissez ce gentleman en paix, dit Archibald, le voleur c'est moi. — Philéas, rendu à la liberté, part pour Londres.

A ce moment, une dépêche arrive à l'agent Fix; c'est une communication de la police métropolitaine, qui l'invite à cesser ses investigations, le véritable voleur étant arrêté depuis huit jours.

Archibald n'aura donc pas souffert longtemps des conséquences de son audacieuse et généreuse supercherie.

Quinzième tableau. — A neuf heures précises, Philéas fait sa rentrée à l'*eccentric Club*. Il a gagné un million et une femme charmante.

Tel est l'aperçu rapide de ce vaste panorama, soutenu pendant six heures par un inépuisable fonds d'intérêt ou d'amusement. Les caractères sympathiques de Philéas, d'Archibald et de Passepartout ont particulièrement conquis le public.

Une chicane : les dates ne sont pas exactes. Si nous partons du 2 octobre 1872, comme on le dit en scène, quatre-vingts jours bien comptés (29 jours sur octobre, 30 jours de novembre, 21 jours sur décembre) nous ramènent au 21 décembre 1872, à neuf heures du soir, lequel 21 décembre fut un samedi et non un dimanche ni un lundi. Rectification facile à faire. Les dates employées à la scène sont celles de 1874, lesquelles retardent de deux jours sur celles de 1872, année bissextile.

Les machines et les changements ont marché comme sur des roulettes; ceci est le plus bel éloge que puisse mériter la première *performance* d'une exhibition de ce genre; à peine signalerait-on un coup de feu raté et un wagon mal accroché. Mais ces choses-là se voient même dans les tirs pour de bon, mêmes dans les chemins de fer véritables...

MM. Lacressonnière et Dumaine luttent d'humour

et de sang-froid britanniques dans les rôles de Philéas
et d'Archibald ; M. Alexandre est très comique sous les
traits de l'héroïque et fidèle Passepartout ; M. Vannoy,
Mmes Angèle Moreau et Patry tiennent avec talent et
conscience des rôles laissés au second plan de cette
action vertigineuse.

Très grand succès pour les auteurs, pour les acteurs
et pour le théàtre.

Encore un mais : — Comment avoir sauté par dessus le Japon dans l'itinéraire de Bornéo à San-Francisco ? De quels heureux motifs de décorations et de
costumes ne s'est-on pas privé ! Un arrêt de quelques
minutes dans le Japon méridional aurait avantageu-
sement remplacé le *bar-room* de San-Francisco, c'est-
à-dire le tableau le plus long et le moins pittoresque
de ce long voyage.

CCXLVII

VAUDEVILLE.   19 novembre 1874.

LE CHEMIN DE DAMAS

Comédie en trois actes, par M. Théodore Barrière.

Le chemin de Damas doit être fort pittoresque et
infiniment curieux à en juger par les merveilles qu'on
y découvre, depuis l'apparition de la lumière céleste
au payen Saul, jusqu'à la rencontre du soleil de la
République par M. Casimir Périer, II° du nom. Il conduit l'un vers la vérité, il reconduit l'autre vers l'erreur. Que voulez-vous ? Si tous les chemins mènent
à Rome, ils en ramènent aussi. Je ne dis pas cela pour

M. le marquis de Parisiane qui s'est embarqué fort
jeune sur l'esquif de la galanterie et qui, parvenu à
l'âge de cinquante ans, seul, sans famille, désillu-
sionné, s'aperçoit, mais trop tard, qu'en allégeant sa
vie de toutes les croyances et de tous les devoirs, c'est
sa vie elle-même qu'il a perdue.

La comédie nouvelle pourrait et devrait peut-être
s'appeler : « *La Conversion de don Juan* »; elle est,
d'ailleurs, d'une marche assez claire et assez rapide
pour se raconter succinctement.

Au milieu d'une fête que donne dans sa villa d'Arcachon M. le général comte de Givres, une des meilleures
amies de la maison, Mme la princesse Danilowitch,
présente M. le marquis de Parisiane, qu'elle connaît
de longue date. M. de Parisiane a mené la vie à
grandes guides; il ne s'est pas ruiné, il ne s'est pas
compromis, il a toujours pratiqué les règles de l'honneur selon le monde; mais les femmes ont le droit de
le regarder comme leur plus farouche ennemi, car il
les a toutes aimées et abandonnées, et ce qui est plus
criminel, il ne les prend pas au sérieux. Une fois, cependant, Parisiane se sentit ému d'une aventure
bizarre; une dame, évidemment vertueuse et distinguée, était venue faire auprès de lui une démarche
délicate; il s'agissait pour elle de se faire rendre la
correspondance d'une de ses amies; et la pauvre visi-
teuse, qui n'avait pas mesuré le danger de sa visite
dans l'aire du vautour, y avait laissé, fascinée, la plus
blanche plume de son aile. Peu de jours après, Parisiane reçut une lettre d'adieu funèbre, sans signature.
La victime d'un moment d'égarement annonçait sa
mort prochaine et volontaire. Il y a dix-huit ans de
cela, et cette lettre demeure gravée dans la mémoire
du marquis de Parisiane, comme l'inquiétude d'une
énigme sans mot, peut-être aussi comme un remords.

Tel est le personnage que la princesse Danilowitch

explique comme une bête curieuse à la société du
général comte de Givres.

L'action s'engage à l'instant où le spectateur apprend que la dame mystérieuse, qui fut bien, malgré
elle, arrachée à la mort qu'elle avait voulue, c'est la
comtesse de Givres; et cette charmante jeune fille,
Estelle de Givres, la fiancée du capitaine Henri Robert, elle a dix-huit ans, comme le souvenir de la
faute...

A la vue de cette enfant, dont l'existence même lui
était inconnue, un sentiment nouveau s'empare du
marquis de Parisiane; il suit tous les mouvements
d'Estelle, il ne la quitte pas des yeux; la jeune fille
sourit-elle, le visage du marquis s'illumine; verse-t-
elle quelques larmes furtives, le marquis voudrait les
essuyer. Si maître qu'il soit de lui-même, il ne saurait
entièrement cacher, aux yeux des jeunes femmes et
des jeunes officiers qui forment le brillant entourage
de la famille de Givres, une sympathie à laquelle le
caractère bien connu du marquis prête une couleur
équivoque. Les femmes le soupçonnent de vouloir
plaire, lui, le plus roué et le plus blasé des quinqua-
génaires, à la candide Estelle; si bien que le capitaine
Robert, transporté de jalousie, cherche querelle au
marquis. La provocation est calculée de telle sorte
que Parisiane ne peut pas reculer.

Et pourtant, on le sent bien, ce duel est impossible.
Le marquis ne veut pas, ne peut pas toucher aux
jours du capitaine Henri Robert, au fiancé de celle
qu'intérieurement il appelle sa fille; et, de son côté,
la malheureuse comtesse ne supporte pas l'idée que le
meurtrier de Parisiane pourrait épouser Estelle.

Mme de Givres, accompagnée par la princesse Danilowitch, devenue sa confidente, affronte les terreurs
et l'humiliation d'un entretien avec Parisiane; elle lui
demande, au nom des droits que la victime acquiert

sur le bourreau, un engagement bien difficile à prendre pour un homme tel que le marquis, qui n'a d'autre religion que les préjugés du monde : celui de ne pas se battre. Parisiane songe à Estelle, et il se soumet...

Cette inexplicable résignation a éveillé de vagues soupçons dans l'esprit du général comte de Givres. Venu comme témoin du capitaine Henri Robert dans le salon du marquis, il acquiert la conviction que la comtesse l'y avait précédé. Une lettre est demeurée sur une table ; c'est la lettre désespérée datée de dix-huit années, et que le marquis a voulu relire dans la nuit d'insomnie qu'il a passée entre la provocation et l'heure du duel. Le général reconnaît l'écriture de sa femme ; il pense que la comtesse a écrit un billet insignifiant pour annoncer sa visite ; cependant, il ne veut pas qu'une lettre de Mme de Givres puisse demeurer entre les mains d'un marquis de Parisiane ; il prend le papier, il va jeter un coup d'œil distrait sur le fatal écrit qui lui apprendrait l'horrible vérité. Tout est perdu, mais Estelle, en se jetant au cou de son père, a brisé son collier de perles ; on les ramasse, et la princesse Danilowitch, qui a jugé le péril d'un coup d'œil, saisit doucement la lettre qui a glissé des mains du général ; Estelle en enveloppe les perles. Le général ne songe plus qu'à embrasser sa fille. La faute de Mme de Givres sera ensevelie dans un silence éternel.

Quant au marquis de Parisiane, qui ne veut ni troubler l'intérieur rasséréné de cette famille, ni supporter la vue d'un tel bonheur, il quittera la France et reprendra, seul et converti, le cours de ses voyages.

— Où allez-vous ? demande Mlle de Givres à cet inconnu, à ce passant qu'elle ne doit plus revoir. — A Damas ! mademoiselle. — Dieu vous garde ! monsieur le marquis. — Et Parisiane s'éloigne sans autre consolation que le vœu de Mlle de Givres.

Tel est le cadre de la comédie nouvelle qui, dans sa

forme originaire, finissait, m'a-t-on dit, en drame. Lequel vaut mieux, pour la morale publique, de tuer le marquis de Parisiane d'un coup d'épée, ou de le laisser vivre pour la souffrance et le repentir ? Je penche pour le second parti. Mais voyez l'embarras! Si Parisiane est tué, voilà, s'écriera-t-on, un dénouement violent, qu'il faudrait renvoyer à l'Ambigu. Va donc pour la douceur et l'indulgence. — Mais alors, voilà qui est fade! s'écrieront d'autres contradicteurs. Pour moi, sans attacher plus d'importance qu'il ne convient à l'épisode de la lettre qui sert de conclusion plutôt que de dénouement, il ne me déplaît pas qu'une route simple et unie ramène à la comédie une situation qui allait toucher au drame terrible, mais brutal.

Il y a dans la pièce nouvelle, que Théodore Barrière a écrite avec une verve mordante, et parfois excessive, trois ou quatre scènes les unes charmantes, les autres étranges qu'il faudrait citer à part. J'indique au courant de la plume l'explication entre le jeune capitaine et son père le vieux commandant Robert, qui faisait tant d'effet à la répétition générale, et que M. Parade a manquée le soir de la première représentation ; puis les timides aveux d'Estelle lorsqu'elle répète au capitaine qui veut partir : « Vous nous écrirez... vous nous écrirez encore », et que sa voix se perd dans les larmes.

Mais il est un épisode auquel je veux m'arrêter parce qu'il a produit sur quelques spectateurs une sorte d'étonnement qui ne s'est dissipé qu'avec lenteur, tant le public, qui se dit affamé de nouveauté, aime peu, au fond, à sortir des routes battues.

Au second acte, on est sur la terrasse de la villa des Roses, à Arcachon ; le dernier plan montre la surface calme de l'étang, éclairée par la lune dont les rayons argentés font ressortir les lumières rouges du pavillon entr'ouvert où dansent les invités du général

de Givres. Un complot féminin s'est ourdi sous la
direction de la princesse Danilowitz ; pareilles aux
ménades qui déchirèrent Orphée, une demi-douzaine
de femmes du monde, voilant leurs visages sous leurs
écharpes de gaze, entourent le marquis de Parisiane
et lui disent en face les plus dures vérités. Parisiane
le prend d'abord avec elles sur le ton de la galanterie,
mais il ne trouve pas d'écho; peu à peu son front s'as-
sombrit, et lorsqu'enfin la princesse, plus cruelle que
les autres, s'écrie : « — As-tu un foyer? as-tu une
famille? As-tu un fils, ou une belle jeune fille pour
honorer en toi la vieillesse qui va venir ? » Parisiane
se trouble, son cœur se déchire, il pleure, lui le libertin sceptique et mécréant. La princesse a touché
juste, mais trop fort ; à la vue de ces larmes, elle reconnaît un cœur sous cette enveloppe de bronze et
elle tend la main au marquis, naguère son ennemi, en
lui promettant alliance et pardon.

L'apparence presque fantastique de cette scène,
tranchant avec le ton d'acerbe réalité qui avait do-
miné jusque-là, brise le cadre de l'œuvre en l'élargissant; nous sommes ici hors du Vaudeville et de la
comédie courante ; Théodore Barrière s'est ouvert une
échappée sur un domaine plus vaste, mais où le public
français ne s'est jamais égaré qu'avec une anxiété visible; permettrait-il à un autre qu'à un poète étranger
de lui montrer le père d'Hamlet ou le spectre de Ban-
quo, ces consciences visibles? Je me permets d'en
douter. Les spectateurs ont semblé respirer plus à
l'aise lorsque la princesse Danilowitz se dévoilant, les
a ramenés à la vie de tous les jours, celle où l'on s'a-
muse et où l'on danse.

Parmi les impressions complexes à travers lesquelles
le succès final s'est dégagé, il en est une à laquelle
personne ne saurait se soustraire, c'est la sensation
nerveuse produite sur l'épiderme le moins chatouilleux

par l'esprit endiablé de l'auteur, qui vous applique
ses *mots* sur les omoplates comme autant de coups
d'un fouet trempé dans l'eau salée. Jamais peut-être
Théodore Barrière ne les avait à ce point prodigués,
de sorte qu'ils débordent parfois hors de leur place
naturelle et qu'on est tenté de lui conseiller l'économie.

Le rôle du marquis de Parisiane fut écrit pour M. Berton père ; c'est en le répétant sur la scène de l'O-
déon que le malheureux artiste fut frappé du mal terrible qui l'emporta quelques mois plus tard. L'élégance
personnelle de Berton, sa diction mordante et hautaine auraient imprimé au personnage du marquis de
Parisiane les caractères extérieurs qui déterminent
aux yeux du public le sens général d'une œuvre dramatique. Il aurait rendu vraisemblable ce type, qui
procède plus encore de l'imagination littéraire que de
la réalité observée ; il y aurait été çà et là redoutable
dans ses ironies et touchant dans ses repentirs. M. Deschamps, à qui le rôle est échu, n'y apporte qu'un
soin extrême, une grande bonne volonté ; mais il en
faudrait une plus grande encore pour discerner dans
cet excellent homme l'étoffe d'un Lovelace ou d'un
Richelieu.

Mlle Bartet rend d'une façon charmante le délicieux
personnage d'Estelle de Givres, avec ses larmes et ses
rires d'enfant.

Le rôle de la princesse Danilowitz, Desgenais en
jupon, grande utilité au besoin, a permis à Mlle Janne
Esler, jusqu'ici renfermée dans les noirceurs du drame,
de se désassombrir ; elle y a réussi, et la carrière de
la comédie lui est ouverte maintenant. .

M. Parade joue (ou plutôt jouera) le commandant
Robert, M. Munié le général comte de Givres et
M. Train le capitaine Henri. De ces trois officiers,
M. Train seul a l'air militaire ; il comprend avec jus-
tesse ce rôle mi-parti d'amoureux et de troupier.

Mme Malardhié, que nous avions vue l'an dernier au boulevard, montre sous les traits de la comtesse, à quel point d'amaigrissement peut conduire le remords.

MM. Saint-Germain et Richard rendent avec originalité deux figures de gommeux, deux caricatures si l'on veut, mais fort amusantes.

Le Chemin de Damas est mis en scène avec beaucoup de goût, bien que le clair de lune du second acte ait eu, comme M. Parade, certaines éclipses à contretemps.

CCXLVIII

THÉATRE-CLUNY.   21 novembre 1874.

Reprise de LE MANGEUR DE FER

Drame en cinq actes, par M. Edouard Plouvier.

Le drame que le Théâtre-Cluny vient de reprendre fut joué d'origine à l'Ambigu, où il obtint un assez fructueux succès. MM. Dumaine et Boutin tenaient les principaux rôles.

Le Mangeur de fer est un simple forçat qui porte ce singulier surnom en raison de la facilité avec laquelle il s'évade en brisant les chaines les plus solides. Après nombre d'assassinats et d'empoisonnements, il est livré au bourreau. Ces péripéties, un peu longues, mais assez intéressantes, s'accomplissent à travers un monde bizarre, que j'appellerais « le monde de Balzac », car c'est évidemment sur les peintures de Balzac et non sur la réalité même qu'Edouard Plouvier s'est livré à ses études tardives.

Heureusement, *le Mangeur de fer* est traversé par un rôle de femme bien tracé et attachant, quoique antipathique, celui de la fausse Mlle d'Auberteuil, bien compris et bien rendu par Mme Lacressonnière.

M. Laray, dans le rôle créé par M. Dumaine, et M. Mercier, dans celui de Boutin, montrent un vrai talent, qui contribuera à maintenir *le Mangeur de fer* sur l'affiche du Théâtre-Cluny.

J'ai un conseil à donner à M. Montlouis, qui joue un officier de la marine royale sous Charles X, c'est de faire raser sa barbe de bouc, incompatible avec les ordonnances de mer.

CCXLIX

Ambigu-Comique.   2 décembre 1874.

COCAGNE

Drame en cinq actes et huit tableaux, par M. Ferdinand Dugué.

Il était trois heures moins un quart du matin lorsque le rideau s'est baissé sur la disgrâce du cardinal Mazarin et sur le triomphe de Cocagne, autrement dit le chevalier Gaston de Chavigny, frère du duc de Beaufort, le roi des Halles. Sept heures de spectacle sans débrider, ce serait beaucoup, même pour un chef-d'œuvre. Ne vous étonnez donc pas que je me sente brisé de fatigue plus que de plaisir.

Ce n'est pas que *Cocagne* soit un mauvais drame, des mains habiles l'ont taillé dans la grosse et solide étoffe qui a fourni aux théâtres de Paris des succès résistants ; l'histoire de France y est accommodée à la mode de Caen ; mais l'appétit populaire y mord avec délices ; rien ne réjouit le bon public du boulevard comme de voir les reines conspiratrices, ingrates et parjures, ou les ministres et les cardinaux réduits à s'enfuir par les couloirs devant l'émeute des bourgeois de Paris, précurseurs de la Terreur et de la Commune.

Le point de départ de la pièce est assez original. Le vieux comte de Vernon vient de mourir, léguant sa fortune entière à sa jeune femme, au détriment de trois neveux qu'il avait, Philippe, François et Jacques de Bois-le-Duc, surnommés les Trois-Sangliers. Ces messieurs viennent signifier à la veuve qu'elle ait à choisir entre eux trois un nouvel époux, lui faisant inhibition et défense expresse de convoler avec tout autre qu'un desdits sangliers, sous peine de voir le soupirant immédiatement occis par leurs trois rapières.

La veuve s'émeut médiocrement de ces menaces, attendu que son cœur est libre et qu'elle ne songe pas à se remarier.

Mais il ne faut jurer de rien. La reine Anne d'Autriche, ourdissant des trames occultes avec l'abbé Mazarin, en vue de remplacer le cardinal de Richelieu qui se meurt, a donné rendez-vous dans le château de Vernon au duc de Beaufort, le fameux roi des Halles.

Le conciliabule est surpris par le roi Louis XIII en personne ; la reine et le duc s'étant éclipsés, le roi veut savoir le nom du gentilhomme qui se trouvait chez Mme de Vernon. Mazarin, apercevant le danger, persuade au roi que ce personnage était un fiancé. — Très bien ! répond le roi ; alors j'assisterai au mariage. Et son nom ? — Gaston de Chavigny. Mme de Vernon consent à tout, par dévouement pour la reine.

Qu'est-ce que Gaston de Chavigny ? Un joyeux campagnard, frère de lait du duc de Beaufort, et sur-

nommé Cocagne, à cause de son inaltérable belle
humeur. Il est, pour le moment, retenu en gage pour
repas et logement impayés, dans une auberge de
Triel. C'est là que vont le débusquer, Mazarin pour
le déterminer à épouser la comtesse de Vernon, Philippe de Bois-le-Duc, pour le tuer s'il y consent.

Mazarin et Sanglier Ier se prennent de querelle dans
la chambre même où Cocagne ronfle à poings fermés ;
Mazarin, désarmé, va passer un mauvais quart d'heure,
lorsque Cocagne, réveillé par le tapage, saute à bas
de son lit dans le plus simple appareil, ramasse l'épée
de Mazarin, charge à fond Sanglier Ier et l'oblige à
sauter par la fenêtre, d'où il tombe sur une charrette
de paille.

Voilà la scène, absurde mais amusante, qui a
décidé le succès de la soirée, et rendu le public indulgent pour la suite du drame, longuette et languissante.

Cocagne a consenti au mariage, dont les conditions
sont qu'il ne verra pas le visage de sa femme, qu'il s'é-
loignera après la cérémonie, et que, à la mort du roi,
on déclarera le mariage nul par consentement mutuel.

Malheureusement pour lui, Cocagne devient amoureux de sa femme, dont il a entrevu l'oreille *(sic)* ; et
pour rien au monde il ne consentirait plus à se déma-
rier.

On l'enferme au Mont Saint-Michel ; il s'en échappe ;
contrarié dans son évasion maritime par Sanglier Ier,
il le jette du haut d'un rocher dans les sables mouvants
qui l'engloutissent.

A partir de ce moment, les aventures du chevalier
Cocagne se confondent avec celles du duc de Beaufort,
avec les émeutes de la Fronde, et avec beaucoup
d'autres choses qu'on fera sagement de raccourcir
sinon de supprimer tout à fait.

La comtesse de Vernon s'est laissé séduire par

l'amour et la franchise du chevalier Cocagne ; ils seront donc heureux et auront beaucoup d'enfants, qu'on
retrouvera vraisemblablement de génération en génération sur toutes les barricades.

Somme toute, l'Ambigu tient un succès ; la pièce
n'est pas noire, malgré les coups d'épée et d'ar-
quebusades ; on s'y amuse et elle est bien jouée par
M. Paul Deshayes, très alerte et très jovial dans la
scène du duel en chemise.

A côté de lui, M. Maurice Simon (le duc de Beaufort), M. Courtès, en perruquier, et madame Deshayes
en perruquière méritent une mention honorable.

Les grèves mouvantes du Mont Saint-Michel, où se
perd Philippe de Bois le Duc à la marée montante,
sont représentées par des trucs assez ingénieux. Mais
pour Dieu ! quand donc un théâtre se décidera-t-il à
faire peindre la mer par un décorateur qui l'ait vue et
qui la connaisse ? Autrefois, les théâtres simulaient la
mer au moyen d'une bande de papier vert animée d'un
mouvement de va-et-vient d'une coulisse à l'autre,
comme l'instrument d'un scieur de long ; c'était l'enfance de l'art, je le veux bien ; aujourd'hui, on la représente par une sorte de tapis qui pourrait produire
quelque illusion s'il obéissait à des mouvements vraï-
semblables. Mais voilà le défaut capital : jamais la mer
ne s'est trémoussée comme à l'Ambigu ni à la Porte-
Saint-Martin ; ses agitations sont empreintes d'une
majestueuse lenteur, même au sein des plus furieuses
tempêtes. Le premier machiniste qui aurait l'idée toute
simple de représenter l'ondulation réelle de la mer,
commençant insensible à l'horizon, puis se gonflant
et se déroulant vers la rampe, où elle se briserait,
obtiendrait un effet immense et, à ce que je crois, peu
coûteux.

CCL

Théatre de la Gaité. 3 décembre 1874.

LA HAINE

Drame en cinq actes et huit tableaux, par M. Victorien Sardou.

I

En écrivant *la Haine* M. Victorien Sardou tenait contre soi-même la plus redoutable gageure. Il s'agissait de traiter à nouveau le sujet de *Patrie* en écrivant une seconde pièce qui ne ressemblât pas du tout à la première. Ce tour de force est accompli. Les deux drames renferment la même signification patriotique ; ils enseignent l'un et l'autre l'oubli, la réconciliation, le sacrifice des injures privées en face de l'étranger. Mais ils arrivent au but commun par des moyens essentiellement différents.

L'action du drame nouveau possède une intensité dramatique supérieure à celle de son aîné, en ce qu'elle se suffit à elle-même et qu'elle n'emprunte le secours d'aucun épisode secondaire. L'analyste le plus habile n'aurait pu expliquer le sujet de *Patrie* sans entrer dans quelques développements ; en effet, à partir du moment où le comte de Ryzoor pardonnait à Carloo qui l'avait trahi, une première pièce finissait, et l'on entrait dans une série d'épilogues, qui ne se commandaient pas nécessairement l'un l'autre.

Le sujet de *la Haine*, au contraire, tient tout entier dans cette terrible formule : une fille violée, qui, après avoir poignardé son ravisseur, le sauve par amour, et meurt ensuite avec lui, tuée à son tour par une famille qui ne pardonne ni l'outrage, ni la mésalliance.

Traité par les procédés sommaires d'un réalisme sans horizons, comme le pratiquent M. Thouroude ou M. Zola, ce thème émouvant n'aurait conduit qu'à de plates horreurs. C'est au contraire le privilège du drame historique, qui, de nos jours, fait la fonction que remplissait autrefois la tragédie classique, d'ennoblir les passions, de les purger, comme disait Aristote, en mêlant les intérêts privés à ceux de la place publique, en encadrant un drame intime dans la destinée générale d'un peuple ou d'un pays.

Tel est l'artifice légitime dont M. Victorien Sardou a fait usage. Le milieu qu'il a choisi se prête historiquement aux folies exubérantes de l'amour furieux et de la haine sauvage. Il nous a placés en plein XIVe siècle, au centre de ces petites républiques italiennes dont Simonde de Sismondi écrivit l'histoire, il y a cinquante ans, avec une sincérité si démonstrative que, s'il ne travaillait pas pour dégoûter des libertés républicaines et communales, et pour inspirer l'amour de la tyrannie monarchique et centralisatrice, c'est qu'apparemment l'illustre historien génevois, instrument aveugle d'une impulsion mystérieuse, ne savait pas ce qu'il faisait.

En lisant avec quelque attention les pages 381 à 389 du quatrième volume de Sismondi, le lecteur le plus étranger à ces annales obscures et sanglantes en saura plus qu'il ne voudra sur les mœurs étranges que le drame de M. Sardou retrace avec fidélité.

Il me suffit de rappeler qu'en 1369 la ville de Sienne, ou la République de Sienne, la Commune de Sienne, dirions-nous aujourd'hui, était divisée à peu près en autant de factions qu'elle comptait de quartiers. Guelfes contre Gibelins, démagogues contre aristocrates, impériaux contre papalistes, et surtout pauvres contre riches, les rivalités personnelles brochant sur le tout, tel était l'état intérieur de cette république modèle, divisée sur toute question en deux camps, dont l'un proscrivait l'autre, jusqu'à ce que, par un nouveau revirement de fortune, il en fût proscrit à son tour. Pendant ce temps, l'empereur d'Allemagne, couronné César à Rome, rôdait comme un brigand épique autour des républiques en querelle, et leur extorquait quelque rançon pour leur laisser la seule liberté qui leur fût chère : celle de s'entr'égorger.

Cependant, un jour, illuminés par quelque retour de raison, les Siennois des deux factions principales s'entendirent pour résister à Charles de Bohême, margrave de Moravie, roi de Bohême, roi des Romains, roi de Lombardie et empereur d'Allemagne, qui fut cruellement battu.

C'est à la veille de ce jour, qui coïncidait avec la Nativité de la Vierge, 8 septembre 1369, que commence le drame, dont il va nous être facile, grâce aux explications préliminaires qui précèdent, de suivre les péripéties, acte par acte, tableau par tableau.

Premier acte. — On se bat dans la campagne ; les proscrits guelfes de Sienne reviennent en force, grossis par quelques compagnies d'aventuriers allemands, sous la conduite d'Orso Savagnano, fils d'un cardeur de laine. Cet Orso, espèce de héros populaire, moitié tribun, moitié soldat, avait osé, un jour de fête dans les rues de Sienne, lancer une couronne de fleurs à Cordelia Saraceni, qui se trouvait au balcon de son palais ; l'altière patricienne, sœur des deux plus nobles gibelins de la ville, Ercole et Giugurtha Saraceni, rejeta la couronne en plein visage à l'artisan guelfe, aggravant l'affront matériel par des paroles méprisantes pour son sang plébéien. De là, LA HAINE.

Le combat se rapproche ; les Gibelins faiblissent,

bientôt les Guelfes arrivent victorieux jusqu'à une herse qui défend une poterne située précisément en face du palais Saraceni. Un homme monte sur la muraille, c'est Orso ; une femme paraît au balcon, c'est Cordelia. — Femme, crie impérieusement Orso, fais ouvrir la herse par tes valets. — Ce n'est pas le moment, répond Cordelia, d'ouvrir les portes quand les voleurs sont dans la ville.— Malheur à toi ! s'écrie Orso exaspéré.

On donne l'assaut, les murailles sont escaladées. Orso pénètre dans le palais Saraceni. Ce n'est pas assez de la mort pour l'infortunée Cordelia. Au lieu de la jeter par la fenêtre comme l'exige la foule hurlante, Orso la ramène à demi-étranglée dans l'intérieur du palais. Une infâme vengeance va s'accomplir.

Deuxième acte : premier tableau. — Malgré leur apparent triomphe, les Guelfes ne sont maîtres que de la moitié de la ville ; on a perdu beaucoup de monde des deux côtés ; parmi les morts gibelins se trouve Andréino, un enfant de quinze ans, le fils d'Uberta, la vieille nourrice de Cordelia. Les Guelfes demandent une trève pour soigner les blessés et enterrer les morts ; ces braves gens se plaisent au carnage, mais ils craignent la peste. Le palais des Saraceni est en feu. Cordelia a-t-elle péri dans l'incendie ? Telle est la question que se posent ses frères. La réponse ne se fait pas attendre. Cordelia est vivante, mais si elle ne souhaite pas encore d'être morte, c'est qu'elle veut d'abord être vengée. Mais de qui ? Elle ne connaît rien du misérable que sa voix...

Deuxième tableau. — Devant le parvis du Dôme (c'est à-dire de la cathédrale, *il duomo* en italien), Guelfes et Gibelins se trouvent en présence, prétendant chacun de son côté assister à la messe solennelle pour la nativité de la Vierge ; ils en vont venir aux mains encore une fois, lorsque la grande porte de l'église s'ouvre, et l'évêque Azzelino paraît sur les marches ; — Est-ce là, Siennois, ce que vous appelez la trêve de la Vierge ? L'église n'est à personne qu'à Dieu ; chrétiens sans vertus et sans foi, déposez vos armes, ou les portes que je vous ferme à tous vivants, je ne les ouvrirai même pas à vos cercueils.

Tous s'inclinent sous la menace du saint évêque, puis Guelfes et Gibelins entrent dans le Dôme, chacun par une porte, pendant qu'un chant religieux *Sponsa dei, Mater Christi*, couvre de ses sévères accents cette scène imposante.

Orso n'a dit qu'une parole, mais Cordelia l'a entendue, et elle suit dans l'église le groupe d'hommes d'où cette voix abhorrée est sortie.

Troisième acte. — Premier tableau. — Un cloître occupé par des soldats guelfes et allemands. Pendant que Cordelia cherche le bourreau de son honneur, Uberta apprend par hasard le nom du barbare qui a tué son enfant : Orso ! C'est Orso qui a violé la vierge des Saraceni, c'est Orso qui a tué Andréino, le jeune fils d'Uberta. — Nous le tuerons ! disent les deux femmes, qui se disputent le privilège de punir leur injure. Cordelia l'emporte. — Trouvons seulement une arme ! — Je l'ai ! — O Lucrèce nourrie de mon sang, donne que je frappe. — Non, pas toi, moi ! Tu ne pleureras qu'un mort, et je me pleure, moi vivante !

Restée seule derrière les soldats, Cordelia frappe avec l'énergie d'une Romaine ou d'une Charlotte Corday ; Orso roule à terre la gorge traversée d'un coup de poignard ; au milieu de la bataille qui recommence, ses hommes l'emportent, respirant encore, à l'abri du portail de l'église. Lorsque Cordelia et Uberta reviennent sur leurs pas pour s'assurer de leur vengeance, elles ne trouvent plus le corps. — Ne serait-il que blessé ! dit Uberta. — Dieu vengeur, s'écrie Cor-

delia, fais qu'il soit mort... *Je ne recommencerais pas
ce que j'ai fait...*

Deuxième tableau. — La place de l'église. — Les
derniers mots de Cordelia, si profondément pathétiques dans leur simplicité, ouvrent au spectateur
comme une perspective sur le cœur de la Lucrèce siennoise. Elle a été outragée, elle a frappé ; mais maintenant qu'elle a vengé son honneur, elle redevient
femme ; elle a horreur du sang, elle se sent émue d'une
profonde angoisse en songeant à ce jeune homme
qu'elle a égorgé. Elle le cherche, pour s'assurer 'qu'il
est mort ; oui, peut-être ; mais s'il ne l'était pas ? Eh
bien, il ne l'est pas ; et voilà qu'elle le retrouve, et
qu'elle verse de l'eau fraîche sur les lèvres enfiévrées
de l'agonisant. O miracle de l'immense pitié féminine !
Lorsqu'Uberta se rapproche, interrogeant les tas de
cadavres pour y découvrir la face abhorrée d'Orso,
Cordelia le couvre de son corps et le dérobe à la vue
de la farouche nourrice. Situation admirable et neuve,
qui place l'œuvre de Victorien Sardou hors de pair.

Quatrième acte. — *Premier tableau.* — Au palais Saraceni, Cordelia a caché Orso à tous les regards, surtout à ceux d'Uberta, qui achèverait le blessé sans pitié
ni remords. Giugurtha Saraceni, vaincu, doit sortir de
la ville ; il veut quitter le palais par les jardins ; mais,
pour suivre cette route, il faut qu'il traverse la
chambre où gît Orso convalescent. Cordelia l'en dé-
tourne avec tant d'insistance qu'Uberta conçoit des
soupçons. Une explication violente entre la noble fille
et sa nourrice achève de découvrir à celle-ci la vérité.
Alors Cordelia lui fait entendre des paroles de clémence et de pardon ; c'est au nom du petit Andréino
qu'elle adjure la mère inconsolée de ne pas offrir un
sanglant sacrifice au pauvre enfant devenu un ange
dans le ciel. Uberta sent son cœur défaillir :

« — Tais-toi ! s'écrie-t-elle tout à coup en interrompant Cordelia, voici ton frère. »

Comme la fille noble outragée, la mère plébéienne a pardonné.

Giugurtha Saraceni s'éloigne par la route la plus dangereuse, et bientôt il est arrêté par les Guelfes maîtres de la ville.

Cordelia et Orso vont se trouver face à face. Le fils du cardeur de laine reconnaît la chambre où il a commis, dans l'ivresse de la vengeance et de la victoire, le crime le plus lâche et le plus odieux. Deux images se succèdent dans sa mémoire, la femme qui l'a poignardé et la femme qui l'a sauvé en lui donnant à boire. Ces deux femmes n'en font qu'une avec sa victime. Son repentir éclate. « — Cordelia, c'est à moi de te rendre l'honneur. — Moi ta femme ! Ah ! si tu n'étais coupable qu'envers moi ? Et ta patrie, guelfe, qu'en as-tu fait ? — Oh ! cette guerre impie, je la maudis, je la pleure, car elle est ton œuvre et la mienne. C'est nous, toi de cette fenêtre, moi de cette place, qui en avons donné l'affreux signal. Eh bien ? ce que notre haine a fait, veux-tu que notre amour le répare ? Cette ville, comme toi conquise, outragée, avilie par moi, comme toi je l'arrache au désespoir; et comme toi je la relève. — Tu oseras ? — Sauver tout un peuple en ton honneur, j'y cours ! — Ah ! si tu fais cela... — Ne me promets rien et laisse-moi gagner mon pardon... — Eh bien ! va donc.,. Je rougis de toi, fais que je m'en glorifie. Tu n'es qu'un bandit, sois un héros, et reviens après, si tu veux, me parler de ton amour. »

Deuxième tableau. — Les ruines de la vieille seigneurie. Les prisonniers gibelins arrêtés, parmi lesquels Giugurtha Saraceni vont être mis à mort. Orso reparaît au milieu des acclamations populaires qui saluent sa résurrection. Il prend la parole. — Siennois,

l'empereur Charles IV nous assiège ; il vous demande
cinquante mille florins d'or pour se retirer ; je propose
moi, de lui en demander soixante mille pour le laisser
partir en paix. — Tu es fou, nous ne sommes pas en
force. — Vous vous trompez ; je vais, si vous le voulez, vous donner une nouvelle armée. — Comment
cela ? — Délivrez les prisonniers, puis tous ensemble,
Guelfes et Gibelins, marchons contre le tyran étranger.

Cette proposition inattendue soulève un indicible
orage ; on insulte Orso, on l'appelle traître ; mais il
tient bon ; et, dans un discours entraînant, il enlève
les suffrages de la multitude : on détache les liens des
Gibelins ; les frères ennemis, désormais réconciliés,
vont culbuter les hordes allemandes. — Est-ce là ce
que tu voulais, Cordelia ?

— Oui, répond Cordelia subjuguée, et je t'aime.

Giugurtha surprend le regard et le mot de sa sœur,
et ne lui dit que ce peu de paroles : « Nous causerons
tous les deux après la bataille. »

Cinquième acte. — L'intérieur de la cathédrale. —
Charles de Bohême est vaincu ; l'armée siennoise
rentre dans la ville. Cordelia, terrifiée par la menace
de son frère, s'est réfugiée dans la cathédrale comme
en un lieu d'asile. Giugurtha l'y rejoint ; l'orgueil du
patricien s'est révolté ; il s'exalte jusqu'au délire lorsque l'aîné des Saraceni apprend de la bouche de sa sœur
toute la vérité. — Ainsi, moi, ton frère, tu m'as barré
le chemin du salut, tu m'as livré pour sauver ton
amant ! un artisan ! un fils de la rue !

Il va la tuer, comme il a tué Uberta, sa complice.
Mais, en véritable Italien du XIVe siècle, il répugne à
l'idée de verser le sang dans une église. Cordelia s'est
évanouie sur les marches de l'autel ; il profite de cette
prostration pour lui faire avaler quelques gouttes
d'une liqueur empoisonnée.

Le peuple survient, en armes; les vainqueurs, Orso à leur tête, viennent chanter un *Te Deum*. Cordelia se tord en d'affreuses convulsions. — C'est la peste ! s'écrie un jeune moine. La foule s'enfuit épouvantée, Orso saisit Cordelia dans ses bras. C'en est fait, il partagera son sort. Par la loi de la république, les pestiférés sont séparés du monde ; les portes de l'église souillée se referment sur eux, et ne se rouvriront qu'après leur mort.

Cependant, avant d'abandonner ces infortunés, l'évêque Azzelino étend sur eux ses mains pontificales; ils seront unis devant Dieu.

Restés seuls, les amants échangent des adieux pleins d'espérance; la blessure d'Orso s'est rouverte, et les deux amants meurent à côté l'un de l'autre en échangeant leur âme dans un dernier baiser.

II

On me racontait tout à l'heure la plaisante méprise de cet étranger, qui, venu ce soir à la Gaîté pour y voir *Orphée aux Enfers*, se plaignait qu'on eût coupé les ballets, ce qui rendait la pièce moins amusante.

Il y a là-dedans, comme au fond de tous les bons contes, une observation d'une certaine finesse.

On ne saurait, en effet, imaginer un contraste plus complet, plus violent que celui des bouffonneries excessives du feu roi de l'Olympe avec l'action sanglante et noire qui se déroulait ce soir devant nous. Remarquez que M. Sardou n'a pas introduit dans *la Haine* un seul personnage qui eût la prétention d'en atténuer la sombre horreur par quelque trait comique ou burlesque. On a cependant ri, lorsque, en présence d'Orso assassiné, un de ses soldats, impatienté des lamentations du lieutenant Ugone, lui répond brusquement :

« — Eh bien, il est mort, voilà tout, bonsoir! et en avant. » C'était après tout la nature qui parlait par la bouche de ce soudard, et je serais bien fâché qu'on lui coupât sa réplique pour prévenir un éclat de rire qui prouvait seulement que le trait avait porté.

A part cette légitime distraction, *la Haine* se déroule tout entière dans les données sinistres que présageait un pareil titre.

Chose étrange! cette action, meurtrière et féroce, qui débute par le sac et le viol pour arriver à l'empoisonnement en passant par le massacre, semble presque vide dans le cadre immense et magnifique que le théâtre lui a construit. Dans la vaste étendue de la place publique et du champ de carnage, sous les voûtes immenses des cathédrales, les personnages colossaux rêvés par l'auteur semblaient diminués et perdus au milieu des masses populaires qui s'entrechoquaient avec un effroyable cliquetis d'armures. Les cohortes d'hommes d'armes, les processions, les chants liturgiques, et par dessus les colères furieuses des peuples, l'évêque jetant la parole de Jésus-Christ qui arrache les glaives des mains des insensés, cet ensemble de choses grandioses et imposantes cachent à ce point la charpente du drame qu'elles le réduisent parfois aux proportions d'un opéra, j'allais dire d'un *oratorio* dramatique.

Cette remarque est absolument vraie pour la scène du porche, où les deux partis, Guelfes et Gibelins, pénètrent dans le dôme de Sienne, pendant que les enfants de chœur entonnent le *Sponsa Dei*, mélodie sévère qui nous jette en plein XIVᵉ siècle, à cinq cents ans en arrière de nous, à cinq mille lieues des horizons présents. La procession, elle aussi, accompagnée par une marche instrumentale d'une grande richesse, coupée par la rentrée des cloches et des voix, est une scène d'opéra et d'opéra sacré.

La forme sous laquelle M. Victorien Sardou a exécuté son œuvre achève de dérouter la foule, par l'extrême sobriété de sa facture, qui tranche avec les brutalités du sujet. C'est encore à la musique que je dois
emprunter ici une comparaison pour rendre ma pensée : *la Haine* est écrite « en grosses notes », expression technique qui implique l'absence de détails secondaires et de développements curieusement caressés.
Les phrases sont fortes et massives comme les béliers
avec lesquels les soldats d'Orso enfoncent la herse du
palais Saraceni.

J'applaudis, quant à moi, à cette sévérité hautaine,
qui marque un progrès inattendu dans la manière de
l'écrivain.

J'estime que la situation capitale du troisième acte,
je veux dire Cordelia sauvant Orso après l'avoir poignardé, est une des plus belles et des plus neuves qu'on
puisse créer au théâtre. Ici l'effet dramatique est égal
à la justesse de l'observation humaine. La contradiction éternelle qui gouverne l'âme de la femme, la
sensibilité native reparaissant pour transformer le
cœur de l'héroïne, l'amour chassant la haine, tels
sont les éléments de cette situation concentrée, qui
continue d'agir sur l'imagination du spectateur après
qu'elle a cessé d'apparaître à ses yeux.

J'aime moins le cinquième acte, sans que je lui conteste le mérite de dénouer logiquement le drame :
cette affreuse haine, qui a jonché les rues de cadavres,
c'est Cordelia et Orso qui en ont provoqué les éclats :
Cordelia, par son insolence patricienne ; Orso, par sa
brutalité démagogique. La paix rétablie et Sienne délivrée, les deux amants tombent en holocauste, et subissent l'expiation de leurs fautes. Mais c'est là une
conception plus intellectuelle que dramatique dans le
sens usuel de ce dernier mot ; elle élève l'œuvre, mais
elle la refroidit ; et pour la foule qui ne comprend que

les réalités objectives, il n'y a sur le théâtre que deux
créatures agissantes, dont l'une, Cordelia est presque
absolument muette. Quelles paroles proférerait-elle
sinon des paroles d'amour? Mais comment Cordelia,
même purifiée par la bénédiction du prêtre, parlerait-
elle d'amour à celui qui l'a violée, sans perdre à nos
yeux le prestige et l'auréole de ses dernières pudeurs?

Du reste, je n'ai jamais mieux compris qu'hier au
soir, en écoutant *la Haine*, combien il est difficile de
calculer avec précision le rapport exact du mérite littéraire d'une œuvre avec l'impression que le public
en ressentira.

J'écoutais certaines conversations chuchotées autour
de moi dans la salle ou continuées tout haut dans les
couloirs pendant l'entr'acte.

— Moi, disait l'un, je n'aime pas le drame à grand-
spectacle.

— Hé bien, lui répondait-on, allez donc au théâtre
de ***, il n'y a là ni drame, ni spectacle, c'est votre
affaire.

— Moi, disait l'autre, je me moque bien des Guelfes
et des Gibelins; le diable emporte ces gens-là avec
leurs noms que je ne saurais répéter sans ouvrir dé-
mesurément la bouche !

La vérité, voulez-vous que je vous la dise? On sentait bien, malgré les plaisanteries faciles, que Guelfes
et Gibelins étaient des masques qui cachaient à peine
une réalité contemporaine et terrible. *Mutato nomine
de te fabula narratur.* Voilà précisément ce qui dé-
plaisait aux uns et ce qui attristait les autres. Les rues
pleines de morts, les palais pleins de flammes, la patrie oubliée en présence de l'étranger stupéfait et
comme scandalisé de si monstrueux égarements, voilà
des spectacles inoubliables dont nos sens demeurent
imprégnés, et dont nos cœurs saignent encore. Les
veuves et les orphelins en noir, je les ai vus prosternés

dans nos églises qu'ils emplissaient de sanglots déchi-
rants. La porte des souvenirs funèbres se rouvrait
toute grande en nous-mêmes; et la tristesse nous
couvrait de ses grandes ailes noires. Je parle de ceux
qui pensent et qui sentent; les autres s'ennuyaient.

Après tout, c'est le droit du poète dramatique
d'user de la liberté qu'on lui laisse et ne pas se lier
soi-même à ne jamais traiter que des sujets subalternes et vulgaires. Il est possible aussi que mon imagination, remuée par quelque circonstance particulière, ait rêvé ce que je viens de décrire.

Il reste alors un drame serré, vigoureux, pathétique,
mis en scène avec un éclat et une magnificence
artistiques que nul théâtre n'a jamais surpassés
ni peut-être atteints. Les connaisseurs admireront
particulièrement la voûte de briques noires du premier
acte, reliant aux remparts le palais Saraceni, défendu
par des broussailles de fer ; le carrefour de Saint-Chris-
tophe, avec son église couverte de tuiles, est d'une
ressemblance à faire crier ceux qui ont vu l'Italie ;
enfin, les ruines du palais de la Seigneurie, couvertes
d'hommes armés qui s'échelonnent en grappes jusque
sur les architraves en ruine et sur le faîte des colonnes
démantelées, mais surtout la vue intérieure de la
cathédrale de Sienne, son jubé de marbre blanc, ses
vitraux tamisant une lumière multicolore et chan-
geante, sont des tableaux achevés qu'on ne se lasse
pas de contempler.

Ces cinq actes roulent sur quatre rôles : Cordelia
Saraceni et son frère le noble Giugurtha ; Uberta la
nourrice; et Orso Guadagnano, le capitaine du peuple ;
un quatuor de premiers sujets, tenu par Mlle Lia-Félix,
M. Clément Just, Mme Marie Laurent et M. Lafontaine.
La grippe avait fait de cruels ravages parmi eux ; M. Lafontaine, malgré son courage, portait sur ses traits
l'empreinte de la souffrance, et faisait de visibles

efforts pour surmonter l'oppression qui lui serrait la
poitrine ; M. Clément Just, plus complètement vaincu,
ne faisait pas d'efforts ; il parlait à demi-voix et comme
derrière une toile.

Cependant M. Lafontaine a largement dessiné l'énergique figure du cardeur de laine ; il possède l'ampleur
physique qui convient à des personnages de cette en-
vergure ; dans quelques jours, lorsqu'il pourra nuancer
de force et de grâce les parties contrastées de ce rôle
écrasant, il réalisera complètement la pensée de l'auteur, qui, avec son tact si sûr, n'a pas voulu ni admis
un instant qu'il fût possible de représenter *la Haine*
avec un autre interprète. Cette confiance absolue,
M. Lafontaine l'a justifiée par son éclatante création.

Mme Marie Laurent joue avec toute son énergie et
avec toute son autorité le rôle de la nourrice Uberta,
qui tourne court et disparaît dans la dernière partie
du drame.

Dans deux ou trois scènes de *la Haine*, Mlle Lia
Félix a déployé une énergie de diction, une sincérité
de passion, une vérité de geste et d'attitudes qui n'appartiennent qu'aux artistes de premier ordre ; dans le
récit, admirable d'ailleurs, qu'elle fait à son frère pour
lui demander vengeance de l'attentat, elle a eu des
frémissements, des prostations, des cris qui arrachaient
des larmes aux plus insensibles. C'est pour elle un
digne pendant de son succès dans *Jeanne d'Arc*.

M. Dugaril, chargé du rôle de l'évêque Azzelino, y
est fort convenable. Je ne sais si l'évêque Azzelino est
un personnage historique et je doute un peu qu'un
prélat siennois ne se mêlât pas activement aux luttes
des partis ; mais M. Dugaril avait bien une autre be-
sogne que de réconcilier Guelfes et Gibelins ; c'était
de ne pas prêter à rire aux bons rouges qui épluchaient
des oranges sous le cintre de la Gaîté et qui n'auraient

pas été fâchés de s'égayer un peu aux dépens de cette noble tête d'otage. Mes compliments à M. Dugaril.

————

Au lendemain de cette grande soirée de *la Haine*, M. Victorien Sardou m'adressait une lettre ou plutôt une étude complète sur la genèse de sa conception dramatique. On me saura gré de reproduire ici cet important document d'histoire littéraire, qui est devenu la préface de la pièce imprimée.

LETTRE A M. AUGUSTE VITU

Monsieur,

La critique vient d'accueillir ma nouvelle pièce avec une faveur si marquée, que je veux la remercier ici publiquement de cette bienveillance, à laquelle je n'étais plus accoutumé ; et ce remercîment ne saurait être mieux placé que dans le journal qui m'a le premier prodigué des éloges, fortifiés de toute l'autorité de votre nom.

Aussi bien, Monsieur, et puisque l'hospitalité du *Figaro* m'est si largement ouverte, permettez-moi de la mettre à profit, pour répondre à certaines questions et discuter quelques objections qui me sont faites. Nos grands écrivains dramatiques du xviie siècle ne manquaient pas à publier, avec leurs pièces, la *Critique* de ces mêmes pièces, et d'y plaider leur propre cause. L'usage en est perdu, et je le regrette. Que leur exemple serve du moins à me justifier ; mais, comme je n'ai pas la prétention de m'égaler à ces glorieux modèles, ma *Critique* de *la Haine* saura garder, ainsi que ma pièce, le rang qui lui convient, et n'affectera que la forme d'une simple et modeste causerie.

Et, pour commencer, je prendrai la liberté de répondre ici à trois lettres qui me sont arrivées par le même courrier, et qui ont trait à la même question.

La première me demande dans quelle chronique italienne j'ai puisé l'idée première de mon drame. Et l'auteur de cette lettre, qui signe bien, mais oublie de donner son adresse, « — *a quelque vague souvenir d'une histoire de ce genre, racontée par Giovani Villani, à propos de la délivrance de Sienne* ». — Mon correspondant se trompe. Villani est mort de la peste en 1368, — un an par conséquent avant la défaite de Charles de Bohême, et je ne connais rien, dans ses récits antérieurs, qui ressemble à l'histoire de Cordelia.

Mon second correspondant n'oublie pas, lui, de donner son adresse; mais il oublie d'être poli. Il ne me demande pas où *j'ai pillé cette légende.* Il le sait. « — *C'est un vieux conte aussi célèbre en Italie que celui de Francesca, de Guido et de Ginevra, de Roméo et Juliette, et de la siennoise Pia de Tolomei, et si je ne révèle pas, dès demain, ma source originale, il la révèlera lui-même dans le* FIGARO ». — Je ne saurais assez l'y encourager !

La troisième lettre est plus douce. Elle est d'une dame. Cette dame a parié que j'avais emprunté ma fable à un vieux roman du XVIIᵉ siècle, intitulé : *Les Amants de Sienne.* Je regrette de lui déclarer qu'elle a perdu son pari. Je connais bien ce roman, mais je ne lui dois rien, et la prétendue légende d'*Orso et de Cordelia* est toute de mon invention, ou je serais bien trompé !

Mais elle n'est pas sortie tout armée de mon cerveau, et jamais enfantement de pièce ne fut plus pénible que celui-là.

Tout le monde a pu croire par exemple, que la première pensée qui m'a dicté *la Haine* fut celle-ci : — Donner un pendant à *Patrie !* — Y étaler la guerre civile dans toute son horreur, et conclure en invitant les partis ennemis à la concorde, pour faire face à l'Ennemi commun... — Cette idée se dégage si nettement de mon drame; elle le résume si bien, qu'elle semble l'avoir dicté tout entier. Il n'en est rien pourtant, — et ce que l'on croit mon point de départ n'est tout justement que mon point d'arrivée.

Préoccupé de *Patrie*, je l'étais en effet; mais de tout

autre façon qu'on ne le pense... — C'était une question de Femme.

Voici comment :

Au risque de passer pour bien naïf, j'avoue que j'ai la dévotion de la Femme; et que mon estime pour elle s'accroît encore tous les jours! — Dans cet abaissement trop sensible de l'Esprit public, dans ce désarroi de notre intelligence sans clartés, et de notre raison sans boussole, je ne vois debout que l'éternelle bonté de la Femme, qui me semble grandie de tout l'écroulement du reste. Là où notre esprit s'éteint, son cœur resplendit. Le mari ne vaut pas l'épouse. Le frère ne vaut pas sa sœur. Le père n'égale pas la mère! Vaincus par elles au foyer domestique, nous croyons nous rattraper comme citoyens,... ô Parisien, pense à ta femme pendant le siège !

Aussi, remarquera-t-on que dans mes pièces, la Femme a presque toujours le beau rôle, celui du bon sens, de la tendresse, du dévouement!... Je ne dis rien de mes jeunes filles. C'est une collection dont je suis fier. A part deux ou trois *Américaines* et les *Benoîton*, on les épouserait toutes; et ce n'est pas un mince éloge !

Il y a pourtant bien quelques taches noires dans ce blanc cortège, *Séraphine* par exemple, mais surtout *Dolorès!* — Celle-là, qui m'était imposée par la donnée même de *Patrie*, a longtemps hanté mon sommeil. pour me reprocher de l'avoir faite si coupable. Je m'étais bien promis une création toute autre, où la femme apparût dans tout l'éclat de sa bonté native. Et c'est ainsi que *Patrie* a donné naissance à *la Haine; Cordelia* n'ayant pour but que d'expier *Dolorès !...*

Mais, avant d'aller plus loin, est-il bien certain que le lecteur prenne goût à tous ces détails ? Etes-vous sûr que le spectateur soit curieux de savoir par combien de tâtonnements et de faux pas, une pièce est venue jusqu'à lui ? Vous m'affirmez que oui, et je poursuis; mais si je m'égarais en ce bavardage où l'on se complaît trop à parler de soi-même, criez-moi : « Gare !... » et je m'arrête.

J'ignore comment l'idée dramatique se révèle à

l'esprit de mes confrères. Pour moi, le procédé est invariable. Elle ne m'apparaît jamais que sous la forme d'une sorte d'équation philosophique, dont il s'agit de dégager l'*inconnue*. Dès qu'il s'est posé, ce problème s'impose, m'obsède, et ne me laisse plus de repos que je n'aie trouvé la formule.

Ainsi, pour *Patrie*, le problème s'était posé de la sorte :

Quel est le plus grand sacrifice qu'un homme puisse faire à l'amour de la Patrie ?

Et, la formule trouvée, la pièce en découlait toute seule.

Pour *la Haine*, et en vertu de ce que je viens de dire, le problème se posait de la sorte :

Dans quelle circonstance, la charité native de la femme s'affirmera-t-elle d'une façon éclatante ?

La formule trouvée, et non sans peine, fut celle-ci :

Ce sera quand, victime d'un outrage pire que la mort, elle éprouvera pour son bourreau un sentiment de pitié, qui la fera voler à son secours.

On conçoit bien que ceci n'était que l'embryon, le germe de l'idée, mais il y avait déjà création : la pièce était encore à naître; mais elle était conçue. Elle avait son âme; il ne fallait plus que lui donner un corps.

Et je dis qu'elle avait son âme, parce qu'il n'est pas de pièce viable si elle ne repose sur une idée primitive, essentielle, éternellement juste et vraie, et que j'avais le bonheur d'être en possession d'une idée de cette sorte : *la femme versant à boire à son propre bourreau..*

Que tant de bonté semble excessive à quelques personnes, je n'en suis pas surpris; car ces personnes-là sont des hommes. Mais pas une femme ne protestera contre l'action de Cordelia; car il n'en est pas une qui ne sente bien qu'à sa place, elle agirait comme elle ! — Donc, ma pièce était bien là, prête à pousser ses feuilles et ses fruits, à la seule condition de lui trouver le sol favorable et le soleil propice.

Et c'est de quoi je me mis en quête.

Mais voyez, pour le dire en passant, combien nous

sommes encore loin de Sienne, des Guelfes et des Gibelins, et de tout le reste !

Plus loin même qu'on ne pense ! Car la première condition qui s'imposait à ma donnée dramatique était qu'elle se développât dans un milieu de violence qui expliquât la brutalité dont mon héroïne devait être victime ; et, sur ce point-là, l'histoire, qui n'est qu'une longue abomination, ne me laissait que l'embarras du choix ! — Encore fallait-il choisir.

Alexandre Dumas, premier du nom, dit quelque part : « L'histoire est bonne personne ! Soyez en possession d'une forte idée dramatique ; elle vous fournira toujours le milieu qui lui sied le mieux et le cadre qui la met le plus en relief. »

Et j'avais déjà vérifié l'exactitude de cet aphorisme pour *Patrie*, qui, promenée d'abord de Venise à Londres, s'était définitivement installée dans les Flandres, à croire qu'elle y avait pris naissance.

Mais, pour *la Haine*, que de chemin je devais faire !

Je pensai d'abord à la *Fronde* ; mais pas longtemps, il faut le dire... — Cette guerre de cancans, d'intrigues et de chansons, de ruelles et de paravents n'était point mon fait. Et je ne voyais pas là de poitrines assez larges pour les passions que j'y voulais mettre. Et puis où trouver là-dedans mon héros ? Le peuple n'était pas né. Fallait-il chercher mon homme dans cette bourgeoisie ridicule qui faisait cause commune avec ses pires ennemis, — contre la royauté, son alliée naturelle !... Je ne voulais pas d'un héros si maladroit.

Je me rabattis alors sur la Ligue. — Mais, là encore, le même boutiquier, travaillant de tout son cœur à retarder sa propre émancipation, et à livrer la France à messieurs les Espagnols...

Je remontai jusqu'à Charles VII, et toujours le même homme, patrouillant aux remparts, et repoussant dans Jeanne d'Arc l'unité française, au profit de Messieurs les Anglais, avec cet admirable instinct du faux et de l'absurde qui lui fait rarement défaut aux plus mauvais jours de notre histoire !

Je compris qu'il n'était que temps d'émigrer, mon
idée et moi, et, franchissant les Alpes, nous nous trou-
vâmes en pleine Italie du quatorzième siècle !

Là !... Partout la guerre civile, non pas intermittente,
comme chez nous, mais à l'état endémique. Une tuerie
de trois siècles ! De ville à ville, de rue à rue, de
chambre à chambre ! Des passions sauvages, primitives,
bestiales ! Des rancunes de tigres, des perfidies raffinées
et savourées avec une féroce ivresse ! — Mais parfois,
éclatant soudain au milieu de ces horreurs, comme une
fanfare céleste dans un chœur de démons, des actes
d'un héroïsme à faire crier l'enthousiasme; et, pour
faire oublier des crimes hors nature, des vertus plus
qu'humaines ! Partout enfin, à Pise, à Florence, à Bologne, partout l'amour au début comme à l'apaisement
de toutes les discordes : toujours et partout *la femme !*...
Je compris que j'étais arrivé !...

Mais de Florence, de Pise, de Bologne, etc.; que
choisir?... — J'optai pour Sienne... Car, dès mon premier pas dans cette admirable ville, je vis bien que mon
action s'était passée là, et pas ailleurs ! Cette ville mon-
tueuse, ces ruelles étroites, ces *costarelles* bordées de
murs sinistres et commandées par ces tours que tout
Siennois avait le droit d'élever après une action d'éclat,
et qui se trouvèrent un jour si nombreuses qu'il fallut
en raser les trois quarts ! Tout cela garde à tel point
aujourd'hui même, sa vieille figure d'autrefois, que mes
décors semblaient tout placés et n'attendaient plus que
l'entrée de mes personnages.

Et puis quelles mœurs! Des combats qui ressemblent à
des fêtes. — Des fêtes qui ont l'air de combats ! Des
courses de chevaux héroïques d'audace... — Ce jeu des
pugni, où toute la ville se dispute un ballon, à coups de
poing le matin, à coups de couteaux le soir? — Une telle
soif de bataille, que l'hiver, quand chôme la guerre civile
on se bat d'une tour à l'autre, à coups de boules de
neige; et que les magistrats sont obligés d'intervenir,
tant les femmes s'y passionnent !... On conçoit qu'avec
ce peuple de batailleurs, je n'étais pas en peine de faire

naître la querelle qui devait enfanter toute ma pièce.
La lutte de Guelfes à Gibelins entraînait facilement
l'outrage, puis la vengeance, puis le pardon !... Mais là,
je m'aperçus tout à coup que, croyant tout avoir, je
n'avais plus rien ; et ce fut un beau moment de décou-
ragement et de peur !...

C'est qu'en effet, en s'élargissant, le cadre menaçait de
faire craquer la toile. La guerre civile prenait dans
mon drame une telle importance, qu'elle commençait à le
dominer de toute part. Mon idée première, la charité de
Cordelia, réduite aux simples proportions d'un acte de
bonté personnel et isolé, se noyait, inaperçu dans cette
grande lamentation d'une ville en furie ! C'était bien du
salut d'un homme qu'il s'agissait maintenant : il y allait
de celui de tout un peuple ! Pour que j'eusse le droit de
pousser plus avant, la femme devait se compléter de la
citoyenne ! Sa charité devait grandir à la hauteur d'un
enseignement !—Et l'eau versée par la Gibeline au Guelfe
agonisant n'avait de raison d'être, que si elle était
comme la source où toute une ville en démence allait
boire l'oubli des injures et l'amour de la concorde !

Et là seulement, et pour la première fois, m'apparut
l'idée patriotique, qui m'avait échappé jusqu'alors !...

Seulement, avec le programme ainsi grandi, la difficulté grandissait aussi. — Transformer Orso, par
l'exemple du pardon et par le remords — bien !... Mais
quel acte lui faire accomplir, à la prière, et en l'honneur
de cette femme, pour rendre à tout un peuple le bien-
fait qu'il avait reçu d'elle ?

Je puis dire que j'ai rencontré dans ma vie peu de difficultés pareilles à celle-là ! Et j'ai bien cru que je n'en
sortirais pas. Mais c'est là que j'ai pu reconnaître aussi à
quel point est juste l'aphorisme de Dumas, et quelle
précieuse collaboratrice est l'histoire, pour qui sait l'in-
terroger. Ce que je cherchais, elle me le fournit elle-
même, et plus grand que je ne l'aurais trouvé tout seul,
— Quand l'histoire fait du drame, elle le fait bien !

« Le 18 janvier 1369, disent les chroniques, l'empereur
Charles de Bohême entrait dans Sienne avec trois mille

lances, commandées par le vicaire impérial, Malatesta Unghero. Il venait, sous le prétexte de rétablir les Gibelins dépossédés par les Guelfes ; mais en réalité pour faire acheter bien cher sa neutralité et son départ. A sa vue, Guelfes et Gibelins, vainqueurs et vaincus, oubliant leur discordes séculaires, se ruèrent sur lui, avec un tel ensemble et une telle furie, qu'après sept heures de combat, l'Empereur, écrasé, fut trop heureux d'avoir la vie sauve et de quitter la ville à des conditions plus douces qu'il ne le méritait. »

Il me suffisait de donner à Orso l'initiative de ce beau mouvement, pour lui faire attester son repentir et lui mériter son pardon !

Et voilà comment m'apparut enfin la lumière si longtemps cherchée. Comment l'appel à la concorde qui semble avoir inspiré toute ma pièce, ne s'y est révélé qu'à la dernière heure, en s'imposant en quelque sorte de lui-même : Comment enfin, ce qui paraît être la racine de mon drame, n'en est au contraire, que l'épanouissement et la fleur !

Et maintenant, je m'aperçois qu'il ne me reste plus le temps de répondre aux objections qui me sont faites...

Je n'aborderai donc, et brièvement que les principales.

On a blâmé mon dénouement. Vous avez pu constater qu'il n'était pas joué tel qu'il était écrit. Préoccupé du soin de ménager les forces d'un interprète bien courageux, mais bien souffrant aujourd'hui encore, j'ai pris, entre la répétition générale et la première représentation, le parti violent, de réduire ma scène finale aux proportions les plus simples, car je la craignais écrasante pour ses forces, après le fatiguant discours du *Campo*. Permettez-moi de vous rappeler cette scène telle qu'elle était conçue, et telle que j'espère la rétablir un jour. Resté seul avec Cordelia, après la fermeture des portes de l'église, Orso comprend, à ses phrases entrecoupées, qu'elle ne meurt pas de la peste. mais du poison !... Il conçoit, dès lors, la possibilité de la sauver, et, s'élançant à la grille du chœur, il appelle ses amis à

son aide... puis écoute... C'est le silence!... Il appelle
de nouveau, avec une anxiété croissante... l'écho seul
lui répond. Alors seulement il comprend, que, si on ne
lui répond pas, c'est qu'on ne veut pas l'entendre! — Il
court à la grande porte, la secoue, l'ébranle, redouble
ses appels, tour à tour suppliants, furieux... Et cette fois
pour toute réponse, c'est un chant de victoire, qui va
s'éteignant tout au loin... Désespéré, affolé, il revient à
Cordelia expirante, se jette sur elle en pleurant, puis se
redressant avec rage, bondit sur la grille du chœur pour
l'arracher de ses gonds. — Mais l'effort qu'il vient de
faire a rouvert sa blessure, et il tombe avec un cri de
douleur. Cordelia veut courir à son aide, ses forces la
trahissent; Orso, perdant tout son sang, résigné à
mourir, se traîne jusqu'à Cordelia, pour recueillir son
dernier souffle et mourir dans ses bras, et *par elle,*
comme elle meurt *par lui!* — ce qui est justice.

J'ai peine à croire que la scène ainsi jouée fût languissante et froide. Et je ne vous accorde pas volontiers
que le silence forcé de Cordelia en atténue l'émotion.
— Il me semble, au contraire, que son immobilité et
son inconscience rendent plus saisissants les efforts dé-
sespérés d'Orso, qui seul s'agite, seul crie, et seul se
désespère?

Mais j'ai supprimé les cris, la porte, les grilles. — Et
je sais bien tout ce que j'y perds.

Autre observation. — Vous me demandez si l'évêque
Azzolino est un personnage historique, et vous doutez,
en tout cas, qu'il ait joué ce rôle, tout de conciliation.
Azzolino Malavota fut le soixante-septième évêque de
Sienne, et voici ce que dit de lui Antonio Pecci (*Storia
del Vescovade della città de Siena,* p. 274 et 283) :
« *Molto adoperossi questo zelante Prelato per riunire gli
animi discordi de nobili e popolari che spesso venendo a
fieri civili contrasti, de spargeva continuamente del sangue,*
etc., etc. »

M. Edouard Fournier, dont l'approbation m'est doublement précieuse, blâme la conduite de cet évêque qui ne
devrait pas, dit-il, fuir devant les pestiférés, mais les

secourir, comme Belzunce. — M. Fournier oublie que nous ne sommes pas encore au temps où les pestiférés étaient secourus. Azzolino lui-même n'a pas le droit de venir en aide. Le décret de Malerba est formel : « *On isolera toute personne atteinte de la contagion, pour étouffer le fléau dans son germe* ». — Que l'évêque tende la main à Orso, et il sera, lui aussi, rayé du nombre des vivants, ce qui n'est pas la bonne façon d'exercer son devoir pastoral.

Mais, décidément, j'aurais trop à faire de débattre ici toutes les objections qui me sont faites, et je vois bien que ce serait la matière d'un article aussi long que celui-ci, qui l'est déjà trop.

Je m'arrête donc, en me bornant à deux réflexions dernières :

Vous avez applaudi, Monsieur, aux efforts de mon style, pour être constamment à la hauteur de mon sujet; et ce suffrage me console de la sévérité de quelques personnes, qui n'ont pas la même autorité que vous en telles matières.

Enfin, vous avez déclaré que ma pièce est ennuyeuse pour ceux qui ne savent ni *sentir* ni *penser,* et c'est, de tous vos éloges, celui dont je suis le plus fier.

Agréez, Monsieur, l'expression de mes sentiments tout dévoués.

Victorien SARDOU.

CCLI

Odéon.   6 décembre 1874.

LA MAITRESSE LÉGITIME

Comédie en quatre actes, par M. Louis Davyl.

Habent sua fata... spectacula. Explique qui pourra les influences secrètes qui tantôt arment le spectateur de sévérités implacables contre des œuvres dignes cependant de toute attention et de toute sympathie, tantôt changent subitement « la tempête en bonace ». Pour moi, je n'aborderai point aujourd'hui une étude si délicate et je me borne à constater, avec plaisir du reste, que la comédie de M. Louis Davyl s'est produite à une de ces heures débonnaires qui sonnent de plus en plus rarement pour le public des premières représentations.

Sans m'inscrire en faux contre les décisions du parterre, je demande cependant la permission de réserver mon jugement, et, de même que j'ai dû résister, en certaines occasions récentes, à la pression d'une froideur voulue qui ressemblait à de l'hostilité, je dois me soustraire aujourd'hui à un entraînement contraire qui nous conduirait également à la distance où l'on perd de vue la vérité, ou, pour parler plus simplement, le sentiment de la proportion.

En réalité, la comédie de M. Louis Davyl a été fort bien accueillie ; de là à « l'enthousiasme », car le mot a été prononcé, il faut rétablir la distance. Parlons d'un début honorable, qui mérite à son auteur de sérieux encouragements, soit ; mais si nous apercevons dans M. Louis Davyl l'étoffe d'un auteur dramatique, attendons pour le porter aux nues qu'il ait tissé de cette étoffe une œuvre où se révèle la main sûre de l'ouvrier.

La Maîtresse légitime n'est qu'une promesse de talent ; acceptons-la pour ce qu'elle vaut, et gardons-nous de la surfaire, dans l'intérêt du théâtre comme dans celui de l'auteur.

Je passerai facilement sur la donnée générale ; elle n'est pas absolument neuve ; et comme, après tout, la pièce a réussi principalement par les détails ; je ne m'arrêterai pas à considérer en quoi elle diffère du *Ménage parisien* de Bayard, ni des autres pièces fondées sur le « faux ménage ».

Dans le cas particulier qui nous occupe, il s'agit d'un inventeur, d'un ingénieur plein de génie, M. André Dalesme, qui vit depuis six ans avec une dame abandonnée par son mari. Les affaires d'André se sont dérangées ; il doit cent mille francs ; la ruine est à sa porte. La subira-t-il bravement, ou bien s'y soustraira-t-il par un riche mariage, en abandonnant l'infortunée Marthe, la « maîtresse légitime » ? Voilà toute la pièce. Elle se termine, non sans lutte, à l'avantage de Marthe devenue veuve ; André l'épouse, faisant ainsi passer sa dette d'honneur avant sa dette d'argent. Dénouement fort plausible, qui aurait dû fournir le vrai titre de la pièce, *la Dette d'honneur*, au lieu de *la Maîtresse légitime*, qui soulève de fortes objections. Plus expérimenté et par conséquent plus prudent, M. Louis Davyl aurait senti qu'il suffisait d'intéresser le public à une femme malheureuse, dévouée et foncièrement honnête comme Marthe, sans élever ce jugement d'espèce, comme on dit au Palais, à la hauteur de la thèse doctrinale impliquée dans un titre compromettant.

Du reste, on ne sait pas au juste si André Dalesme accomplit son devoir par esprit de sacrifice ou par amour pour Marthe, et, dans cette incertitude, on n'ose pas s'intéresser à lui.

Heureusement, cette situation principale mais mal dessinée, M. Louis Davyl a eu la bonne idée de l'encadrer dans une action secondaire mais sympathique, qui a déterminé le succès de la pièce, en masquant les côtés pénibles et attristants de la donnée première.

La dot qui devait rétablir la situation financière d'André Dalesme appartenait à une jeune fille, Mlle Geneviève Boulmier, fille d'un riche marchand de fers ; ce Boulmier, dépeint sous les traits d'un véritable corsaire commercial, a ruiné, dans sa longue carrière, nombre d'honnêtes gens, entre autres la famille

Duluc; l'hôtel patrimonial des Duluc est devenu la
demeure de M. Boulmier, tandis que Jean Duluc, leur
héritier, vit dans les bois, où il fait des vers en mangeant paresseusement les dix-huit cents livres de
rentes échappées à la rapacité de M. Boulmier.

Or, Jean Duluc, voisin de campagne d'André Dalesme et de Marthe, s'est épris pour celle-ci d'une
amitié doublée d'estime; il se met au travers du
mariage projeté, il révèle à la candide Geneviève l'obstacle qui interdit à Dalesme, s'il veut rester honnête
homme, d'épouser une autre femme que Marthe. Il
suffit de cette confidence périlleuse, versée dans le
cœur de Geneviève, pour que la charmante enfant
renonce à André et s'éprenne de Jean.

Aussi, lorsque, à la suite d'une scène odieuse où
M. Boulmier ose offrir de l'argent à Marthe pour
prix de la séparation cruelle qu'on veut lui imposer,
Geneviève rencontre dans le salon de son père la malheureuse femme en proie aux plus violents transports,
c'est la vierge innocente qui la relève et qui la rappelle
à l'espérance.

C'est également de Geneviève que viendront le salut
d'André Dalesme et celui de la comédie. Devenue majeure depuis une heure, Geneviève Boulmier signifie
à son père ses jeunes volontés : « — Mon père, vous
« me devez d'aujourd'hui cinq cent cinquante mille
« francs; vous allez en verser trois cent mille au cré-
« dit de M. André Dalesme, dont mon mari et moi
« nous devenons les associés. — Ton mari? qui
« ça? — Jean Duluc. — Jamais de la vie! » s'é-
crie le cynique Boulmier « un propre à rien, qui
« n'a plus le sou, qui se laisserait piller et voler par
« tout le monde? J'en sais quelque chose, moi. Si tu
« veux absolument l'épouser, tu me feras des somma-
« tions. — Tout de suite, papa! » Et la rusée
Geneviève applique trois gros baisers sur les joues de

son Harpagon de père, qui, sentant son cœur fléchir, consent au bonheur de Geneviève et de Jean.

Tel est le dénouement, plus ingénieux que vrai, et plus spirituellement tourné que logiquement déduit, qui a enchanté le public et dissipé tous les nuages.

Et cependant, étant donnée la personnalité intègre et fière de Jean Duluc, peut-on admettre qu'il consente à devenir le gendre d'un Boulmier, qu'il regarde comme un fieffé coquin?

Cette contradiction n'est pas la seule qu'on puisse relever dans la conception générale de l'ouvrage ; il semble que M. Louis Davyl, contrairement à ce qu'on paraissait attendre de lui, soit enclin à profiter de ses réminiscences dramatiques plutôt que d'une observation directe des mœurs sociales. À écouter certaines tirades du second acte, qu'on dirait extraites d'un commentaire sur le code de commerce et le code de procédure civile, on supposerait que l'auteur dût être très ferré sur ces matières ; comment se fait-il alors que la saisie du quatrième acte soit expliquée par des raisons qui constituent autant d'hérésies judiciaires? Le personnage de l'huissier ne sort pas non plus de la vie réelle ; il est copié de quelque ancienne caricature du répertoire de Picard ; son nom de Legifflé n'a de saillant que l'intention injurieuse et par conséquent peu louable ; mais on le retrouve d'original dans *Tartuffe* :

> ... Vous pourriez bien sur votre noir jupon,
> Monsieur l'huissier à verge, appeler le bâton.

Ce sont là des vétilles ; si j'avais à justifier par des raisons plus solides la persuasion où je suis que l'écrivain n'a observé le monde qu'à travers le miroir du théâtre antérieur, je citerais seulement la scène du premier acte où Marthe, offensée par l'annonce d'une visite à laquelle elle ne doit pas assister, déclare qu'elle quitte sa maison et la quitte en effet, sans que l'homme dont elle partage depuis dix ans les joies et les douleurs songe à la retenir ni à savoir ce qu'elle deviendra. Toute cette portion de la pièce sonne faux.

Maintenant que j'ai dit mon sentiment sincère, il me reste à louer un dialogue rapide, naturel, souvent mordant, à la réserve de quelques brutalités inutiles. Des caricatures secondaires, telle que M. et Mᵐᵉ Coupery, ont fait beaucoup rire, encore qu'elles se reportent à des souvenirs littéraires qui datent déjà d'un demi-siècle.

M. Louis Davyl a rencontré, de plus, une heureuse fortune, celle d'être interprété par une troupe jeune, intelligente, pleine de zèle, et qui fait chaque jour de nouveaux progrès.

M. Porel joue avec un entrain plein de cordialité le rôle sympathique de Jean Duluc, avec qui M. Richard, qui semble fait exprès pour les brusqueries cyniques de Boulmier, forme un parfait contraste. Mˡˡᵉ Léonide Leblanc a traduit d'une manière dramatique les angoisses de la femme sacrifiée. Quant à Mˡˡᵉ Blanche Baretta, elle rend d'une façon délicieuse la physionomie de Geneviève, qu'elle place au premier plan de l'œuvre.

MM. Masset, Valbel, Tallien, Mᵐᵉˢ Clotilde Collas et Crosnier complètent un excellent ensemble. M. Fréville a produit un effet pyramidal sous les traits de Coupery, l'industriel enrichi, qui lance des apophthegmes si drôles ; par exemple celui-ci à propos de Benjamin Constant, qui, au dire de Mᵐᵉ Coupery, prenait toujours son café tout debout. — « C'est un « homme qui a fait bien du mal aux Bourbons ! » — et encore cet autre : « Qui rougit de son origine n'est pas digne d'en avoir une. »

La mise en scène est fort soignée ; l'on y reconnaît la main experte de M. Duquesnel, je veux dire

de l'homme au goût le plus fin et le plus avisé. Nul
ne s'entend mieux que lui à mettre une pièce dans
ses meubles — de toutes les façons.

CCLII

LES DEUX COMTESSES

Comédie en trois actes, par M. Eugène Nus.

LES MANIAQUES

Comédie en un acte, par MM. Leterrier et Vanloo.

Je dois aux *Deux Comtesses* de M. Eugène Nus un
des plaisirs les plus poignants qu'on puisse demander
aux émotions littéraires, c'est de m'avoir rappelé *le
colonel Chabert*. Quel drame horrible et magnifique !
Quelle magie de couleur ! Caravage et Rembrandt,
ces maîtres du clair obscur, n'ont pas inscrit sur leurs
toiles immortelles, de portrait plus puissant que celui
de l'enfant trouvé Hyacinthe, colonel Chabert, comte
de l'Empire, ni de paysage plus sinistre que la cour
du nourrisseur de la rue du Petit-Banquier. Pareille
à ces parfums concentrés qui persistent à travers les
siècles et nous conservent dans les vieux meubles de
la Renaissance les odeurs qu'ont respirées Diane de
Poitiers ou la duchesse d'Étampes, la nouvelle de
Balzac garde des trésors d'émotion que vingt lectures
successives aux différents âges de la vie, ne sauraient
épuiser.
Mais par quelle liaison d'idées vous parlai-je du

Colonel Chabert, où Balzac n'a placé qu'une comtesse, Mme la comtesse Féraud, veuve Chabert, au lieu de vous exposer tout d'abord *les Deux Comtesses* de M. Eugène Nus? L'auteur dramatique aurait-il emprunté son sujet au plus illustre de nos romanciers? Ce n'est pas cela que je veux dire; mais l'analogie est si forte que, sans méconnaître le mérite d'invention et de transformation qui appartient à M. Eugène Nus, j'ai pensé toute la soirée au *Colonel Chabert*.

Vous savez, cher lecteur, que ce héros de la charge furieuse qui enfonça le grand carré russe à la bataille d'Eylau, fut laissé pour mort sur le champ de carnage, et que sa veuve, après avoir liquidé la succession, se remaria dès les premières années de la Restauration à M. le comte Féraud, conseiller d'Etat, directeur-général et futur pair de France. Lorsque, après des années de maladie et de misère, le colonel Chabert essaya de se faire reconnaître, il se trouva en face de faits accomplis; son décès était constaté, sa fortune liquidée, sa femme remariée et mère de deux enfants. Que faire? S'inscrire en faux contre des actes authentiques, et plaider. Le gain du procès ne serait pas douteux; mais quel douloureux succès! Si la comtesse Féraud redevient la comtesse Chabert, les enfants du comte Féraud, eux, ne seront plus que des bâtards. Ici laissons parler Balzac : « Un soir, en « voyant cette mère au milieu de ses enfants, le « soldat fut séduit par les touchantes grâces d'un « tableau de famille... ; il prit la résolution de rester « mort et il demanda comment il fallait s'y prendre « pour assurer irrévocablement le bonheur de cette « famille. »

Dans ce peu de lignes se trouve la donnée entière des *Deux Comtesses*, que je vais enfin raconter d'après M. Eugène Nus.

Nous sommes en 1818, dans le modeste logement

qu'un jeune peintre, M. Georges Brotot, occupe avec
sa mère. Mme Brotot raccommode des dentelles et c'est
avec le fruit de son travail qu'elle a pu donner à son
fils les talents qui doivent le conduire à la gloire. Mais
la santé de la digne femme s'affaiblit, et la gêne
menace le pauvre ménage. Une nouvelle cliente se
présente, miss Ellen, une jeune américaine à peine
majeure d'âge, mais faisant ses affaires elle-même, et
qui prie Mme Brotot de réparer des dentelles precieu-
ses. Miss Ellen partie, Mme Brotot déploye les dentelles et y trouve l'adresse de la jeune américaine
« chez M. le comte de Trévenec, rue Saint-Domi-
« nique ». Ce nom de Trévenec produit une impression extraordinaire sur Mme Brotot. Avant qu'elle ait
eu le temps de s'en remettre, un nouveau personnage
survient, c'est un avocat nommé M. Loysel, qui vient
s'assurer que Mme Brotot est bien la même personne
qu'une certaine Thérèse Brotot, qu'il a mission de
rechercher depuis de longues années, et qu'on a crue
morte en 1793 dans son village natal, incendié par
les troupes républicaines après un combat acharné
contre les chouans.

Bouleversée par ces incidents qui réveillent les
souvenirs douloureux de sa vie passée, Thérèse Brotot
révèle à son fils le mystère de leur destinée. Fille de
l'intendant des comtes de Trévenec, elle avait épousé
secrètement en 1793 Louis de Trévenec, l'aîné de la
famille, qui, peu de temps après, périt dans un combat
naval. Demeurée seule au monde, et prête à donner
le jour à un fils dont le père venait de mourir, Thérèse quitta la Bretagne et vint cacher à Paris le deuil
de son éternel veuvage. Mais aujourd'hui, puisqu'il
existe un comte de Trévenec, c'est que le frère cadet
de son mari, l'oncle de Georges, existe encore ; grâce
à Dieu, Thérèse possède la copie authentique de son
acte de mariage dont l'original a péri dans l'incendie.

Georges Brotot, qui est bien réellement le comte Georges de Trévenec, ira se faire reconnaître par son oncle.

Or, le comte de Trévenec, de qui nous faisons la' connaissance au second acte, n'est autre que le mari de Thérèse Brotot.

Blessé grièvement et fait prisonnier, puis recueilli sous le pavillon étoilé des États-Unis, il a passé en Amérique où il a fait fortune. Après avoir inutilement cherché les traces de Thérèse Brotot, il s'est cru veuf et a épousé une riche américaine, dont miss Ellen est la pupille. Rentré en France à la Restauration, il est devenu le conseiller intime de Louis XVIII et attend d'un instant à l'autre sa nomination à la pairie. Le personnage est exactement celui du comte Féraud; toutefois la situation, on le voit, est transposée; ce n'est pas la comtesse qui est bigame involontaire comme dans la nouvelle de Balzac, c'est le comte.

L'entrée de Georges de Trévenec dans la famille où il vient réclamer ses droits est un coup de foudre pour le comte de Trévenec, comme pour sa femme, comme pour son fils Gaston.

La comtesse consulte les hommes de loi, qui lui répondent qu'en de telles circonstances le second mariage est nul de plein droit, et que le fils qui en est issu n'a plus le droit de porter le nom de son père.

Acceptant son malheur avec autant de noblesse que de courage, la seconde comtesse de Trévenec veut quitter la maison en emmenant son fils; mais Thérèse Brotot, prévenue par miss Ellen, n'acceptera pas ce sacrifice. « — Georges », dit-elle à son fils, « tu n'as « pas porté jusqu'à ce jour d'autre nom que celui de « ta mère; est-ce qu'il ne te suffit plus? — Je vous ai « compris, ma mère ! », répond Georges, et il jette au feu les actes qui lui assurent le nom et la fortune de l'héritier des Trévenec.

Un tel héroïsme a subjugué le cœur de miss Ellen. La riche héritière, déjà fiancée au vicomte Gaston, lui redemande sa parole. — « Et maintenant », dit-elle à Georges, « venez en Amérique, monsieur, c'est là « que vous attendent la fortune, la gloire, et ma main. « Nous emmenons *notre* mère. »

Telle est l'action dramatique et saisissante, simplement présentée, que le public du Gymnase vient d'accueillir avec applaudissement. On voit quelles transformations l'idée mère du *Colonel Chabert* a subie sous la plume de M. Eugène Nus, transformations si complètes qu'elles en font une œuvre presque entièrement nouvelle. La comtesse Féraud, de Balzac, est une femme odieuse que le troupier Chabert avait ramassée dans la fange, et qui, traduite à la scène, n'eût excité qu'un dégoût inconciliable avec le sacrifice que lui fait une rivale légitime. M. Eugène Nus, en homme de goût, qui connaît les conditions du théâtre, n'a mis en présence que des malheurs involontaires, entre lesquels se partagent également la pitié et l'intérêt du spectateur. Tous les personnages sont d'honnêtes gens, qui ont fait leur devoir et sont prêts à le faire encore. C'est là, si je ne me trompe, un genre de mérite qui devient très rare au théâtre, et M. Eugène Nus est récompensé par le succès d'une œuvre attachante et touchante.

Elle est d'ailleurs écrite avec un sentiment très étudié des nuances et, sans paraître y prétendre, elle nous donne une peinture juste et fine des mœurs de la Restauration, qui conservaient, avec un peu d'emphase peut-être, un aspect de dignité que la société moderne a presque entièrement perdu.

Les acteurs, très bien costumés dans le goût de 1818, se sont très intelligemment placés dans la couleur générale de la pièce. M. Achard a de la chaleur et de la franchise dans le rôle du jeune peintre ; MM. Pujol, Andrieu, Blaisot, Mmes Othon et Fromentin tiennent le leur avec beaucoup de mesure et de tact. Le succès le plus marqué est celui de Mlle Legault, pleine de crânerie sans excès et de gaieté spirituelle sous les traits charmants de miss Ellen.

En même temps que *les deux Comtesses*, dont le titre quelque peu suranné et, comme on dit, « ancien « jeu » ne faisait pas pressentir un aussi vif succès, le Gymnase a donné une pochade en un acte, intitulée *les Maniaqûes*, que MM. Leterrier et Vanloo, les heureux auteurs de *Giroflé-Girofla,* ont écrite pour les ahurissements de M. Lesueur. Cela pourrait s'appeler l'histoire d'un pot à tabac, puisqu'un maniaque dont le nom m'échappe accorde sa fille à un gendre aussi maniaque que lui-même, uniquement pour rester possesseur d'un pot à tabac qui doit compléter sa collection de faïences. MM. Lesueur, Andrieu et Mlle Legault jouent de verve ce petit acte qui tient la salle en bonne humeur. Toutefois, il y a là un personnage de trop, c'est le professeur d'accordéon qui appartient exclusivement au monde de fantaisie dans lequel s'agitent les fantoches d'opérettes.

CCLIII

COMÉDIE-FRANÇAISE.   21 décembre 1874.

ANNIVERSAIRE DE LA NAISSANCE DE RACINE

PHÈDRE

Mlle Sarah Bernhardt.

La Comédie-Française a célébré ce soir le deux cent trente-cinquième anniversaire de la naissance de Racine en représentant l'un de ses chefs-d'œuvre qui a conservé le plus de prestige sur le public. Elle a offert en même temps à sa pensionnaire, Mlle Sarah Bernhardt, l'occasion d'aborder un rôle capital, devenu redoutable entre tous par l'impérissable souvenir de Mlle Rachel.

L'épreuve était intéressante ; mais, à ceux qui ont suivi comme moi la carrière théâtrale de Mlle Sarah Bernhardt dans ces dernières années, il était facile de prévoir quelle en serait l'issue, et même d'en décrire chaque phase par anticipation.

Mlle Sarah Bernhardt a composé avec une rare intelligence le personnage de Phèdre ; partout où le rôle exigeait de la langueur, de la mélancolie, de l'ardeur frémissante, mais encore contenue, elle a rencontré la note juste et mérité quelque chose de plus que l'approbation des connaisseurs. Elle a dit en perfection la scène de sa déclaration à Hippolyte, au second acte, et, au quatrième acte, l'admirable passage où Phèdre, désespérée et souhaitant de descendre aux enfers, se souvient avec terreur qu'elle y sera jugée par son propre père, l'inflexible Minos.

Mais quand il s'est agi de rendre les scènes de violence, Mlle Sarah Bernhardt s'est emportée au delà des limites que lui prescrivait l'exiguité de ses forces physiques et surtout la portée de sa voix qui, surmenée, devient d'une sécheresse aiguë et ne traduit plus qu'imparfaitement les impressions de l'artiste.

J'écris « l'artiste » parce que Mlle Sarah Bernhardt, sous les réserves que je viens d'exprimer, nous a montré ce soir une Phèdre vivante et frémissante qui a galvanisé, bon gré mal gré, l'action tragique la moins acceptable pour un public qui ne croit plus ni à Vénus ni à Neptune, qui s'égaie à la vue du casque de Thésée, et qui souligne par les exclamations d'une joie rrévérencieuse l'entrée du bon Théramène venant raconter la mort terrible de son élève.

M{ll}{e} Sarah Bernhardt est sortie à son honneur d'une tentative très difficile ; des applaudissements unanimes l'en ont récompensée ; mais elle ne la recommencerait pas souvent sans péril.

J'ai dit il y a quelques mois comment M. Mounet-Sully jouait Hippolyte ; à part quelques mouvements excessifs qui appartiennent à la gymnastique et quelques accès de *rictus* inopportuns, je persiste à penser qu'Hippolyte demeure jusqu'à présent le meilleur rôle de ce jeune talent.

CCLIV

COMÉDIE-FRANÇAISE.   21 décembre 1874.

Reprise de PHILIBERTE

Comédie en trois actes en vers, par M. Emile Augier.

Débuts de M{ll}{e} Broisat.

Elle est charmante ! elle est charmante ! elle est charmante !

A qui voulez-vous que j'applique l'exclamation délirante du chevalier de Talmay ? A la comédie d'Emile Augier ou à la débutante ? Ma foi, qu'elles l'acceptent toutes deux et qu'elles se partagent le succès.

Philiberte, dont la première représentation au Gymnase date du 19 mars 1853, est une œuvre de jeunesse, exécutée avec la maturité de l'écrivain en pleine verve et maître de sa facture. Certaines pièces d'Augier renferment peut-être des peintures plus fortes ; je n'en connais aucune de si spirituelle ni de si achevée.

La *Philiberte* d'Augier, c'est la Modeste Mignon de Balzac, la jeune fille millionnaire convoitée par dix prétendants dont un seul est sincère, et que, seul, la jeune fille soupçonnera de vues intéressées, jusqu'au jour où, reconnaissant l'erreur involontaire dans laquelle elle était tombée, elle lui donnera spontanément la préférence sur d'opulents et d'illustres rivaux. Modeste Mignon s'est crue trompée par Ernest de la Brière qui lui écrivait des lettres poétiques et brûlantes sous la signature du grand poète Canalis, son ami intime ; combinaison excellente pour un roman par lettres, mais sans effet au théâtre. Le ressort employé par Emile Augier est bien autrement neuf et fournit un motif dramatique, fertile en effets ingénieux ; Philiberte se croit laide ; du moins sa mère, qui ne l'aime guère, l'a toujours traitée en petite fille gauche et disgraciée. Aussi, lorsque Raymond de Taulignan, qu'elle aime en secret, mais qui est pauvre, lui demande sa main, Philiberte pense tout bas : encore un qui cherche une dot ! Et après l'avoir pensé tout bas, elle le dit tout haut, au risque de faire à la fierté de Raymond une blessure mortelle.

Mais vienne ensuite le chevalier de Talmay, qui ose adresser à Mlle de Granchamp une déclaration plus que galante, Philiberte, à qui l'on révèle soudainement qu'elle n'est pas laide, comme elle se l'imaginait, et qu'elle peut plaire pour elle-même, ne songe pas d'abord à l'insolence du procédé ; elle ne voit qu'une chose : c'est que Raymond lui disait vrai.

Voilà le thème délicat sur lequel Emile Augier a brodé les variations les plus ingénieuses.

Mais combien M. Vapereau s'est mépris en écrivant, dans son *Dictionnaire des Contemporains*, que la richesse des détails rachetait le vide de l'intrigue ! Rien

de moins vides que les trois actes de *Philiberte*, remplis, au contraire, avec un art consommé, par le développement des passions et des caractères. La noblesse du chevalier Raymond, la bonhomie du duc de
Chamaraule, la fatuité élégante du chevalier de Talmay, la froideur compassée du comte d'Ollivon, qui
épouse la belle et bonne sœur aînée de Philiberte,
varient de scène en scène les aspects de cette comédie, qui mérite de rester au répertoire de la Comédie-
Française, au même titre que des ouvrages réputés
chefs-d'œuvre et qui ne valent pas *Philiberte*.

L'interprétation d'aujourd'hui est excellente.

Mlle Broisat a confirmé avec éclat dans le rôle de
Philiberte, créé au Gymnase par Mme Rose Chéri, la
bonne opinion qu'elle avait inspirée dans le rôle de
Marcelle du *Demi-Monde*. M. Thiron détaille avec la
gaîté la plus fine et la plus communicative le rôle
sympathique du vieux duc ; et M. Laroche représente
avec une grande justesse de ton l'honnête et loyal
chevalier de Granchamp.

Mmes Jouassain et Lloyd, MM. Prudhon et Joliet
complètent un ensemble excellent, qui fait valoir à
merveille les jolis traits et les vers heureux qu'Emile
Augier a semés à pleines mains sur cette œuvre si
amusante et si touchante à la fois.

Belle et très belle soirée pour le Théâtre-Français,
qui ne donnera jamais trop de place aux comédies qui
intéressent et qui plaisent sans violences et sans noirceurs.

CCLV

VAUDEVILLE.   24 décembre 1874.

UNE FILLE D'ÈVE

Comédie en un acte, par MM. Raymond Deslandes
et Paul Bocage.

L'ORAGE

Comédie en un acte, par M. Adrien Marx.

UNE CHANCE DE COQUIN

Comédie en un acte, par MM. Delacour et Erny.

LA DOUAIRIÈRE DE BRIONNE

Mlle Déjazet.

C'est toute une affiche que ce sommaire; trois pièces nouvelles et une reprise, sans compter un petit acte, *Un Monsieur en habit noir*, qui servait de lever de rideau.

Procédons par ordre au dépouillement de cet inventaire théâtral.

Premièrement : dans le cabinet d'un docteur médecin, rue Tiquetonne; la femme du docteur flirte avec un jeune idiot, qui répond au nom de M. le vicomte de Caumont l'Eventé; supris par le mari, le vicomte se donne pour un client; le médecin lui tâte le pouls, lui fait tirer la langue, l'ausculte, et finalement le déclare atteint d'une maladie de cœur, pour laquelle il devra voyager pendant deux ans dans les climats chauds. La doctoresse, qui, au fond aime son mari, est enchantée du dénoûment et ne cherchera plus d'émotions hors du droit chemin.

L'intervention de la cuisinière, qui, éprise d'un tourlourou, essaye de compromettre sa maîtresse et de s'en faire une complice, et une scène où le médecin, rentrant chez lui, trouve sa femme et le vicomte évanouis chacun de son côté, ont réveillé dans ma mémoire un souvenir assez récent. Où donc avais-je vu cela ? Eh ! parbleu, sur ce même théâtre du Vaudeville, il y a quatre mois, dans une pièce intitulée *Entre deux trains*. La situation n'en reste pas moins amusante. MM. Michel, Richard, Mmes Massin et Lovely s'y sont fait applaudir.

Deuxièmement : dans l'appartement d'un magistrat célibataire qui va se rendre à l'audience : une femme voilée se présente; c'est une ancienne maîtresse, une honnête fille que l'étudiant avait abandonnée et de qui le magistrat redevient amoureux. Après avoir remonté de souvenir en souvenir jusqu'à leurs dix-huit ans, les deux amants brouillés deviennent d'inséparables époux. Joli marivaudage, brodé de mots spirituels et fins, signés du meilleur Adrien Marx. Un couplet de vieille chanson sur l'air *Dis-moi, soldat, dis-moi, t'en souviens-tu*, repris en duo par M. Saint Germain et par Mlle Neveux, aurait produit beaucoup d'effet si l'on avait un peu moins entendu la voix de celle-ci. Somme toute, agréable succès pour une saynète qui touche à la comédie.

Troisièmement : dans les salons de M. et Mme Gilois; ceci s'appelle *une Chance de coq... uin* pour éviter un mot qui a vieilli depuis Molière. Gilois est un homme heureux, chacun sait ça, et il ne lui manquerait que d'être battu pour ne pas mentir au proverbe. Mais l'ami Ravinet, dont la femme est aussi honnête que Mme Gilois est légère, s'étonne tout à coup et s'effraye du bonheur qui le poursuit dans les diverses circonstances de sa vie, et il en arrive à soupçonner l'immaculée Mme Ravinet. Sur ce thème fantasque, MM. Dela-

cour et Erny ont construit une pièce bourrée de
situations amusantes et bien jouées par M. Delannoy,
dont on connaît la gaîté communicative.

Entre ces trois pièces nouvelles, ou peu s'en faut,
le Vaudeville a fait reparaître Mlle Déjazet dans *la
Douairière de Brionne.* La Comédie de Bayard et Du-
manoir manque un peu de consistance ; mais, à défaut de l'ombre d'une pièce, elle renferme deux ou
trois scènes ingénieusement calculées pour les qualités de Mlle Déjazet ; et c'était assez dans la circonstance présente. Quant à Mlle Déjazet elle-même, je
ne puis que répéter avec le public : elle est étonnante !
Mais étonnante absolument. En fermant les yeux, et
en écoutant de filet de voix aigrelette à force d'être
blanche, mais mordante et faisant vibrer dans l'air
un français clair et pénétrant comme la note d'un
fifre, les vieillards reconnaissent la voix de Déjazet
telle qu'elle sifflait aux Variétés il y a vingt-cinq ans,
au Palais-Royal il y a trente ans, au Gymnase il y a
cinquante ans. Pour moi, cette réapparition présen-
tait une sorte d'intérêt posthume, comme si l'on m'eût
dit : « Vous verrez jouer ce soir Mlle Dangeville ou
« Mme Favart, revenues tout exprès des séjours extra-
« terrestres, pour donner une représentation extraor-
« dinaire... avec la permission spéciale du Père Eter-
« nel. » Il y a quelque profit, je vous assure, à étudier le débit et le geste d'une actrice née au siècle
dernier et qui, par conséquent, vous transmet toute
vivante une partie de la tradition théâtrale dans laquelle elle fut élevée.

C'est un fait notoire par exemple, que la prononciation traditionnelle, et, en pareille matière la tradition c'est la vérité, s'altère profondément à la Comédie-Française. *L'accent français* disparaît et n'est plus
soupçonné, même et surtout par les élèves du Conservatoire. Lundi dernier j'entendais M. Mounet-Sully pro-

noncer dans *Phèdre* : « un *témérérorgueil* » pour « un *téméraire* orgueil » ; et le lendemain M. Laroche disait dans *Philiberte*, sans être repris par personne : « que *préféreuriez* vous » pour « que *préfaireriez* vous » qui est la véritable prononciation indiquée par l'accent tonique. A cet égard, la diction de M^llo Déjazet est précieuse à consulter ; je n'indiquerai qu'une particularité remarquable. On sait que les syllabes nasales offrent un des principaux écueils de notre langue ; Déjazet les évite par une modulation à l'italienne ; elle articule très nettement : *silennce* pour *silence*, *innocennce* pour *innocence*, et ainsi de suite.

L'éminente comédienne sera peut-être étonnée du genre d'enseignement qu'elle m'a fourni sans le vouloir ; heureusement elle garde des dons plus agréables ; elle a ravi le public du Vaudeville avec ses couplets « Combien je regrette » et avec sa petite scène d'ivresse, rendue dans une mesure si juste et si délicate.

Après avoir joué presque toute la pièce en aïeule, Déjazet reparaît à la dernière scène sous les traits de son propre petit-fils, un fringant mousquetaire ; cette combinaison, qui était une flatterie à l'époque où la pièce fut écrite, risque aujourd'hui de tourner un peu contre son but ; néanmoins, n'est-ce pas une sorte de miracle que Déjazet soit encore obligée de se vieillir pour représenter une douairière de soixante-dix ans ?

CCLVI

AMBIGU-COMIQUE. 30 décembre 1874.

UNE FAMILLE EN 1870-71

Drame en cinq actes, par M. J.-M. Cournier.

Voilà une singulière famille et un singulier drame. Il nous a fallu attendre, par le temps qu'il fait ! jusqu'à minuit et demi, c'est-à-dire jusqu'à la dernière scène, pour comprendre ou plutôt pour deviner le plan de l'auteur.

Le voici en peu de mots, non tel qu'il l'a fait, mais tel qu'il l'aurait voulu faire.

Prenons une famille bourgeoise (elle s'appelle Bourgeois) en pleine prospérité impériale ; le mari, chocolatier retiré et millionnaire ; la mère coquette, acariâtre, rêvant les grandeurs ; le fils, cocodès, mal élevé, imitant les acteurs et entretenant les actrices. Mais la guerre éclate. Nos armées sont vaincues, l'ennemi assiège Paris. Soudain tous ces vices ou ces ridicules s'effacent et se transforment : il ne reste plus que des vertus. M. Bourgeois le père monte la garde aux remparts, adopte des orphelins, et refuse de s'enrichir en ravitaillant ses compatriotes ; Mme Bourgeois est devenue la plus soumise des épouses et la plus tendre des mères ; elle fait de la charpie pour les pauvres blessés ; enfin le fils Bourgeois s'engage dans l'armée de la Loire ; le petit crevé est mort ; à sa place nous avons un vaillant officier, capitaine et décoré de la Légion d'honneur. Tout ce monde, retrempé par le malheur, se groupe autour du bourgeois Bourgeois, que les événements ont ruiné, mais qui redeviendra chocolatier pour se régénérer par le travail.

Voilà la thèse, car c'en est une ; elle est courageuse
elle est honnête ; elle vaut mieux, en tout cas, que la
pièce qui en est sortie.

M. J.-M. Cournier, qui tiendrait un rang élevé dans
la littérature si celle-ci décernait des prix de persévé-
rance, paraît ignorer ce que c'est qu'une situation.
Les petits faits succèdent aux petits faits sans enchaînement, sans calcul et sans gradation. Les personnages disent tout ce qui leur passe par la tête, encore
que leurs idées n'aient qu'une liaison imperceptible
avec la pièce ; il leur arrive souvent de nous entre-
tenir de personnages qu'on ne nous montre pas, que
nous ne connaîtrons pas, et de nous donner de leurs
nouvelles. Parfois ils pensent de bonnes choses et les
expriment en termes excellents ; puis, sans transition, ils retombent dans des lieux communs, extrava-
gants à force de banalité.

Le fond de l'ouvrage est aussi incohérent que la
forme. Je rencontre, par exemple, au quatrième acte,
une scène très jolie, et comme égarée. Que fait-elle
là ? D'où vient-elle ? On est tenté de la prier de sortir.
Il s'agit de la jeune Bourgeois qui revient en visite
dans la maison paternelle après l'avoir quittée pour se
marier. Le mariage, pour elle, était une délivrance,
puisqu'elle échappait au joug d'une mère impérieuse
et égoïste. Mais lorsque sa fille revient, Mᵐᵉ Bourgeois est bien changée ; le malheur et l'absence ont
fait refleurir l'amour maternel dans son cœur. Elle
voudrait manger sa fille de caresses; mais sa fille lui
donne un froid baiser d'un air distrait. La mère éclate
en sanglots. « – Qu'est-ce que tu as donc ? dit la fille ;
nous ne nous sommes jamais embrassées autrement. »

C'était vrai ; mais Mᵐᵉ Bourgeois s'est transfigurée,
et sa fille n'en sait rien.

Avec cette seule situation, un auteur dramatique
aurait construit une pièce raisonnable et intéressante;

ici la scène est incompréhensible ; rien ne nous y avait préparés.

Le même manque de suite et de logique éclate dans le personnage de M. le comte Rémi de Saint-Fargeau, le gendre de M. Bourgeois. Comme on l'a vu présenter dans la maison par une sorte d'escroc nommé Rufin, le spectateur n'a pas de peine à admettre que ce Saint-Fargeau ne soit lui-même un chevalier d'industrie comme on l'en accuse. Eh bien, pas du tout ; nous avons affaire à la crème des gentilhommes et à un homme si capable que M. le prince de la Tour d'Auvergne, ministre des affaires étrangères, le bombarde chargé d'affaires à Athènes et officier de la Légion d'honneur. Parfait : c'est un bon choix ; mais alors pourquoi nous présenter cet honnête homme sous le patronage d'un coquin ?

Les trois premiers actes ne renferment pas trace d'action scénique, étant consacrés tout entiers aux préparatifs et à l'accomplissement du mariage de la petite Bourgeois avec le comte Rémi.

Tout cela pouvait et devait se réduire en trois actes ; premier acte, exposition de l'intérieur riche et désœuvré d'une famille bourgeoise ; deuxième acte, transition ; troisième acte, transformation et retour aux mâles vertus.

Malgré ces défauts énormes et le manque de proportion entre l'idée principale et ses accessoires, la pièce arrive à devenir intéressante vers la fin, M. J. M. Cournier ayant eu deux bonnes fortunes, celle de dessiner un personnage qui vit et qui intéresse, celui du bonhomme Bourgeois, et celle de rencontrer un acteur, M. Péricaud, qui traduit avec talent et autorité cette figure sympathique.

Un autre acteur, M. Malard, rend avec beaucoup de verve et de comique mêlé de sensibilité, le type de ce

Gaston, qui finit par donner de si beaux coups de sabre à nos ennemis d'au delà-du Rhin.

Enfin, Mlle Riga, qui appartint jadis à l'Odéon, montre un vrai talent dans le personnage de Mme Bourgeois.

De même qu'au théâtre il y a des doublures, il y en a quelquefois dans la salle; hier soir, à quelques exceptions près, c'était une doublure de public qui remplissait, — à moitié, — le théâtre de l'Ambigu. Ce public-là renferme des trésors d'indulgence et il a a applaudi, en long et en large, le drame de M. J. M. Cournier.

CCLVII

Théâtre Lyrique et Dramatique.   13 janvier 1875.

LA FAMILLE

Drame en cinq actes, par M. Edouard Cadol.

Puisque le drame de M. Edouard Cadol ne commence qu'au troisième acte, voilà déjà mon analyse réduite des deux cinquièmes. L'acte premier et l'acte deux ne renferment, il faut bien l'avouer, qu'une exposition diffuse et somnolente d'une situation dont le dénouement se prévoit aussitôt qu'elle est exposée.

Philippe d'Iccelle était à peine marié depuis trois mois lorsqu'il abandonna subitement sa femme, la charmante Elise. Pourquoi? Pour rien. Pour suivre une certaine Alina d'Alfiano-Alfiani, nièce d'un certain prince à principauté incertaine, qui traîne ses vieux souliers à boucles et sa vieille perruque à frimas dans toutes les maisons de jeu. Mais au moment où le rideau se lève, la passion de Philippe pour Alina s'est éteinte, et le vaurien repentant n'aspire qu'à reprendre sa place au foyer de famille, où l'attend un petit être qu'il ne connaît pas, une fille née six mois après sa désertion.

Remarquez bien la position des pièces de l'échiquier : Philippe voudrait rentrer en grâce auprès de son père et de sa femme, et ceux-ci ne demandent pas mieux. Eh bien ! alors, qu'ils se jettent dans les bras les uns des autres. Mais où serait la pièce, je veux dire où est l'obstacle ?

Il n'apparaît sérieusement qu'au troisième acte sous les traits d'un nommé Frédéric, bâtard de naissance et négrier de profession, qui fait la cour à Mme Elise d'Iccelle pour le mauvais motif. L'amiral d'Iccelle surprend les menées du drôle.

Mais au lieu de le faire rouer de coups par ses laquais, ce qui serait son droit, il le provoque en duel, procédé également chevaleresque et ridicule de la part d'un amiral septuagénaire, qui estime assez peu ses épaulettes pour les commettre contre un misérable, et qui s'abaisse jusqu'à se battre lorsque sa dignité lui commandait de châtier.

Philippe, averti par sa jeune sœur Antoinette, accourt pour se jeter à la travers de ce duel impossible, dont les péripéties remplissent les deux derniers actes de la pièce. L'amiral tire sur Frédéric et le manque ; Philippe vient alors se placer à côté de son père ; heureusement, un remords saisit l'infâme Frédéric ; il jette son pistolet et fait des excuses à M^mo Élise d'Iccelle. Philippe est pardonné, et l'amiral sera bien heureux entre ses enfants et ses petits enfants.

C'est un roman que je viens de vous conter là ; M. Edouard Cadol l'avait écrit sous cette forme, et le livre avait réussi. En pouvait-on tirer un drame ?

J'incline à le croire ; mais à la condition de récrire
une pièce sur le livre et de ne pas se fier à la mémoire
des lecteurs pour expliquer aux spectateurs les parties
obscures de cette lanterne magique.

Philippe a quitté sa femme pour une maîtresse ;
c'est un fait. Mais quelle est la portée de ce fait ?
Quels étaient les motifs de cette désertion ? Elise,
tout le monde en convient, est la plus charmante des
femmes. Ne faut-il donc voir dans Philippe qu'un
simple aliéné ? A-t-il eu l'excuse d'une grande passion fondée sur la rencontre de qualités exception-
nelles chez Alina d'Alfiano Alfiani ? Autant de questions insolubles pour le spectateur, qui ne voit dans la
signora Alina qu'une espèce de mégère accablant son
amant de scènes scandaleuses qui n'aboutissent à
rien.

N'insistons pas. *La Famille* est une œuvre confite
en intentions excellentes mais non suivies d'effets.
La logique secrète qui doit assembler toutes les parties d'une œuvre théâtrale fait défaut à la conception
de M. Cadol ; sans la grosière passion de Frédéric
pour Élise, passion qui n'est qu'un incident subalterne, la pièce finirait en même temps qu'elle commence.

Faut-il le dire, au risque d'affliger un écrivain
charmant et délicat, qui compte beaucoup de succès
et encore plus d'amis ? Eh bien, je crois que sa mésaventure d'hier est la punition directe d'un travail
trop hâtif. La pièce n'est pas même écrite ; les négligences et les trivialités y fourmillent sans qu'aucune
heureuse rencontre les relève jamais.

« — Je suis une femme vacante ! » dit l'honnête
Mme Élise morigénant en tête à tête son indigne mari.
J'en passe et des plus singulières.

Un autre défaut de la pièce, c'est que les personnages, qui s'expliquent dans le patois le plus usuel de

boulevardiers d'aujourd'hui, portent la poudre et les culottes courtes. L'auteur a transporté son action au dix-huitième siècle, mais il n'a pas cru le public capable de sentir le contraste blessant des paroles et du costume ; et cependant cette discordance entre le costume et le langage est peut-être ce qui a le plus choqué.

J'ajoute que les personnages secondaires manquent de physionomie et de relief ; je ne trouve ici rien qui rappelle les esquisses amusantes ou fines des *Inutiles*, d'*Une amourette* et des *Créanciers du bonheur*. Au travail, cher monsieur Cadol, au travail ! Le théâtre est une galère, et vous n'y gagnerez jamais le prix des régates si vous craignez les ampoules aux mains.

Deux acteurs du Théâtre-Lyrique ont soutenu le lourd fardeau de ces cinq actes, M. Latouche, que je trouve excellent dans le rôle de l'amiral, et Mᵐᵉ Marie Grandet, qui rend avec beaucoup de dignité le rôle intéressant et noble de la femme abandonnée.

Leurs camarades ont de si mauvais rôles qu'il faut les plaindre et non pas les blâmer.

CCLVIII

GYMNASE-DRAMATIQUE.   20 janvier 1875.

MADEMOISELLE DUPARC

Comédie en quatre actes, par M. Louis Denayrouse.

La comédie dramatique que le Gymnase vient de représenter est le début d'un jeune écrivain, qui possède dans le monde lettré d'unanimes sympathies. Je dis le début, parce que je me permets de ne pas comp-

ter pour tel l'agréable fantaisie intitulée *la Belle
Paule*, qui se recommandait par de jolis vers et des détails amusants, sans l'ombre de combinaisons théâ-
trales.

Mais on ne construit pas l'édifice de quatre actes sur
des pointes d'aiguilles, il faut à une comédie dévelop-
pée des fondations solides. C'est ce que M. Denayrouse a compris ; et si j'ai des réserves à faire, je
reconnais du moins qu'il s'est tiré avec une aisance
rare de difficultés presque insurmontables en un sujet
tel que celui qu'il a choisi.

On a parlé de M. Alexandre Dumas fils à propos
de *Mademoiselle Duparc ;* je ne crois pas, pour ma
part, que la co-paternité de M. Alexandre Dumas fils
envers M. Denayrouse soit allée au-delà de l'assistance d'un ami et des conseils d'un maître ; mais si la
main de M. Dumas n'apparaît point dans le drame
nouveau, son influence littéraire y est présente, trop
présente même, car la donnée première de *Mademoiselle Duparc* reproduit d'une manière frappante le
point de départ de *la Princesse Georges*.

La comtesse de Meursolles est trahie dans son affection conjugale par le comte de Meursolles, comme
la princesse Georges par le prince Georges. Le récit
rapide de cette trahison forme dans l'une et l'autre
pièce l'exposition et le premier acte. Hâtons-nous d'a-
jouter que les développements ultérieurs attestent
l'effort personnel de M. Louis Denayrouse ; car la
rivale préférée n'appartient pas au même monde que
celui de la femme trahie : c'est une simple institutrice, admise et gardée par charité.

Au moment où le drame commence, Mlle Clotilde
Duparc n'a pas cédé aux obsessions du comte de
Meursolles, qui a pénétré de nuit dans sa chambre,
mais qu'elle en a chassé. La comtesse, abusée par les
apparences, et il y a de quoi, ne sait à quel parti se

résoudre ; rompre avec éclat, ou tout supporter en
silence et reconquérir son mari par la patience et la
longanimité. C'est à ce dernier plan que s'arrête la
comtesse, que l'auteur présente comme une femme
chaste, résignée, chrétienne et même dévote. Clotilde
Duparc, au contraire, est une pauvre orpheline irritée
contre la société qui l'a réduite à une position infé-
rieure, où chaque jour l'expose à des blessures
cuisantes pour son cœur hautain et plein de fiel.

Un incident, qui occupe le deuxième acte, met à
une rude épreuve les résolutions stoïques de la comtesse. Le baron de Langlade, préfet du département,
en tournée, est venu rendre visite à l'oncle de Mme de
Meursolles, le vieux marquis d'Aubignac, membre du
conseil général, sur lequel il exerce une grande influence. Un jeune fou, arrivé de Paris, et qui se prépare à la vie politique en servant de secrétaire au
préfet, accompagne celui-ci dans sa tournée. Le jeune
Gontran a connu Mlle Duparc dans une famille qui l'a
chassée, parce que le fils de la maison était devenu
amoureux d'elle ; Gontran, qui s'imagine qu'elle
avait été la maîtresse de son ami, parle à Mlle Duparc
en homme qui connaît son secret ; celle-ci s'en indigne, et s'exclame à haute voix. En présence de la
nombreuse compagnie réunie au château, elle s'a-
dresse à la comtesse : « Madame », dit-elle, « monsieur
« vient de m'insulter ; il dit que j'ai eu un amant ; si
« vous le croyez, chassez-moi ; si vous ne le croyez
« pas, chassez-le ».

Cette sortie publique de l'institutrice peut paraître
extraordinaire et aussi peu conforme à la vérité
qu'aux convenances ; mais elle amène un effet scènique d'une incontestable portée ; la comtesse, qui
croit qu'il s'agit de son mari, reste fidèle, malgré son
trouble, à la ligne de conduite qu'elle s'est tracée. —
« Vous avez raison, mademoiselle, de compter sur ma

« protection ; je dois vous faire respecter chez moi » ; et
elle prie Gontran de se retirer. Le comte maintient à
son tour la décision prise par sa femme, et Gontran
quitte le château, non sans avoir prévenu le comte
qu'il va lui envoyer ses témoins.

Restée seule avec l'institutrice, la comtesse ne peut
plus se contenir ; elle se répand en reproches sanglants, auxquels Mlle Duparc n'oppose que son innocence encore intacte. Mme de Meursolles, à demi-con-
vaincue, accepte la situation ; Mlle Duparc ne quittera
pas la maison.

Au troisième acte, le comte, grièvement blessé dans
son duel avec Gontran, est en convalescence. Le
temps n'a fait qu'envenimer la situation ; le comte
est plus amoureux que jamais de Clotilde ; celle-ci
s'est laissée gagner par cet amour ; mais un reste de
pudeur l'empéche d'y céder, et elle se résout à fuir le
danger, en acceptant une place en Amérique. A ce
moment, le comte fait prier Mlle Duparc, qu'il n'a pas
revue depuis sa blessure, de se rendre auprès de lui.
Qu'on se figure les tortures de la comtesse. Une
autre femme, même des mieux élevées, ferait chasser
Clotilde par ses valets ou la pousserait elle-même
par les épaules hors de la maison qu'elle va désho-
norer. Mais la comtesse, ne voyant que le péril ou
elle mettrait le cher convalescent en lui refusant un
caprice, permet à la future concubine d'entrer dans
la chambre où la femme légitime n'est pas appelée.

Heureusement pour le soulagement du spectateur,
le vieux marquis d'Aubignac intervient, et ramène au
bon sens la situation qui s'égarait. Il défend à l'institutrice d'entrer chez son neveu.

« — Mais c'est avec l'autorisation de la comtesse ! »
objecte mademoiselle Duparc.

« — Mademoiselle », répond le marquis avec autant
de fermeté que de raison, « mon neveu étant ma-

« lade et ma nièce étant folle, il n'y a plus ici d'autre
« maître que moi, et je vous interdis la porte de cette
« chambre. »

Cette déclaration si légitime, mademoiselle Duparc
la considère comme un outrage : « — Vous m'insultez
« à votre tour », dit-elle au marquis ; « vous me pous-
« sez au mal. Prenez garde, vous ne me connaissez
« pas encore ! »

En effet, au quatrième acte, Clotilde Duparc accepte volontairement l'infamie comme une repré-
saille ; elle partira, mais avec le comte, qui abandonnera sa femme et son honneur. Elle joue d'ailleurs
franc jeu, car elle explique cyniquement sa résolution
à la comtesse : « — Eh bien ! » s'écrie celle-ci, « pour-
« quoi vous arrêtez-vous là ? Vous êtes sur le chemin du
« crime, allez jusqu'au bout ; vous voyez cette fenêtre,
« elle donne sur la campagne qui est déserte, je ne me
« tuerai pas, parceque ma religion condamne la mort
« volontaire ; mais poussez-moi, je n'opposerai pas une
« résistance, je ne jetterai pas un cri ; le comte sera
« veuf et vous serez comtesse. »

Clotilde recule d'horreur à cette étrange proposition. « — Puisque tu ne veux pas me tuer », reprend
la comtesse exaltée, « que ma mort retombe sur ta
« tête ! » Et elle s'élance ; Clotilde se précipite, la
retient par sa robe, et tombe à ses genoux, accablée
de honte et de remords.

Telle est la situation capitale. qui a profondément
remué le public et qui a décidé du succès de la pièce.
Après une telle crise, Clotilde Duparc prend une
résolution suprême : elle entrera dans un couvent,
seul asile d'où l'amour du comte de Meursolles ne
puisse pas l'arracher.

L'analyse qu'on vient de lire met en relief les
qualités et les défauts du drame. *Clotilde Duparc*,
comme *la Princesse Georges*, manque de conclusion,

ou plutôt laisse le spectateur sous la même impression désolante, le malheur irréparable de la femme intéressante et vertueuse. Mademoiselle Duparc disparue et cloîtrée, quel avenir que celui de madame de Meursolles, en présence d'un époux infidèle, qui ne lui pardonnera jamais d'avoir brisé ses coupables amours !

Je sais que le public fait assez bon marché de la vraisemblance lorsqu'il est séduit ou ému. Cependant, la continuation du parallèle avec la pièce d'Alexandre Dumas laisse encore gain de cause à celui-ci ; on comprend certains ménagements, certains compromis douloureux entre femmes du même monde ; mais il paraît exorbitant que la comtesse de Meursolles accepte un duel amoureux contre une fille comme Clotilde, laquelle, détail pénible et repoussant, a été l'institutrice d'une petite fille que la comtesse a perdue. On accepte difficilement l'héroïsme, ou, si l'on veut, les vertus chrétiennes de la comtesse qui la conduisent à une tolérance avilissante et odieuse, pour parler net.

Mais si les situations principales de *Mademoiselle Duparc* manquent de naturel, elles attestent cependant chez M. Louis Denayrouse le tempérament et la facilité primesautière d'un auteur dramatique, qui franchit hardiment les obstacles, et d'un écrivain qui sait parler la langue des passions. Je ne protesterai donc pas plus longtemps contre les applaudissements frénétiques qui ont accueilli le nom de M. Louis Denayrouse. Il y a longtemps qu'un jeune homme n'avait abordé le théâtre avec cette vaillance et cette précoce sûreté de main.

Par un contraste assez piquant, l'interprétation de *Mademoiselle Duparc* renverse les rôles de *la Princesse Georges* ; c'est mademoiselle Pierson qui est Desclée ; c'est mademoiselle Tallandiera qui est mademoiselle Pierson. Le rôle de la comtesse demandait les qualités de finesse et de mesure que comporte le talent de mademoiselle Pierson ; elle manque quelquefois de force, jamais d'intelligence ni de sentiment intérieur. Mademoiselle Tallandiera est évidemment mieux placée dans le rôle farouche et équivoque de Clotilde Duparc que dans celui de la délicieuse et bonne princesse Georges ; mais sa diction imparfaite, aggravée par les défectuosités d'une voix rauque et caverneuse, ne permet pas de suivre facilement le dialogue ni de vérifier l'exactitude de ses intentions. Je ne puis louer en elle qu'une attitude savante et bien trouvée — sans doute par le metteur en scène, — lorsqu'elle se laisse tomber sur les plis de la robe de la comtesse, à qui elle vient d'éviter le saut périlleux.

M. Ravel est excellent de bonhomie calme et fière sous les traits du vieux marquis d'Aubignac.

MM. Landrol et Achard ont de mauvais rôles ; M. Martin, qui avait tant fait rire dans le monsieur muet de *Gilberte*, est très amusant sous la perruque ébourriffée d'un certain Bachelard, Démosthènes de campagne, suppléant du juge de paix, contempteur du pouvoir qui méconnait son mérite, et son admirateur sans borne lorsqu'on lui colloque la place qu'il convoitait. Il a eu un « Monsieur le Préfet ! » qui est un poème.

CCLIX

Ambigu-Comique.   21 janvier 1875.

ROSE MICHEL

Drame en cinq actes, par M. Ernest Blum.

M. Ernest Blum vient de nous rendre, au milieu
des émotions d'une foule idolâtre, le vrai mélodrame,
terrible et attendrissant tour à tour, qui compte parmi
ses titres de gloire *Il y a seize ans*, *Trente ans ou
la Vie d'un joueur*, *l'Auberge des Adrets* et *le Facteur*,
sans compter *les Deux orphelines*, de qui *Rose Michel*
se rapproche par plus d'un point, et surtout par le
succès.

Rose Michel est une femme du peuple, mal mariée ;
elle a épousé un mauvais gars, Pierre Michel, pré-
sentement cabaretier à Suresnes ; Pierre Michel est un
de ces êtres redoutables qui répandent la terreur
autour d'eux. Il a une passion, l'avarice sordide,
poussée jusqu'à la férocité, jusqu'au crime. De cette
union une fille est née, pauvre être maladif, sur qui se
sont concentrées toutes les tendresses et les énergies
de la mère. Pour arracher sa fille à la triste existence
du cabaret de Suresnes et préserver sa frêle santé des
brutalités paternelles, Rose a mis la jeune Louise en
apprentissage chez M. Bernard, graveur pour étoffes,
le plus honnête homme de sa corporation, qui vient de
l'élire pour syndic (la scène se passe sous Louis XV).
C'est dans ce milieu bourgeois, probe et calme, que
Louise a rencontré le bonheur, car Gilbert Bernard,
le fils du patron, est devenu amoureux d'elle, et M. Bernard consent au mariage de son unique enfant avec
une fille sans dot.

A la veille de ce mariage, une épouvantable catastrophe vient fondre sur Rose Michel.

C'est le second acte du drame que je vais raconter.

Nous sommes dans le cabaret de Suresnes. Rose arrive toute joyeuse pour annoncer la bonne nouvelle à son sauvage époux ; mais il faudra de l'argent pour habiller la mariée, deux cents livres au moins. Pierre les refuse tout net ; Rose n'insiste pas, elle a son idée. Il ne sera pas dit que sa Louise entrera comme une mendiante dans la riche maison des Bernard. Rose connaît la cachette de l'avare : elle n'hésitera pas à y plonger la main pour en retirer une portion des épargnes qui lui appartiennent, en définitive, puisqu'elles sont le fruit de son travail d'ouvrière. Au moment où elle replace la trappe qui recouvre la cachette, elle est surprise par son mari.

Ici commence une succession de scènes terribles, qui donnent aux plus aguerris le frisson des épouvantements. Pierre exige que sa femme lui rende l'argent.

« — Tue-moi, si tu veux, Pierre, je ne te le rendrai « pas ». La brute, exaspérée, se jette sur sa femme ; déjà ses mains calleuses serrent le cou de la malheureuse créature qui recommande son âme à Dieu ; lorsque des coups précipités ébranlent la porte mal jointe du bouge.

Pierre abandonne sa victime et lui ordonne de se renfermer chez elle, et il va ouvrir.

Le survenant est un certain comte de Grandchamp, dont on saura tout à l'heure l'histoire : Pierre et lui sont d'anciennes connaissances. Le comte, qui, lui aussi, est un misérable, vient demander au cabaret de Suresnes l'hospitalité d'une nuit, la dernière qu'il passera en France, car il doit, le lendemain matin, partir pour l'Amérique et s'expatrier à jamais. Quelques pièces d'or jetées négligemment par le grand seigneur au cabaretier éveillent la cupidité de celui-ci. « — Vous êtes donc devenu bien riche? » demande-t-il. Grandchamp sans défiance raconte à Pierre Michel ses petites affaires ; il a cent mille livres sur lui en billets de caisse.

Cent mille livres ! Pendant que Grandchamp s'installe de son mieux dans la chambre où il va dormir son dernier sommeil, les mauvais instincts s'allument dans la tête de Pierre et la bouleversent. Un bon coup de couteau, et les cent mille livres seraient à lui. Après une courte lutte intérieure, le démon du crime l'emporte ; Pierre se glisse dans la chambre du comte le couteau à la main ; Rose, qui s'est cachée pour avoir le secret de la visite nocturne à laquelle elle doit la vie, suit les pas de son mari, et le spectacle qu'elle aperçoit est si horrible qu'elle recule, et tombe évanouie au milieu de la salle basse. En reparaissant couvert de sang, le lâche meurtrier rencontre sa femme étendue et comme morte ; il la secoue, il veut qu'elle parle et qu'elle dise ce qu'elle a vu. Rose en rouvrant les yeux rencontre le regard de celui qui fut son mari, et, se jetant sur lui, le collant à la muraille avec une force surhumaine, elle ne peut que lui jeter ces mots, dix fois répétés : « Assassin ! assassin ! assas- « sin !... » Et le monstre, terrifié par le délire de sa femme, n'ose plus faire un mouvement et ne songe même pas à un second crime, qui ferait disparaître l'unique témoin du premier.

Pendant ces angoisses, qui tenaient le public haletant comme sous le poids d'un cauchemar, le jour est venu ; une troupe innocente et joyeuse pénètre dans cet antre du crime ; c'est la famille Bernard et Louise Michel qui viennent demander le consentement du père. « — Tais-toi ! » dit l'assassin à l'oreille de Rose éperdue, « ou bien ta fille ne se mariera pas... »

On comprend maintenant la donnée centrale du

drame de M. Ernest Blum ; l'honnête et pieuse Rose Michel, partagée entre son horreur pour le crime et son amour pour sa fille, se trouve rivée comme une complice au scélérat dont elle porte le nom.

Ce n'est pas tout. Le cadavre du comte de Grandchamp a été repêché dans la Seine, et la justice, qui n'est jamais à court, a sur le champ trouvé le prétendu coupable, qui ne serait autre que le jeune comte de Buissey. De fortes présomptions s'élèvent en effet contre M. de Buissey, qui a conçu une passion ardente pour la comtesse de Grandchamp, abandonnée par son mari. Pour soustraire celle qu'il adore aux menaces intéressées de celui-ci, M. de Buissey lui avait donné un rendez-vous le soir, dans sa maison de campagne de Suresnes ; moyennant une somme de cent mille livres payée comptant, il avait obtenu de la part de Grandchamp la promesse d'un exil éternel. C'est à l'issue de cette entrevue que Grandchamp est entré pour passer la nuit au cabaret de Pierre Michel, où il a trouvé la mort.

Après de longues hésitations, qui le compromettent singulièrement, le comte de Buissey se décide à dire toute la vérité au magistrat instructeur, qui commence à comprendre que Grandchamp a dû être assassiné par des voleurs. Malheureusement on trouve chez le comte de Buissey les cent mille francs encore inclus dans le portefeuille que M. de Buissey soutenait avoir remis au comte. Comment sont-ils revenus là ? C'est Rose Michel qui les y a déposés, car aujourd'hui c'est elle qui domine son mari et elle l'a obligé à restituer l'argent volé. La bonne intention de Rose Michel tourne donc contre son but, car le comte de Buissey est en danger de périr sur l'échafaud, si Rose garde plus longtemps son terrible secret.

Enfin, au dernier acte, en entendant les cris de douleur de M. de Buissey mis à la question, Rose dé-

clare la vérité ; Pierre Michel essaye de s'enfuir par
une fenêtre du Châtelet, mais la maréchaussée fait
feu sur lui. Louise Michel n'a plus de père, et M, Bernard ne mettra plus d'obstacle au mariage de son fils
avec la fille de la brave et malheureuse Rose Michel.

Je ne voudrais pas faire un mauvais compliment à
M. Ernest Blum au lendemain d'un succès colossal ;
mais les triomphateurs sont bons princes ; l'auteur
de *la Famille Trouillat* me permettra donc de lui dire
qu'il vient de montrer des qualités dramatiques
qu'on ne soupçonnait pas en lui. *Rose Michel* est une
pièce écrite sans prétentions littéraires ; mais elle
renferme des effets puissants, dont quelques-uns
résultent moins du choc brutal des événements que
du développement des sentiments et des caractères ;
par exemple, la situation du quatrième acte où Rose
Michel, résolue à sauver l'innocent qui va périr, essaye vainement de préparer Louise à la rupture de
son mariage avec Gilbert. Ici le désespoir maternel,
aux prises avec la conscience, a dicté à M. Ernest
Blum une scène d'une grande beauté.

On me signale une analogie assez frappante entre
Rose Michel et un roman anglais de Godwin, intitulé
Rupert, qui parut à Londres il y a une quinzaine
d'années ; dans *Rupert*, l'héroïne est la fille de l'assassin et la fiancée du fils de la victime. Mais en supposant que M. Ernest Blum ait connu ce roman de
Godwin, la création du personnage de Rose-Michel
lui demeure tout entière et c'est le principal.

Il faut dire aussi, sans diminuer la part de l'auteur,
que le rôle de Rose Michel a été joué par Mlle Far-
geuil avec une passion et une énergie capable de
de remuer des pierres. Il faut la voir sous sa robe de
bure et son bonnet de linge, oublieuse de toute coquetterie et de toute minauderie, saisir Pierre Michel
par la gorge, il faut l'entendre crier « assassin ! assas-

sin ! » avec une voix qui ferait trembler les Euménides;
c'est effrayant et c'est superbe. Et à côté de ces transports violents, quelle simplicité, quelle justesse de
diction dans les parties familières et affectueuses de
ce beau rôle ! On a rappelé Mlle Fargueil, deux fois,
trois fois à la fin de chaque acte ; on ne cessait pas
plus de l'applaudir qu'on ne s'était lassé de frémir ou
de pleurer.

Ajoutons que, pour la scène du meurtre, elle a
trouvé dans M. Charly un partenaire digne d'elle ;
on ne saurait traduire avec plus de profondeur ni de
sobriété les agitations interieures du criminel, depuis
l'exaltation fébrile jusqu'à la prostration hébêtée.

A côté de ces deux figures hors ligne, M. Régnier
dons le rôle du comte de Buissey, et M. Faille dans
celui du magistrat instructeur, ont donné de la consistance aux personnages secondaires.

CCLX

VARIÉTÉS. 22 janvier 1875.

LES TRENTE MILLIONS DE GLADIATOR

Vaudeville en quatre actes,
MM. Eugène Labiche et Philippe Gille.

Vous avez bien lu, vaudeville ; c'est un vaudeville,
a dit M. Dupuis en nommant les auteurs ; vaudeville
sans le moindre couplet, par exemple : mais la pièce la
plus folle qu'on ait jouée sur un théâtre ne pouvait
être annoncée raisonnablement, c'eût été mal finir.

Vaudeville sans couplet, opérette sans musique,
Gladiator sans cheval, la pièce de MM. Labiche et

Gille est une surprise de tous les instants ; elle promet ce qu'elle ne donne pas et donne ce qu'elle n'avait pas promis. Je voudrais la raconter, et je ne sais comment m'y prendre.

Au point de départ. Mlle Suzanne de la Bondrée, une demi mondaine que M. Eugène Labiche avait déjà présentée au public du vaudeville en 1871, comme l'*Ennemie* de la vertueuse Mme Mongrol, désire toucher le cœur d'un américain trente fois millionnaire qui répond au nom de sir Richard Gladiator : elle y parvient aisément : mais Suzanne voudrait se faire épouser et Gladiator est marié. Suzanne, apparemment, ne prend pas cet obstacle au sérieux, car, pour décider son adorateur à franchir le pas en excitant sa jalousie, elle jette un rival sur son chemin. Ce rival, Eusèbe Potasse, n'est qu'un simple élève en pharmacie, qui a pour principe d'être amoureux de toutes les femmes et de les respecter toutes.

L'américain et le pharmacien, voulant se débarrasser l'un de l'autre, jouent leur vie en cinq secs, à l'écarté ; celui qui perdra se fera sauter la cervelle. L'américain est battu ; mais au moment de tenir sa parole, il apprend que le sort l'a rendu veuf. L'affaire s'arrange moyennant une indemnité de deux cent mille francs, avec laquelle Eusèbe Potasse épousera la fille du dentiste Gredane.

Ce bout d'analyse doit vous donner la physionomie d'un *imbroglio* bourré d'aventures impossibles et d'épisodes saugrenus.

Pour se donner un maintien dans le monde, Suzanne de la Bondrée se fait accompagner par un oncle supposé, possédé d'une passion invincible pour l'eau-de-vie de Cognac ; ce fantastique commandeur est chargé par Gladiator de le débarrasser du pharmacien, son rival. Qu'imagine-t-il pour arriver à ses fins ? De persuader au pauvre garçon que la séduisante

Suzanne est affligée d'une jambe de bois ; et il précise, il donne des détails ; la jambe artificielle, exécutée par un artiste de mérite et plus fort que nature, est en bois de charme avec incrustations.

Les démêlés du dentiste Gredane avec le pharmacien Bigouret viennent se mêler à ces extravagances. Gredane a reçu — par erreur — de la main de Bigouret une claque que ce dernier destinait à son élève Eusèbe ; naturellement le mariage de Bigouret avec M¹¹ᵉ Gredane est rompu ; cependant Gredane promet de pardonner à la condition que Bigouret consente à recevoir en public la restitution de sa gifle. Le pharmacien s'y décide et tend la joue ; Gredane y campe un si vigoureux soufflet que Bigouret, par un emportement subit, le rend immédiatement à son beau père. « — Rien de fait ! » s'écrie celui-ci avec le plus beau sang-froid ; « c'est à recommencer. »

La partie d'écarté est encore une scène assez inattendue ; chacun des joueurs a sa superstition, son fétiche ; Eusèbe Potasse se croit sûr de gagner si on l'autorise à retirer la manche gauche de son habit. Quant à l'américain, il n'a de confiance dans sa veine qu'autant qu'on lui permette de défaire ses souliers et de les poser sur la table de jeu. Quand il a perdu la partie, Eusèbe se lève et dit : « Remettez « vos souliers ; il pourrait venir du monde. »

Ce qui me plaît dans la pièce de MM. Labiche et Gille, c'est qu'elle se poursuit et s'agite dans la folie pure ; les auteurs n'ont pas cédé une seule fois à la tentation de rentrer dans le monde réel ni dans la convention théâtrale ; c'est pourquoi nulle préoccupation ne trouble la sérénité d'une gaîté facile et communicative, à laquelle le public n'a pas su résister. Les mots amusants fourmillent dans ces quatre actes ; la lettre du faux oncle démissionnaire est un chef-d'œuvre : «Mademoiselle » écrit-il à Suzanne, « je vous

« quitte au moment où je sens que j'allais vous aimer.
« L'honneur me commande de fuir. J'emporte les
« meubles.» Toute la pièce est écrite sur ce ton là.

Les trente millions de Gladiador ont obtenu un succès de fou rire.

MM. Dupuis, Baron, Berthelier, Christian et Schey
sont très drôles ; mais ne pourraient-ils jouer plus
rondement? M. Dupuis surtout prend des *temps* d'une
longueur excessive. Je sais bien qu'il faut laisser au
public le loisir d'épancher son hilarité sans couvrir le
dialogue, mais on lui laisse aussi le temps de se refroidir ; en matière de bouffonnerie, il est sage d'éviter jusqu'à l'apparence d'une préparation.

M¹¹ᵉ Céline Montaland joue très agréablement le
rôle de Suzanne de la Bondrée ; et, comme il conve-
nait pour une opérette sans musique, c'est une
Schneider qui ne chante pas.

Un mot encore. D'après la chronique théâtrale,
qui recueille les moindres gestes de messieurs les comédiens, on se serait aperçu aux répétitions que
MM. Berthelier et Dupuis ne savaient pas jouer à l'é-
carté. Je puis certifier aujourd'hui que l'historiette
était vraie; car ils ne le savent pas encore. M. Dupuis
donne les cartes et joue comme s'il était premier ;
M. Berthelier fait une levée et laisse la main à son adversaire. Détail infime et minutieux, mais qui montre
combien il est difficile d'arriver à la vérité, même au
théâtre.

CCLXI

THÉATRE LYRIQUE DRAMATIQUE. 23 janvier 1875.

Reprise des FILLES DE MARBRE

Drame en cinq actes, par MM. Théodore Barrière et
Lambert Thiboust.

Encore un beau projet tombé dans l'eau ; pendant
qu'on répétait *la Famille* de M. Cadol, le Théâtre-
Lyrique-Dramatique croyait avoir par devers lui le
temps de préparer une reprise sérieuse des *Filles de
marbre*. Théodore Barrière, craignant que certains
détails de cette pièce célèbre ne parussent vieillis, se
proposait de la reprendre en sous-œuvre, et, sans en
altérer la physionomie, d'y apporter des développements nouveaux.

Cependant, les ayant droit de la succession littéraire
laissée par Lambert Thiboust ne sont pas entrés dans
les vues de son collaborateur et se sont formellement
opposés à toute modification de la pièce.

D'un autre côté, le théâtre, pris au dépourvu par le
décès prématuré de *la Famille*, a dû monter *les Filles
de marbre* en moins de huit jours, sans que l'auteur
se sentit la force de formuler une protestation qui
pouvait amener la ruine de l'entreprise.

Tel est le concours de circonstances auxquelles nous
devons la représentation d'hier, qui, somme toute,
s'est passée sans encombre, malgré la faiblesse des
acteurs.

Cette expérience prouve que *les Filles de marbre*
ont la vie dure. La pièce, quoiqu'à peine compréhen-
sible avec une Marco sans prestige et un Raphaël sans
passion, vit par un accent de sincérité, par un souffle

de jeunesse, qui triomphent de tous les obstacles. On sait quel immense succès accueillit *les Filles de marbre* dans leur nouveauté en 1853. Les deux jeunes auteurs écrivirent de verve cette diatribe contre les hétaïres pour se consoler mutuellement de grandes passions trahies — et aussi pour opposer une contre-partie à *la Dame aux Camélias*.

« En vérité, » s'écrie Desgenais, s'adressant au sculp-teur Raphaël, « ces femmes-là sont des démons pour « les gens comme toi, et on les a chantées, louangées, « poétisées... C'est à mourir de rire, ma parole d'hon-« neur... » Ces paroles de Desgenais forment comme l'argument de la pièce. Marco la chanteuse est le revers de Marguerite Gautier, la Dame aux Camélias. Théodore Barrière et Lambert Thiboust avaient tou ché juste, et le public leur donna raison.

Devenues rapidement populaires, *les Filles de marbre* souffrent aujourd'hui de cette popularité même, comme ces airs d'opéra dont l'accent poétique s'est effacé peu à peu et comme élimé à force de tourner sur les cylindres des orgues de barbarie. Mais le cadre de la pièce résiste ; il garde sa place dans le musée dramatique de notre temps, et il a eu maintes fois les honneurs du surmoulage.

Je n'avais jamais été frappé comme hier de l'identité pour ainsi dire absolue des *Filles de marbre* avec un des drames qui lui succédèrent sur la scène même du Vau deville, je veux parler de *Dalila*. Quelque différence que la personnalité si distincte des auteurs établisse et maintienne entre les deux ouvrages, la ressemblance n'en demeure pas moins frappante ; elle mérite d'être constatée pour l'histoire littéraire de notre temps. Je suppose qu'il pût entrer un instant dans la pensée de madame la princesse Falconieri de donner la comédie chez elle, elle aurait pu distribuer ainsi les rôles des *Filles de marbre* aux personnes de sa société :

PERSONNAGES	ACTEURS
Raphaël Didier	M. André Roswein
Desgenais	M. le chevalier Carnioli
Marco	Mme la princesse Falconieri
Marie	Mlle Sertorius

Cette étrange rencontre, qui s'est produite plus d'une fois, involontairement et comme à l'insu d'écrivains qui sont assez riches de leur propre fond pour ne pas glaner en dehors de leur domaine, prouve seulement que le sujet des *Filles de marbre* était, comme on dit, dans l'air, c'est-à-dire qu'il répondait aux idées du public, et c'est justement cette concordance qui peut être considérée comme la cause première de tous les grands succès.

Remarquons seulement que M. Octave Feuillet, plus accessible aux spéculations de l'idéologie, s'est préoccupé de prouver l'incompatibilité de l'amour-passion avec l'exercice de l'art pur, tandis que MM. Théodore Barrière et Lambert Thiboust, plus sensibles et moins esthétiques, se sont plus intéressés aux cœurs qui se brisent qu'aux cordes de piano qui cassent.

Revenons au Théâtre Lyrique Dramatique.

Je tiens compte des circonstances atténuantes ; mais il faut bien que M. Castellano comprenne que s'il ne se décide pas à engager une troupe sérieuse, le public et la critique elle-même ne se risqueront pas longtemps à affronter des soirées comme celle d'hier.

CCLXII

THÉATRE DES ARTS.   26 janvier 1875.

AUGUSTE MANETTE

Drame en cinq actes et six tableaux, par M. Alexis Bouvier

Il paraît qu'une certaine Manette, également connue sous le nom du Petit Auguste (saint Augustin, évêque d'Hippone, mon patron, voile ta face vénérable !), fut guillotinée vers 1808 en réparation de crimes odieux. Il a plu à M. Alexis Bouvier de chercher dans ce sang et dans cette fange le sujet d'un roman, puis d'un drame.

A quoi bon ? Qu'une fille publique, abandonnée par l'un de ces amants, devienne jalouse et se venge de sa rivale en l'assassinant, qu'est-ce que cela nous fait, à nous public, qui ne sommes ni médecins de dispensaires, ni agents des mœurs, ni juges à la cour d'assises ?

Il y a du mouvement dans le drame de M. Bouvier; la couleur de l'époque, les costumes aidant, est assez fidèlement observée ; les types, esquissés d'un crayon grossier, se dessinent avec brutalité, mais non sans vie.

Pourquoi donc M. Alexis Bouvier, qui disait hier, en parlant de sa propre pièce « ce n'est pas l'œuvre du premier venu », ne prendrait-il pas la peine d'écrire un drame au lieu de le badigeonner à grands coups de balai ? Le personnage de Jean Plainebois, vagabond, escroc, ruffian et troubadour, n'est certainement pas digne du prix Monthyon, mais il est vrai, bien assuré et bien campé sur ses jambes. L'homme qui a trouvé cela peut devenir un auteur dramatique, à une condition : apprendre le respect, je veux dire le respect de soi, du public et de la langue française.

M. Paul Clèves joue avec *brio* le personnage de Jean Plainebois. Mme Lacressonnière possède précisément l'air sinistre qui convient pour jouer Manette et le petit Auguste. Mais Manette a tant crié d'abord qu'Auguste en est devenu muet.

CCLXIII

VAUDEVILLE.   4 février 1875.

Reprise de MANON LESCAUT

Drame en cinq actes, par MM. Théodore Barrière
et Marc Fournier.

Avant que les estampes du xviiie siècle n'eussent atteint les prix exorbitants qui les ont rendues de toute rareté, on apercevait assez souvent derrière la vitrine des marchands une suite de sujets dessinés par Jeaurat et représentant l'enlèvement des filles de joie par la maréchaussée, leur translation à la Salpêtrière, leur embarquement pour l'Amérique, etc. N'était-ce pas l'illustration toute trouvée du roman de *Manon Lescaut* ? Que l'histoire d'une de ces malheureuses ait tenté la plume de l'abbé Prévost d'Exiles, on ne s'en étonne guère lorsqu'on connaît la vie agitée de l'auteur de *Cleveland*. Officier du roi, il brisa son épée à vingt-deux ans par suite d'un désespoir amoureux, entra dans les ordres, les quitta pour reprendre du service, et courut par l'Europe, tour à tour homme du monde et soldat, homme d'église et romancier, sanctifiant les bivouacs et scandalisant les cloîtres par les souvenirs de sa double existence.

Entre les œuvres de celui qui a écrit *Cleveland*, *le Doyen de Killerine* et les *Mémoires d'un homme de qualité*, une seule survit, l'*Histoire de Manon Lescaut et du chevalier Des Grieux* ; non la meilleure, mais la plus courte et surtout la plus frappante, parce qu'elle ose mettre en scène ce qu'il y a de plus vil au monde, une fille perdue, son frère et son amant, unis dans une communauté de désordre et d'infamie. L'abbé Prévost voulait-il donner une leçon de morale en montrant par un récit sincère les égarements auxquels une âme faible peut descendre sous l'influence irrésistible d'un amour mal placé ? Nous le devons croire ; malheureusement, la plupart des lecteurs n'y ont vu et n'y verront que la peinture cynique, en négligeant la leçon. La brièveté du récit en assure la popularité. Par cette même cause, et aux deux extrémités du monde moral, *Paul et Virginie* demeure le bréviaire des âmes tendres. Manon Lescaut et Des Grieux sont le Paul et la Virginie du vice.

Transcrire purement et simplement le roman de l'abbé Prévost pour le théâtre était un travail impossible. Théodore Barrière et Marc Fournier entreprirent un arrangement, qui ne laisse subsister du personnage de Manon que l'extérieur et l'étiquette. Leur drame nous présente une Manon vertueuse ou du moins fidèle à Des Grieux. Celui-ci seul a gardé quelques-uns des stigmates dont l'a flétri l'abbé Prévost. La conduite de la pièce côtoie le livre original plutôt qu'elle ne le reproduit, et l'on n'y rentre tout à fait qu'au dénoûment par la mort de Manon, expirant dans la savane.

Si loin qu'ait été poussé le scrupule des auteurs, ils n'ont pu émonder la donnée première jusqu'à rendre acceptables au public le plus tolérant les mœurs

étranges décrites par l'abbé Prévost. Mais, au qua-
trème acte, les situations se posent en pleine passion
et en plein cœur. Des Grieux, partagé entre le devoir,
qui parle par la bouche de son père, et la passion qui
l'entraîne vers Manon malheureuse et persécutée, le
sacrifice héroïque vainement tenté par Manon pour
rendre son amant à la famille et à la société, présentent une suite de tableaux pathétiques d'un poignant
intérêt.

C'est précisément à ce même acte que Mlle Bartet,
qui jusque-là avait paru souffrante, a rencontré,
dans la scène de la fausse ivresse de Manon, un
mouvement très dramatique, qui lui a valu un double
rappel à la chute du rideau.

M. Abel a montré de la jeunesse et de la grâce
dans le personnage difficile du chevalier Des Grieux.

M. Saint-Germain mime avec beaucoup d'esprit le
personnage de « l'homme de qualité ». M. Delannoy
est un peu lourd et un peu marqué sous les traits du
sergent Lescaut, dont le rôle demanderait à être
sauvé par un jeu plus rapide et plus fantaisiste.

CCLXIV

CHATEAU-D'EAU. 5 février 1875.

LA MÈRE GIGOGNE

Pièce en cinq actes, par MM. Beauvallet et Victor Koning.

D'où sort-elle cette mère Gigogne ou Gigonne (c'est
la vraie prononciation), comme la nommait M. le marquis de Dangeau ? Je suppose que ce personnage du
théâtre des marionnettes nous fut apporté vers la fin

du seizième siècle avec les arlequinades italiennes. Une enseigne de Paris nous montre encore la mère Gigogne abritant sous ses jupes les témoignages vivants de son incomparable fécondité.

La mère Gigogne du Château-d'Eau, elle aussi, possède huit petits enfants, qui, chose assez extraordinaire, sont tous à peu près du même âge. Comme vous le devinez bien, il y a un mystère là-dessous. Marchande d'habits sous les piliers des Halles, Mme Gigogne ou plutôt Mme Crésus, car elle est à peu près millionnaire, rendrait des points au Petit manteau bleu. Les enfants qu'on voit grouiller autour d'elle, elle les a recueillis et élevés par charité. Le hasard lui amène successivement les trois pères dénaturés de cette marmaille invraisemblable : un soldat nommé Fanfan la Tulipe, un paysan nommé Pompignac, et un gentillâtre qui répond au nom de La Tour Prends Garde. Mme Gigogne entreprend de les décider à reconnaître leurs enfants respectifs et à réparer l'honneur de trois filles séduites et abandonnées. Les trois vauriens s'y refusent, car ils vont se marier tous les trois, Fanfan la Tulipe avec la blanchisseuse Clapote, Pompignac avec une boulangère et La Tour Prends Garde avec une héritière de bonne maison.

La mère Gigogne conçoit le plan hardi de rompre cette triple union. Les trois fiancées seront successivement séduites par un certain Alcindor, qui n'est autre que le premier commis de la mère Gigogne. Ce que voyant, l'excellente femme se sent atteinte d'un sentiment de jalousie qui lui révèle qu'elle chérit Alcindor. Finalement, la vertu triomphe ; les mauvais pères s'attendrissent à la vue du troupeau d'enfants qui leur débite des compliments sur les anciens airs de la Foire ; et Mme Gigogne, devenue Mme Alcindor, pourra dorénavant se donner des enfants qui seront bien à elle.

Le cadre de *la Mère Gigogne* est fort ingénieux. La première moitié de la pièce a du mouvement, de l'entrain et de la gaieté. La deuxième partie semble plus languissante, et gagnerait à être allégée par de copieuses coupures.

On chante beaucoup dans cette pièce, mâtinée de vaudeville et d'opérette, où l'on retrouve nos vieux timbres de la Clef du Caveau. *Ma commère, quand je danse, En avant, Fanfan la Tulipe!* etc., mêlés aux ariettes de l'opérette moderne. Offenbach, Lecocq, Vasseur et Cœdès ont été reconnus et salués tour à tour.

Le rôle de la mère Gigogne, qui compte un grand nombre de travestissements, d'airs et de chansonnettes, a été enlevé par Mlle Desclauzas avec une verve communicative qui lui a valu un double succès de comédienne et de chanteuse. MM. Gobin et Dailly ont la tradition directe des parades du boulevard du Temple. On a fait bisser le couplet de Fanfan la Tulipe, sur les grenadiers de la vieille armée. Qu'est-ce qui disait donc que le chauvinisme était mort ?

CCLXV

CHATELET. 6 février 1875.

Reprise de LES FUGITIFS

Drame en six actes, par MM. Anicet Bourgeois
et Ferdinand Dugué.

On racontait hier que l'idée de reprendre *les Fugitifs*, cet émouvant épisode de la guerre des Anglais contre les cipayes révoltés, avait été suggérée par la capture, vraie ou supposée, du célèbre Nana Saïb Je ne me permettrai certainement pas de m'inscrire en faux contre ce point d'histoire ; mais il me semble que le succès colossal du *Tour du Monde* pourrait bien n'être pas étranger à la résurrection des *Fugitifs*. Les deux pièces ont entre elles plus d'un trait de ressemblance, et le meilleur, c'est que, présentant l'une et l'autre d'intéressants tableaux de la péninsule indienne, elles sont également honnêtes et sympathiques.

Les aventures d'une famille française vouée à la ruine, à la fuite et au désespoir par les vengeances privées d'un certain Akhtar, un Nana-Saïd de bas étage, tel est le canevas sur lequel MM. Anicet Bourgeois et Ferdinand Dugué ont disposé une suite de scènes tour à tour amusantes, touchantes ou terribles.

Les Fugitifs sont très bien joués par MM. Montal, Delacour, Tixier, Manuel et Maurice Simon.

Mme Marie Laurent, dans le rôle de Mme David la mère, a retrouvé ses plus beaux jours. Il faut dire que la pièce, mélodrame à part, renferme deux ou trois scènes saisissantes et fortement inventées ; par exemple, la situation du troisième acte, où la mère de famille, qui veille dans les jungles à la sûreté des siens, se sent vaincue par les vertiges du sommeil ; puis, au cinquième acte, le récit de la mort de M. David par les sœurs de charité, qui ont recueilli son dernier soupir et de leurs propres mains creusé sa modeste sépulture.

Ici tout le monde pleurait, et Mme Laurent n'a pas été pour peu de chose dans l'émotion générale.

Mme Samary Esquier, sous les traits d'Hélène David, a montré, outre le charme et la distinction que nous lui connaissions depuis son court passage au Gymnase, des qualités dramatiques qui se déploieraient à l'aise dans un rôle plus développé.

Ajoutez à ces éléments d'attraction une mise en scène brillante, deux jolis ballets indiens, ingénieusement réglés, le bruit de la canonnade et des coups de fusil, des charges de cavalerie au naturel et la vue fortifiante des drapeaux anglais et français fraternellement entrecroisés comme aux temps glorieux de la guerre de Crimée, et vous comprendrez le grand succès par lequel le théâtre du Châtelet vient de rompre avec ses infortunes passées.

Si vous me demandez par quel miracle une compagnie de matelots français se trouve appelée à combattre, côte à côte avec les Anglais, dans les rues de Delhi, ville aussi peu maritime que possible, je vous répondrai que je n'en sais absolument rien, mais que la vue de la marine française me fait toujours plaisir ; le public a paru sentir comme moi. Cela répond à tout.

8 février 1875.

LA LÉGENDE DU DOMINO NOIR

> Attachons un boulet à chacun de ses pieds, jetons-la dans la mer et n'y pense plus que comme nous pensons à un livre lu pendant notre enfance.
>
> Balzac. *La Duchesse de Langeais.*

I

« *Un livre lu pendant notre enfance !* » Ces mots si simples remuent en moi tous les souvenirs du passé, comme un léger caillou va troubler jusqu'en ses profondeurs l'eau dormante d'un lac. Je revois le Paris de 1830, le Paris des barricades, des émeutes, de la garde nationale et du choléra : les réverbères fument dans la brume; le tocsin se mêle à travers les airs aux cris des moribonds se lamentant dans la nuit, et je me retrouve, enfant, frissonnant et rassuré tour à tour, reprenant mon éternelle lecture sur ma couchette solitaire. Et tous les soirs c'était ainsi. Une bibliothèque plus considérable encore que celle de la maison maternelle y aurait passé ; je m'enfonçais au hasard dans les piles de livres, et ma mémoire emmagasinait les provisions les plus diverses, sans ordre, sans choix, sans mesure, charmée souvent, jamais rebutée, ne redoutant qu'une chose au monde, la disette d'aliments nouveaux.

A dix ans, j'avais lu tous les classiques : Molière, Corneille et Racine, Jean-Jacques et Voltaire, Buffon et Bernardin de Saint-Pierre, et, avec eux, les oubliés d'aujourd'hui, l'abbé Raynal, Marmontel, et les romans de chevalerie traduits par le comte de Tressan, et la vie du chevalier Bayard, et Robinson Crusoé, et le Robinson Suisse, et la vie d'Alfieri, et tous les romans imaginables, romans de Mme de Genlis, romans de Mme Cottin, plus une prodigieuse kyrielle d'*in-douze* traduits de l'anglais.

Si bien que, lorsqu'en 1840 j'entendis pour la première fois un opéra-comique qui s'appelait *le Domino noir*, alors dans tout l'éclat de sa vogue, je reconnus sans hésitation le sujet de *Juanna et Tiranna*.

Mais je n'étais pas encore dans l'âge où l'on tire parti de semblables remarques ; je ne sais même pas si l'idée me vint que M. Scribe pouvait avoir lu ce roman chéri de mon enfance ; et je me livrai sans contrainte à l'admiration mêlée d'ébahissement que m'inspiraient le chant de Mme Damoreau Cinti et le jeu de Couderc.

Tout cela, rendormi pêle-mêle dans mes « armoires intellectuelles », pour parler comme Aristote, s'est réveillé le mois dernier lorsque j'ai lu dans *le Figaro* l'article de M. Bénédict sur la reprise du *Domino noir*. Mon spirituel collaborateur, saisi, à son corps défendant, par l'étrange combinaison qui transforme successivement, dans une suite d'incidents artificieusement gradués, la grande dame masquée en servante aragonaise puis en abbesse du couvent des Annonciades, arrive à cette conclusion que « l'incomparable adresse « du librettiste consiste à avoir accroché cette *chaîne* à « un *clou* qui n'existe pas et qui ne pouvait exister ».

J'accepte les termes de cette comparaison et je pars de là pour examiner dans quel ordre ont été forgés les anneaux de la *chaîne* et comment a disparu le *clou* qu'on ne voit plus, mais qui a dû nécessairement exister.

II

La première chose à faire était de rechercher mon vieux roman de *Juanna et Tiranna*. Je n'y ai pas eu de peine. Le *Journal de la Librairie* de 1816 donne à la page 469, sous le n° 2,995, le titre suivant que je transcrit dans sa magnificence :

« JUANNA ET TIRANNA *ou Laquelle est ma femme?* » par l'auteur de VÉRONIQUE *ou l'Etranger mystérieux,* » traduit de l'anglais par A. J. B. D., traducteur de » *la Caverne d'Astolpho.* » Paris, Béchet, 1816, 5 volumes in-12, imprimés à Meaux par Guédon.

L'ouvrage s'inscrit entre la deuxième édition du *Robinson suisse*, traduit par Mᵐᵉ la baronne Isabelle de Montolieu, et *les Deux Valladomir*. mélodrame en trois actes à spectacle, par Mᵐᵉ Barthélemy (Hadot) et M, Victor (Ducange), joué à l'Ambigu le 23 décembre 1816.

Les initiales A. J. B. D. s'expliquent toutes seules : Auguste-Jean-Baptiste Defauconpret. Il s'agit de l'écrivain que ses traductions de Walter Scott et de Fenimoore Cooper allaient bientôt rendre célèbre. Mais à l'époque où il publiait presque simultanément *la Caverne d'Astolpho*, histoire espagnole traduite de l'anglais, et *Juanna et Tiranna*, histoire non moins espagnole et non moins traduite de l'anglais, la renommée de M. Defauconpret commençait à peine.

Il la méritait bien pourtant, car il eut un trait de génie, qu'il faut révéler à la postérité.

Pendant vingt-cinq années de guerre entre l'Angleterre et la France, les communications intellectuelles d'un pays à l'autre avaient cessé comme les échanges commerciaux. Après les Cent-Jours, les barrières étant levées, les négociants français se précipitèrent vers les entrepôts anglais et inondèrent notre pays de produits manufacturés dont il avait désappris l'usage. Eh bien, ce que le commerce d'approvisionnement fit pour les denrées coloniales et pour les étoffes, Defauconpret l'entreprit pour la littérature anglaise. Notaire à Paris du 12 juin 1800 jusqu'au 28 septembre 1814 [1], Defauconpret, qui se délassait de Thémis avec Melpomène, et qui ne réussit pas mieux avec la Déesse qu'avec la Muse, se vit obligé, par de graves revers de fortune, de vendre sa charge après quatorze ans d'exercice. Il chercha dès lors à se frayer une voie rémunératrice dans la littérature; l'année suivante, au lendemain de la bataille de Warterloo, il franchit le détroit, s'installa à Londres qu'il décrivit en deux brochures devenues fort rares, et il y créa un atelier de traduction, qui bientôt fonctionna avec une telle activité qu'il arriva à produire en peu d'années le chiffre presque incroyable de quatre cents volumes.

La Caverne d'Astolpho et *Juanna et Tiranna* figu-

---

[1] Son étude était située au nº 30 de la rue de Seine; il eut pour successeurs MM. Florent, Fould et Bertrand.

rent parmi les premiers échantillons de cette nouvelle industrie.

J'aurais bien voulu découvrir, derrière son traducteur, l'auteur de *Juanna et Tiranna* ; mais je n'ai pu pénétrer son incognito. L'ouvrage original a même failli m'échapper, car Defauconpret en avait changé le titre et modifié le sous-titre, que le bulletin trimestriel de la *Quarterly Rewiew* (octobre 1815, p. 279), m'a enfin révélés sous cette forme : « *Romantic Facts* « *or Which is his Wife!* by the « author of *Veronica* « *or the mysterious Stranger* », 4 vol., prix 1 l. 2 sh., » c'est-à-dire : « *Aventures romanesques ou Qui est sa femme?* » *La Caverne d'Astolpho* parut en même temps.

Ne vous étonnez pas que les productions courantes de la littérature anglaise, en 1815, consistassent en histoires espagnoles ; la guerre de la Péninsule, théâtre des premiers triomphes de Wellington, avait exercé une grande et naturelle influence sur l'imagination des Anglais ; mille aventures romanesques, inévitablement amplifiées par la gloriole des vainqueurs, sollicitaient la plume du romancier. Du reste, ni la France, ni l'Allemagne ne demeurèrent en arrière; on remplirait un catalogue spécial avec le titre des ouvrages qu'inspira la malheureuse entreprise de Napoléon Ier ; il suffit de rappeler, parmi les nouvelles de Balzac, *la Main coupée*, *el Verdugo*, *les Marana*. Hoffmann lui-même y puisa le sujet le sa *Petite bohémienne*, dont Victor Hugo à son tour s'est souvenu pour décrire la première apparition de la Esmeralda à Pierre Gringoire, comme il s'est rencontré avec un autre conte d'Hoffmann, *Salvator Rosa*, dans la foudroyante scène d'imprécations qui termine le premier acte de *Lucrèce Borgia*.

Il est temps, pour sortir de ces préliminaires, d'esquisser aussi brièvement que possible le sujet de *Juanna et Tiranna*.

III

Un jeune anglais, sir Lister Delafont, se trouvant
à Madrid dans le courant de l'année 1811, y remarque au Prado une charmante personne ; bientôt
une correspondance amoureuse s'engage par l'entre-
mise d'une duègne ; et un soir, on l'avertit qu'il ne
tient qu'à lui d'épouser sa Juanna, qui est une fille de
grande famille, obligée par des raisons mystérieuses
à cacher pour le moment son nom et sa destinée.
L'anglais y consent, un prêtre bénit Lister et Juanna
dans la chapelle d'un palais où Lister a été conduit
masqué. Les deux époux sont séparés presque aussitôt
qu'unis. En attendant un second rendez-vous, Lister
se laisse entraîner au théâtre royal pour y entendre
une nouvelle tragédienne, la senora Tiranna. Stupé-
faction de Lister, qui reconnaît en elle sa Juanna céleste. Du moins, la ressemblance est si complète
qu'un époux même peut s'y tromper.

Tel est le point de départ du roman. Plus Lister
s'obstine à éclaircir ce mystère, plus l'obscurité s'é-
paissit ; pour lui, Juanna et Tiranna ne font qu'une
seule et même femme, quoi qu'une série d'événements bizarres la lui montrent, unique ou double,
dans des situations inconciliables.

Un incident particulier semble d'ailleurs témoigner
d'une identité absolue entre Juanna la patricienne
et Tiranna la tragédienne ; c'est que Lister les entrevoit, l'une après l'autre, dans un certain carosse tiré
par quatre chevaux blancs, que tout Madrid sait appartenir au duc d'O***. Remarquez bien ce duc d'O***.
Scribe l'a laissé traîner dans le Domino noir.

A un moment donné, tout disparaît ; Lister, pour
mieux servir ses infatigables recherches, se fait
donner une commission d'officier dans l'armée anglaise.

Un jour, engagé dans la montagne avec son régiment, il entend le son des cloches qui révèlent l'existence d'un couvent, et, conduit par les gens du pays, il aperçoit « sur le faîte d'un rocher les tours d'un « monastère perché comme le nid d'un aigle et ne « semblant pas moins inaccessible que l'aire de ce roi « des oiseaux ». Justement une cérémonie intéressante s'y prépare ; une novice va prendre le voile et prononcer des vœux éternels. « On célébra la messe « avant que les saintes filles entrassent dans la partie « de l'église qui était ouverte. Jusque-là elles avaient « été cachées à tous les regards par un rideau étendu « sur une grille qui, placée derrière l'autel, séparait « le chœur en deux parties inégales... Un *requiem* « annonça l'arrivée de la victime volontaire... »

Au *requiem* substituez un *cantique*, et vous avez la scène culminante du troisième acte du *Domino noir* : « Filles du ciel, priez pour un pauvre insensé. » La grande dame masquée et la jolie chanteuse aragonaise ne font qu'une avec la novice du couvent des Annonciades, comme Lister va retrouver, sous les voiles de la novice des Carmélites, sa Juanna et sa Tiranna, sa grande dame et sa comédienne.

Arrêtons-nous un instant, pour aviser à une complication.

L'amante de Lister ne chante pas dans l'église ; mais Lister la reconnaît, s'élance, trouble la cérémonie, et je n'ai pas à suivre le reste du roman, sur le dénouement duquel je reviendrai tout à l'heure. Mais n'avez vous pas reconnu, chemin faisant, le thème d'une inspiration bien autrement élevée, bien autrement puissante que celle de Scribe ?

Est-ce que le couvent inaccessible, dominant un pic de rochers, est-ce que cette église, coupée en deux par un rideau derrière lequel un amant désespéré devine celle qu'il a perdue, ne vous ont pas déjà rappelé la deuxiéme histoire des *Treize*, cet étonnant chef-d'œuvre qui s'appelle *la duchesse de Langeais* ? Balzac a voulu que le général de Montriveau pût reconnaître, sans la voir, Antoinette de Navarreins, et c'est le chant qui a résolu la difficulté : « Il entendit « résonner près de lui la personne qu'il aimait ; il en « reconnut le timbre clair ; cette voix tranchait sur « la masse du chant, comme celle d'une *prima dona* « sur l'harmonie d'un finale... »

Et voilà précisément l'embellissement dont Scribe a profité avec sa sagacité accoutumée. L'anonyme anglais et Balzac ont apporté leur collaboration à Eugène Scribe pour la scène du couvent :

Filles du ciel, priez pour un pauvre insensé !

Du reste, admirez l'enchaînement des dates : la traduction de Defauconpret parut en 1816, c'est-à-dire à l'époque où Balzac, âgé de dix-sept ans, se préparait à la composition littéraire et dévorait, comme tous les jeunes gens, les nouveautés du roman et du théâtre ; un souvenir de ses lectures transperce dans *la Duchesse de Langeais*, écrite en 1834, et *le Domino noir* paraît sur la scène de l'Opéra-Comique en 1837.

IV

Poursuivons cette étude, car c'en est une. Mon but est moins de signaler une imitation, d'ailleurs innocente et légitimée par une refonte complète, que de discerner et de mettre à nu les éléments primordiaux d'un sujet dramatique qui, selon l'expression de mon confrère Bénédict, eût conduit à Charenton tout autre que l'auteur d'*Une Chaîne* et de *la Camaraderie*.

Juanna et Lister s'étant reconnus, Lister apprend enfin, de la bouche de Juana, l'explication de tant d'aventures bizarres ; peu importerait de relater ici pourquoi la noble fille du duc d'O... avait épousé secrètement un jeune officier anglais, ni pourquoi elle l'avait fui et s'apprêtait à prendre le voile. Tenons-nous en à l'énigme posée par la confusion de deux personnages contradictoires et inconciliables, confusion sur laquelle reposent le roman de l'anonyme anglais et l'opéra comique d'Eugène Scribe. Dans le roman, les deux femmes ont une existence distincte ; leur ressemblance absolue est toute naturelle, parce qu'elles sont les filles de deux frères, Tiranna étant la nièce du duc d'O... et la cousine germaine de Juanna.

Nous approchons du problème fondamental, qui s'est seulement déplacé en reculant de l'opéra-comique de 1837 jusqu'au roman de 1815.

Comment naissent de pareils sujets littéraires ? Sortent-ils tout construits de l'imagination humaine ou plongent-ils quelque racine dans la réalité ?

Ici la réponse est facile ; l'anonyme anglais nous l'a fournie dans sa préface et dans quelques notes très brèves jetées au bas des pages.

Premièrement, le mariage secret de Lister avec une fille de grande famille reproduit, en quelques-unes de ses circonstances les plus romanesques, l'aventure réelle d'un jeune anglais voyageant en Espagne et qui ramena plus tard sa femme en Angleterre, après avoir triomphé des obstacles que la divulgation de cette union avaient rencontrés.

Deuxièmement, l'histoire de la Tiranna, ouvertement protégée par le duc d'O..., repose également sur un fondement historique. La Tiranna a vécu en chair et en os. Richard Cumberland, un des meilleurs poètes dramatiques du dix-huitième siècle, mort en 1811, quatre ans avant la publication du roman anglais, raconte dans ses mémoires qu'il connut la Tiranna à Madrid dans les dernières années du dix-huitième

siècle. Ecoutons-le parler : « Les appointements que
« reçoivent les acteurs du théâtre de Madrid sont si
« faibles que je crois qu'une année de leur produit
« n'aurait pas suffi pour payer la parure dont elle
« était couverte en ce moment. Mais le duc de ***
« fournissait à son entretien et défrayait sa maison.
« Ce seigneur avait regardé comme une chose essen-
« tielle à la dignité de son rang d'avoir à ses gages
« la plus belle femme et l'actrice la plus célèbre de
« toute l'Espagne ; mais il ne croyait pas aussi néces-
« saire d'avoir avec elle la moindre liaison, et, au
« moment dont je vous parle, il ne lui avait pas encore
« rendu une seule visite [1] ».

Muni de ces deux éléments fondamentaux, le romancier anonyme prépare sa mixture. Interprétant l'intérêt sérieux et la froideur apparente du duc d'O...
envers la Tiranna, il les explique par un lien secret
de famille : la Tiranna est la fille de son frère, née
d'une mésalliance et jetée toute jeune dans la vie de
théâtre. Ne parvenant pas à l'en arracher, il sait du
moins la mettre à l'abri des séductions vulgaires en
lui faisant partager sa richesse.

Supposons maintenant que le duc soit père d'une
fille qui ressemble comme deux gouttes d'eau à sa
cousine germaine, c'est cette fille qui épousera le
jeune anglais, et du mélange des deux anecdotes,
intrinsèquement vraies, naîtra l'intrigue invraisemblable qui a tenté, par ses difficultés même, la verve
ingénieuse de Scribe.

Voyons maintenant comment il l'a transformée à

---

[1] Ces souvenirs de Cumberland paraissent se référer à l'année 1782. Je trouve dans la liste des ouvrages de cet auteur,
introuvables en France, une tragédie intitulée *la Carmélite*,
et une comédie intitulée *l'Époux mystérieux*. Serait-ce dans
ces pièces de Cumberland que l'anonyme anglais aurait puisé
les matériaux de son roman ?

son tour. Le théâtre, depuis les antiques Ménechmes, offre un grand nombre de pièces bâties sur une ressemblance ; Scribe rajeunit ce vieux *quiproquo* en combinant dans un seul et unique personnage la Juanna et la Tiranna, le domino et la servante, la chanteuse aragonaise et l'abbesse des Annonciades. La ressemblance devient matérielle et indiscutable pour le spectateur ; elle justifie sans effort les surprises qui bouleversent jusqu'au fond de l'âme Horace de Massarena.

Dans cette combinaison nouvelle, le duc d'O..., n'ayant plus de nièce, devient absolument inutile ; on le supprime, ou plutôt on le garde pour une meilleure occasion. On s'en souvient pourtant, car l'Angèle du *Domino noir* appartient à la famille des ducs d'O.... (Scribe écrit en toutes lettres : d'Olivarès) dont elle porte les armes sur le mouchoir brodé qui excite la jalousie de lord Elfort.

Quant à l'occasion meilleure, elle ne se fera pas attendre ; avec l'aventure du gentilhomme qui entretient une actrice à laquelle il n'a jamais fait une visite, Scribe construit sa plus charmante nouvelle, *Judith ou la loge d'Opéra*, d'où il tirera ensuite un opéra comique en cinq actes, intitulé *la Figurante ou l'amour et la danse*, musique de Clapisson.

L'anonyme anglais expliquait la conduite singulière du duc d'O... envers une jeune et jolie femme par un intérêt de famille ; c'est également à un intérêt de famille, mais d'un tout autre ordre, que Scribe rattache l'étonnante froideur du comte Arthur de Villefranche pour Judith, la figurante de l'Opéra ; on voulait qu'Arthur se fît prêtre ; pour se soustraire à d'impérieuses obsessions, il se couvre d'un scandale imaginaire ; mais la pauvre petite Judith devient amoureuse de son protecteur platonique et finit par l'épouser. — Première mouture.

Toute réflexion faite, *Juanna et Tiranna* avait du bon ; Scribe y rentre en plein lorsqu'il transporte *Judith* au théâtre. Le marquis de Valdesillas (lisez le duc d'O...) avait une nièce ; il la retrouve figurante à l'Opéra de Paris, la ramène à Madrid et veut la donner en mariage au comte Arthur ; celui-ci résiste, parce qu'il est amoureux de Judith la figurante ; on lui montre Séraphine de Valdesillas, et il tombe à ses pieds ; Judith et Séraphine, Juanna et Tiranna ne sont qu'une seule et même personne.

Ce nouvel imbroglio, écrit en collaboration avec M. Arthur Dupin, fut représenté à l'Opéra-Comique le 24 août 1838, huit mois après *le Domino noir*, Jenny Colon jouait le double rôle de Judith et de Séraphine ; Roger chantait le comte Arthur, et Moreau-Sainti représentait le marquis de Valdesillas.

V

En un pareil sujet, les anecdoctes ne sont pas interdites. Le hasard a voulu que la situation vraie du duc d'O*** avec la Tiranna se reproduisit en France dans les premières années du siècle où nous vivons. J'ai entendu conter que le prince Kourakin, envoyé comme ambassadeur en France par Alexandre Ier après la paix de Tilsitt, avait pris à son service une sorte de conseiller intime, moitié homme du monde, moitié intendant, chargé de lui indiquer les usages de la société française. D'abord, il fallut louer une grande loge à l'Opéra ; cela fait, l'intendant conseilla à Son Excellence de se choisir incontinent une protégée parmi les demoiselles du corps de ballet ; le prince y consentit, s'en rapportant à son maître

Jacques pour le choix de l'infante, à qui cinq cents louis furent envoyés chaque mois. Mais la liaison, qui dura tout le temps de l'ambassade, resta jusqu'au bout une sinécure pour mademoiselle ***. Le prince Kourakin ne voulut pas seulement se la faire présenter.

VI

Revenons à Scribe et au *Domino noir*. Scribe était ce qu'on appelle « un malin », dans le meilleur sens du mot. Il excellait, comme Polichinelle, à dire la vérité en riant. C'est ainsi qu'en un passage curieux de la deuxième scène du premier acte, il indique de la façon la plus naturelle du monde l'origine romanesque de sa fiction : « — *Juliano.* On se raisonne, on « s'éloigne, on cesse de voir la personne... — *Horace.* « Eh ! je ne la vois jamais ! — *J.* Eh bien ! alors, de « quoi te plains-tu ? — *H.* De ne pas la voir, de pas-« ser ma vie à la chercher, à la poursuivre, sans « pouvoir ni la reconnaître, ni la rencontrer, ni l'at-« teindre. — *J.* Horace, mon ami, es-tu bien sûr « d'avoir tout ton bon sens ? Tu reviens de France, « *et les romans nouveaux qu'on y publie...* — *H.* « Laisse-moi donc ! — *J.* sont bien dangereux pour « les esprits faibles, *sans compter que souvent ils* « *sont faibles d'esprit.* »

On ne saurait plus galamment dénoncer sa trouvaille, ni assassiner plus gaiement les gens dont on hérite.

Ma tâche est achevée ; j'ai retrouvé et décrit le *clou* originaire qui retenait la *chaîne* de tant d'invraisemblances amusantes ; Scribe est parvenu à le faire disparaître assez adroitement pour qu'elle semble suspendue en l'air par un miracle d'équilibre. Une autre comparaison rendra mieux ma pensée.

J'ai vu à Bruxelles et à Bruges travailler les
ouvrières en dentelles ; elles brodent avec du fil très fin
des bouquets de fleurs délicates sur un fond d'étoffe
assez grossier, qui est solidement fixé à une pelote. La
broderie achevée, un tour de main l'arrache de ce fond
désormais inutile, et la dentelle apparaît légère, invraisemblable et comme tissue par le caprice d'une fée
dans un impondérable duvet. Telle est l'histoire, ou
si l'on veut, la légende du *Domino noir*.

C'est une bonne fortune pour moi que de donner
pour post-face à l'étude qui précède la lettre suivante,
que voulut bien m'adresser l'un des plus habiles
collaborateurs de Scribe, M. Legouvé, et je saisis l'occasion d'en remercier publiquement l'éminent acadé-
micien.

Monsieur,

Permettez-moi de compléter votre légende fort intéressante sur *le Domino noir*. Scribe y a inauguré un procédé dramatique tout à fait nouveau. Jusqu'alors, quand
une sorte de mystère, d'énigme, présidait à une action
dramatique, on mettait le public dans la confidence.
L'amusement consistait, pour le spectateur, à voir l'embarras des personnages de la pièce devant ce mystère
qu'ils ne pouvaient deviner. Dans *le Domino noir*, Scribe
a mis, pardonnez-moi ce mot familier, *a mis pour la
première fois le public dedans* ; il ne lui a pas dit le mot
du rébus. La pièce finie, il a fort hésité pour savoir s'il
tenterait cette expérience qui pouvait être dangereuse. Le
public n'aime pas qu'on ait l'air de se moquer de lui.
Scribe, à la lecture au théâtre, projeta donc d'ajouter
une ligne dans le rôle d'Angèle. un mot qui aurait tout
dit : *Pourvu que je puisse rentrer à mon couvent avant minuit !* Puis il se décida à tenter l'aventure ; elle réussit
comme vous savez, et il appliqua le même procédé aux

Diamants de la Couronne et au *Duc d'Olonne*. Auber,
affriandé, lui demanda une quatrième pièce de même
numéro, mais il refusa. Je vous envoie ce détail à titre
de chercheur que vous êtes, et aussi à titre de compa-
gnon de bataille aux matinées de Ballande, et je vous
demande la permission d'y ajouter cette conférence.

Veuillez agréer, Monsieur, mes sentiments très distingués.

E. Legouvé.

CCLXVI

Odéon (second Théatre français).   12 février 1875.

LE TROISIÈME LARRON

Comédie en un acte, en vers, par M. Jacques Normand.

Connaissez-vous Baruch? demandait La Fontaine
aux gens qu'il rencontrait. Je ne me permettrai pas,
amis lecteurs, de vous demander si vous connaissez
Aiol et Mirabel. Je serais trop sûr de la réponse.
Sachez donc — je ne le sais moi-même que depuis bien peu de temps — que *Aiol et Mirabel* est une
chanson de geste qui remonte au XIIIᵉ siècle et qui
était demeurée inédite jusqu'au 18 janvier dernier,
époque où un jeune savant, M. Jacques Normand,
avocat et élève de l'Ecole des Chartes, s'avisa d'en
faire le sujet de la thèse qu'il devait soutenir pour
obtenir le diplôme d'archiviste paléographe.

L'étude des chansons de geste, de la langue pro-
vençale, de la paléographie et de la diplomatique,
objet spécial de l'enseignement à l'Ecole des Chartes,
sous des maîtres tels que MM. Quicherat, de Mas-
Latrie, Boutaric, Paul Meyer, Gautier, de Montaiglon,
Tardif, etc., ne dessèche pas, semble-t-il, l'imagina-

tion des jeunes gens ; car le même M. Jacques Normand vient de donner à l'Odéon un petit ouvrage en vers rempli de fraîcheur et de grâce. Se serait-on douté qu'il poussait de pareilles fleurs dans la sombre école de la rue des Francs-Bourgeois au Marais ? Il le faut croire, car tous les camarades de M. Jacques Normand, les trois promotions au complet, avaient envahi l'orchestre de l'Odéon et applaudissaient ses vers comme s'ils eussent été simplement les élèves de Théophile Gautier ou de Théodore de Banville.

Cette expansion juvénile était si franche et si contagieuse qu'elle déridait les critiques moroses, au nombre desquels j'ai le chagrin parfois de me compter. Je me garderai donc d'appliquer une lourde férule sur cet agréable enfantillage, qui n'a été sans doute pour M. Jacques Normand que le prétexte d'exécuter des variations sur le seul thème qui séduise un poète de vingt ans : l'amour.

Le sujet tient en trois lignes. Un vieillard, maître Jacques, orfèvre ou quelque chose d'approchant, veut épouser la charmante Odette, qui n'a que dix-huit ans. Le seigneur du pays (nous sommes au moyen âge et en pleine Touraine, pays des bons contes et des aventures galantes) s'éprend à son tour de la gracieuse enfant ; le comte Robert est bien fait de sa personne, et Odette n'aurait qu'un mot à dire pour devenir comtesse. Ce mot, elle ne le dit pas. Qui l'emportera donc de maître Jacques ou du comte Robert, de l'opulence ou de la noblesse ? Ce sera le troisième larron, l'Amour, sous les traits du page René.

On devine ce que cette donnée bien légère, et plus poétique que dramatique, a pu fournir de broderies et de cavatines à un jeune poète qni déployait pour la première fois ses ailes de papillon devant les feux trompeurs de la rampe. Son succès a été complet, et, en défalquant la part d'applaudissements qui lui ont été prodigués à pleines mains par de jeunes amis enthousiastes, il en reste assez encore pour que M. Jacques Normand y trouve son compte et se déclare satisfait de son brillant début.

Du reste, la pièce est jouée par les artistes de l'Odéon comme l'auteur l'a écrite, avec entrain et avec jeunesse ; c'était là le grand point. M. Sicard, M. Dalis, Mlles Antonine et Hélène Petit disent les vers, les uns avec science, les autres avec charme, comme il convient à des pensionnaires du Second Théâtre français.

Je ne parlerai que pour mémoire d'une autre petite pièce, intitulée *Nos lettres*, qui précédait *le Troisième larron ;* j'ai eu la malechance de n'arriver qu'à la dernière scène. Mes voisins de stalle m'ont adressé, à cette occasion, des félicitations qui paraissaient bien senties, dont je suis encore à découvrir la signification.

CCLXVII

COMÉDIE-FRANÇAISE.   15 février 1875.

LA FILLE DE ROLAND

Drame en quatre actes en vers, par M. Henri de Bornier.

I

Le drame de M. de Bornier s'appelait *Charlemagne* pendant les répétitions ; le titre définitif, *la Fille de Roland*, ne convient pas mieux à la pièce que le titre provisoire. Le vrai titre eût été *le Fils de Ganelon ;* je ne comprends pas qu'on ne s'y soit pas arrêté ; il précisait le sujet du drame sans en affaiblir l'intérêt, puisque l'auteur, dès le lever du rideau, met le pulic dans sa confidence.

Si je disposais, comme mes heureux confrères du lundi, d'un feuilleton de douze colonnes et de quelques jours pour le préparer, je ne résisterais pas au plaisir de retracer, d'après les monuments du moyen âge, la légende de Roncevaux. Faute de place et faute de temps, je dois me borner à rappeler les éléments de ce fait historique, qui par lui-même eut peu d'importance, mais qui, transformé et amplifié de poème en poème, a pris dans notre littérature nationale une place analogue à celle que tient *l'Iliade* dans la littérature des Grecs.

En l'an 778, le puissant empereur des Francs alla chercher en Espagne une aventure semblable à celle que courut mille trente ans plus tard l'empereur Napoléon Ier : son armée franchit les Pyrénées pour se mêler des différends intérieurs du pays, alors occupé par des chefs mahométans. On sait que Napoléon fut tout à coup rappelé vers le centre de l'Europe par les préparatifs de l'Autriche. Autant en advint-il à Charlemagne ; soudainement instruit que Witikind avait reparu parmi les Saxons et les appelait à la révolte, il se vit obligé de repasser en France après avoir échoué devant Saragosse. L'armée avait déjà franchi les gorges qui s'ouvrent du côté de la France lorsque les Gascons, conduits par leur duc Loup ou Lupus II, fondirent sur l'arrière-garde, encore engagée dans la vallée de Roncevaux, et la massacrèrent. On cite, parmi les personnages de marque qui périrent en cette occasion, Eggiard, maître d'hôtel du roi, Anselme, comte du palais, et *Hruodlandus*, en français Roland, préfet de la frontière de Bretagne. En dehors de ce court récit d'Eginhard, tout ce qu'on raconte de Roncevaux appartient à la légende ; encore faut-il remarquer que plusieurs manuscrits du livre d'Eginhard ne contiennent pas le nom de Roland, qui peut-être ne figure dans les autres que par l'effet d'une interpolation. Ainsi la légende se serait subrepticement introduite dans l'histoire pour la falsifier.

Mais elle est si belle, cette légende, qu'il y faut croire en dépit des érudits et plaindre l'histoire d'être si mal informée. Malgré les protestations de la véridique Clio, le cor de Roland retentira d'âge en âge du sommet des Pyrénées jusqu'aux rives du Rhin.

Fidèle à l'instinct qui la pousse à chercher des causes mystérieuses aux événements les plus simples, l'imagination des peuples a voulu que la défaite de Roncevaux eût été préparée par une trahison, et elle en chargea un personnage fictif nommé Ganelon, dont le nom, dans le vieux français comme dans l'italien moderne, rappelle l'idée de tromperie.

Déduisant de ces antiques fictions une fiction nouvelle, M. Henri de Bornier suppose que Ganelon a échappé à la sentence de mort prononcée contre lui par l'empereur Charles ; qu'il a un fils nommé Gérald, élevé dans l'ignorance du véritable nom de son père, et que ce fils, modèle accompli des vertus chevaleresques, s'est fait l'admirateur passionné de la gloire de Roland, comme don Juan d'Autriche de celle de François Ier ; bien mieux, il est devenu amoureux de la noble Berthe, la fille de Roland et de la belle Aude. D'ailleurs, il l'a sauvée des griffes d'un prince saxon, et Berthe rend à son libérateur amour pour amour. Au moment où l'hymen va s'accomplir, le prince saxon reconnaît, dans le faux comte Amaury, le meurtrier de son propre père et lui jette à la face, comme la plus sanglante des insultes, le nom qu'il a souillé par une horrible forfaiture : le nom de Ganelon.

Le magnanime empereur pardonne au repentir du vieux traître, qu'il envoie mourir en Palestine ; mais quel coup de foudre pour l'infortuné Gérald, pour le héros qui vient de reconquérir, dans un combat corps à corps contre un prince sarrazin, l'épée de Roland, l'incorruptible Durandal, que depuis trente ans les infidèles conservaient comme le plus glorieux des trophées ! Gérald, fils de Ganelon, peut-il épouser encore la fille de Roland ? Telle est la situation capitale qui se pose au quatrième et dernier acte du drame.

C'est la situation du *Cid*, disait-on autour de moi ; sans doute, mais transformée, aggravée et sans solution possible ; car le père de Chimène a été tué dans un duel loyal, tandis que Roland a péri dans un lâche guet-à-pens.

M. de Bornier a bien saisi cette différence. Guidé par la puissance d'une idée juste, il a trouvé pour dénouer son drame une scène des plus belles et des plus émouvantes.

Charlemagne s'explique avec ses fidèles rassemblés autour de lui, et les engage à donner leur avis. D'abord le vieux duc de Bavière s'avance ; je fus blessé, dit-il, à Roncevaux :

> La cicatrice est là : tu peux la voir encore...
> Honneur à toi, Gérald ! Ton triomphe d'hier
> A racheté l'honneur de ton père !...

Geoffroy et Hugo, les neveux de l'archevêque Turpin, offrent ensuite à Gérald leur amitié fraternelle. Un ancien écuyer de Roland s'avance vers le fils de Ganelon :

> Sire Gérald, pardon ! Moi, vieil homme de guerre
> Je vous dirais trop mal... Mes larmes, ce n'est guère !
> Mais laissez-moi pleurer, en baisant à genoux
> Cette main qui vengea mon Roland... et nous tous.

C'est maintenant le tour de l'Empereur lui-même,

qui offre au vainqueur du sarrazin une place sur les
marches du trône, à côté de ses fils. Berthe elle-même,
la fille de Roland, oublie les crimes du passé ensevelis
sous la gloire du présent :

> Un mot suffit : l'autel est prêt, et je suis prête...

Mais Gérald est demeuré morne et silencieux. Inflexible pour lui-même, il n'accepte ni le bonheur ni
la gloire.

> ..... Laissez-moi m'expliquer devant vous,
> Devant l'Empereur, Berthe, ainsi que devant tous :
> Oui, Sire, ce bienfait, cette faveur insigne,
> C'est en les refusant que j'en puis être digne.
> J'entends là cette voix qui ne saurait mentir :
> Je suis le fils du crime, et non du repentir !
> Afin qu'aux yeux de tous la leçon soit plus haute,
> Je veux que le malheur soit plus grand que la faute.
> Et le père sera d'autant mieux pardonné
> Que le fils innocent se sera condamné...
> Que mon malheur du moins serve à tous de leçon :
> Pour mieux vaincre à jamais l'esprit de trahison,
> Songez à vos enfants ! Songez que d'un tel crime
> Votre race serait l'éternelle victime,
> Et que tous les remords, tous les pleurs d'ici-bas,
> Toutes les eaux du ciel ne l'effaceraient pas !

Toutes les instances se brisent devant cette résolution magnanime ; Gérald s'éloigne pour toujours emportant l'épée de Roland qu'il trempera dans le sang
des ennemis de la foi chrétienne, jusqu'à ce que Dieu
le rappelle à lui.

Telle est l'issue grandiose par laquelle le drame de
M. de Bornier échappe aux écueils d'un dénouement
vulgaire ; Gérald disparaît dans les horizons de l'infini
comme un héros scandinave à travers les nuages du
Walhalla.

Une pareille conception suffit à placer le drame de
M. de Bornier parmi les ouvrages d'un ordre supérieur, quoique l'exécution, dans le détail, présente

certaines négligences qui contrastent avec la qualité
générale d'une facture savante, forte et serrée. Il conviendrait d'effacer quelques rimes qui se répètent
d'une manière fatigante, telles que *tombe* et *tombe*; ou
des distiques trop bourgeois, tels que ceux-ci :

> Eh bien! nous partirons sans vous, puisqu'il le faut.
> Qu'on se prépare donc! Dame Berthe, à bientôt.

Si je signale à M. de Bornier ces légères taches,
c'est qu'il suffira d'une heure de travail pour les faire
disparaître.

Je veux citer encore, parmi les meilleurs endroits,
la confession de Ganelon aux pieds de Charlemagne,
et surtout, au quatrième acte, le magnifique mouvement de Gérald lorsque, tombant du haut de son
orgueil et de son triomphe, il apprend qu'il est le fils
d'un misérable traître :

> ... Ne parlez pas ! n'arrachez pas le fer !
> Laissez le dard aigu se fixer dans la chair !
> Moi qui me rappelais ma fierté, ma vaillance,
> Mon dévoûment... Hélas, ô mon orgueil, silence !
> Je m'explique à présent ce que je sentais là,
> Ce mal sombre, profond, hideux... c'était cela :
> L'héritage fatal que l'homme n'est pas maître
> De fuir... Mon père ainsi l'avait reçu peut-être...
> Oui, c'est vrai ! c'est bien vrai ! Je sens avec effroi
> L'être mystérieux caché toujours en moi,
> Qui supprime soudain mon existence ancienne,
> Et qui me prend mon âme et me donne la sienne...
> Je parle : c'est sa voix ! Je marche : c'est son pas.
> Ah ! c'est horrible ! Non, non, non ! je ne veux pas.

Voilà certainement des beautés qui justifient le succès que vient de remporter *la Fille de Roland;* on les
a cependant moins applaudies que les vers retentis-
sants où le poète s'est plu à remuer les sentiments
patriotiques, toujours prêts à faire explosion dans
une assemblée française. J'avoue que la chanson ou
plutôt l'ode sur Durandal et Joyeuse, l'épée de Roland

et celle de Charlemagne, n'est pas au-dessous de l'impression qu'elle a produite :

. . . .
Après mille et mille batailles,
Aucune d'elle n'a d'entailles
Pas plus que le glaive de Dieu !
Hélas ! la même fin ne leur est pas donnée :
Joyeuse est fière et libre après tant de combats,
Et quand Roland périt dans la sombre journée,
Durandal des païens fut captive là-bas.
Elle est captive encore, et la France la pleure ;
Mais le sort différent laisse l'honneur égal,
Et la France, attendant quelque chance meilleure,
Aime du même amour Joyeuse et Durandal !

En ces quatre derniers vers, la plénitude de la forme est égale à la grandeur de la pensée. Pensée pieuse, qui, réconciliant la France avec elle même, honore ses revers à l'égal de ses triomphes, Joyeuse, qui a fait le passé, Durandal, qui refera l'avenir!

II

Après avoir rendu pleine justice à une œuvre considérable, qui tend aux régions élevées et s'y maintient constamment, même au prix d'efforts dont la vue ne déplaît pas aux juges littéraires, il faut bien que la critique ait son tour.

La pièce n'est pas toujours conduite d'une main sûre; le troisième acte débute par une sorte d'exposition particulière qui refroidit le drame en temps inopportun ; c'est également une idée peu scènique que d'envoyer Gérald et le prince sarrazin se battre dans la coulisse, tandis que Charlemagne et Berthe les regardent par la fenêtre et nous racontent ce qu'il vaudrait mieux nous montrer.

Mais j'insisterai davantage sur un genre de faute

qui, heureusement pour M. de Bornier, ne saurait exercer que peu d'influence sur la destinée de son œuvre.

Je veux parler des extraordinaires libertés dont il use, non pas avec la légende, c'est le droit du poète, mais avec l'histoire, qui a ses droits aussi. Le drame entier est pétri d'anachronismes d'autant plus regrettables qu'on n'en aperçoit pas même l'utilité.

L'action se passe, dit-on, trente ans après le désastre de Roncevaux, qui eut lieu en 778 ; nous sommes donc en 808, et c'est à tort que Charlemagne, né en 742, et par conséquent âgé de soixante-six ans à peine, s'offre à nos yeux comme une espèce de centenaire affaissé sous le poids de sa caducité. Si l'on nous donne un Charlemagne 'trop vieux, en revanche Berthe paraît beaucoup trop jeune : la fille de Roland ne pouvait guère avoir moins de trente et un ans, trente ans après la mort de son illustre père.

Mais l'erreur la plus grave, la plus offensante pour la jeunesse lettrée qui se presse aux représentations de la Comédie-Française comme pour y compléter ses études classiques, c'est de faire parler Charlemagne de la gloire et de la grandeur de la « France ». Ceci n'est pas une simple querelle de mots. Sous Charlemagne, la France, géographiquement parlant, n'existait pas ; le territoire septentrional des anciennes Gaules se divisait du Sud au Nord en deux régions parallèles appelées Neustrie et Austrasie ; le nom de France, purement local et applicable aux régions variables occupées par les Franks dans la période de leurs conquêtes, ne commença à être employé dans le langage vulgaire qu'au temps des petits-fils de Charlemagne, et, dans la langue officielle, que sous Charles le Chauve.

Quant à l'empereur Charles, personnellement, il ne considérait pas les Gaules autrement que comme une portion quelconque de son empire ; né prince austrasien, il fonda non pas l'empire français, mais le Saint-Empire germanique ; sa langue maternelle était l'allemand, qu'il tenta, mais inutilement, d'imposer aux populations gallo-romanes ; enfin, la nationalité française date précisément du jour où nos barons secouèrent le joug des empereurs successeurs de Charlemagne.

Je sais bien qu'un drame en vers n'est pas un cours d'histoire ; cependant, M. Henri de Bornier, qui aime les classiques et qui est digne de les goûter, n'ignore pas que Corneille et Racine se vantaient de ne hasarder dans leurs tragédies grecques ou romaines aucun trait d'histoire qu'ils ne pussent appuyer sur preuves authentiques.

Ici l'histoire n'est pas seulement négligée, elle est violée dans sa lettre et dans son esprit. Contrariété fort mince pour les spectateurs illettrés, mais plus désagréable qu'on ne le croirait pour les autres, qui composent le public habituel de la Comédie-Française.

III

L'interprétation de *la Fille de Roland* est suffisante, rien de plus, rien de moins. C'est seulement dans la comédie que le Théâtre-Français garde sa supériorité traditionnelle. Le rôle de Berthe ne fournit que peu de mouvements dramatiques ; Melle Sarah Bernhardt en a saisi un, celui du troisième acte, qui l'a fait applaudir avec justice. M. Maubant ne manque pas de majesté dans le rôle du vieil empereur « à la barbe griffaigne ». M. Laroche joue avec plus de raideur que de force le personnage du prince saxon prisonnier.

Les remords de Ganelon ont rencontré dans M. Du-

pont Vernon un interprète intelligent et consciencieux ;
mais la voix de ténor élevé que possède ce jeune homme
est bien fraîche pour exprimer les émotions paternelles du vieux traître repentant ; lorsqu'il veut l'élar-
gir, elle devient sèche et comme crépitante. La Comédie-Française, il faut l'avouer, ne possède en ce
moment aucun premier rôle marqué, ni pour la tragédie ni pour la comédie. C'est une lacune à combler au
plus vite.

En créant le rôle de Gérald, M. Mounet-Sully évitait
les comparaisons qui l'accablent dans le répertoire.
Inégal comme toujours, illogique et non pas irréfléchi
dans ses mouvements, il a cependant réalisé quelque
progrès relatif ; il se montre plus capable de mesure et
de modération ; au troisième acte, il a même donné
comme un éclair de sensibilité. Si M. Mounet-Sully
voulait travailler sérieusement, s'il entreprenait de
réformer par des études patientes l'horrible prononciation qui, pour rappeler un mot de feu Viennet,

> Semble broyer du fer et mâcher de la braise,

il mériterait la reconnaissance de la critique, qui n'a
vraiment aucun plaisir à se montrer sévère, mais qui
aime, lorsqu'on lui récite des vers, à les entendre tout
entiers ou à peu près. M. Mounet-Sully, quand il ne
se surveille pas, en défigure la moitié et mange
l'autre.

CCLXVIII

Reprise de NOS BONS VILLAGEOIS

Comédie en cinq actes, par M. V. Sardou

Il y a bien du talent, bien de la gaieté et bien de l'esprit là-dedans. Et combien n'en fallait-il pas pour faire accepter les invraisemblances du gros mélodrame où le jeune Henri Morisson s'avoue voleur de nuit et avec effraction, c'est-à-dire s'expose aux galères à perpétuité pour sauver l'honneur d'une femme qu'il n'aime pas et de laquelle il n'a jamais baisé le bout du doigt !

Chose bizarre ! Tandis que les trois premiers actes, pleins d'observation et d'*humour*, laissaient le public presque glacé, ce sont précisément les énormités des deux derniers actes qui l'ont saisi, ranimé, et qui ont assuré le succès complet de cette reprise.

Le jeu des acteurs est sans doute pour beaucoup dans les contrastes de la soirée. Au commencement, ils semblaient endormis et parlaient d'une voix étouffée ; la chaleur du drame est venue fondre les glaces du début ; M. Landrol, assez terne d'abord, a rendu avec une énergique vérité les transports du colonel outragé ; Mme Fromentin pousse jusqu'à la convulsion les désespoirs de la femme compromise. On a beaucoup applaudi Mlle Legault, qui vraiment a bien dit la très jolie scène du cinquième acte, où l'ingénue Geneviève dissipe sans le savoir les mortelles angoisses du colonel. Je me permets cependant de donner à Mlle Legault un conseil qui ne lui sera désagréable

qu'à demi : c'est de se placer devant son miroir et de
parler, en présence de ce témoin muet mais fidèle,
comme elle parle en scène ; il lui révélera du premier ·
coup d'œil une contorsion périodique de la lèvre infé-.
rieure, qui se changerait en tic si Mlle Legault,
opportunément avertie, n'y portait remède dès à
présent.

M. Lesueur, dans le rôle de Grinchu qu'il a créé,
est toujours le plus ébouriffant des pompiers de Nan-
terre ; mais n'essayez pas de comprendre un traître
mot de ce qu'il dit.

Le vieil Arnal avait fait du pharmacien Floupin,
l'homme aux conférences, un personnage plein d'emphase et de majesté bouffonnes ; M. Ravel prend le
caractère plus en dessous et avec une nuance de
finesse très spirituelle

MM. Pradeau et Villeray remplissent avec talent
les rôles de Morisson père et fils.

CCLXIX

Théatre Lyrique-Dramatique.   27 février 1875.

LA DUCHESSE DE PLOËNMARK

Drame en six tableaux, par M. Couturier.

Je ne me consolerai jamais d'avoir manqué en 1872,
pour cause d'incarcération, la première représentation du *Tremblement de terre de Mendoce*, à l'Ambigu-
Comique. Il s'ensuit que je ne possède pas le point de
comparaison nécessaire pour juger *la Falaise*, — non,
je me trompe — *la Duchesse de Ploënmark*. Je sais
qu'on riait beaucoup hier soir ; peut-être avait-on ri

davantage à l'Ambigu. Mais l'échelle de proportion m'échappe. Le fait est que le drame de M. Couturier est fait pour prendre une place distinguée dans le royaume funéraire dont *le Borgne* de M. Loyau de Lacy fut le roi.

A peine est-il besoin d'expliquer à l'assistance illustre qui me fait l'honneur de me lire qu'il n'exista jamais de duché de Ploënmark, ni en Bretagne, ni en Islande, ni aux îles Féroë, ni même au Spitzberg. Les auteurs dramatiques prodiguent les duchés comme s'il en pleuvait, mais il n'en a jamais plu. On n'en compta jamais au delà d'une vingtaine en France. Cependant la littérature en consomme par douzaine. Balzac a créé les duchés de Langeais, de Chaulieu, de Navarreins, de Grandlieu et le reste. Nous avions au théâtre le duc de Montmeyran, le duc de Chamaraule, la duchesse de La Vaubalière et le duc d'En Face.

C'est à cette dernière branche — rameau breton — qu'appartient M. le duc de Ploënmark, qui a deshérité son fils ainé pour cause de mésalliance avec une certaine Julia. Retenez bien ce prénom ; il serait italien, à la condition d'écrire Giulia. Qui dit italien dit empoisonneur : donc Julia — lisez Giulia — est italienne, par conséquent empoisonneuse. Elle garde dans la poche de son vertugadin un petit flacon renfermant la dernière goutte du poison des Borgia. Si vous connaissez les travaux des physiologistes modernes, particulièrement ceux de Magendie sur les chiens, et de Claude Bernard sur les lapins, vous savez qu'il suffit d'inoculer une parcelle de poison sous l'épiderme d'un animal pour le faire périr. La féroce Julia ne s'y prend pas autrement pour envoyer dans l'autre monde son beau-frère Robert de Ploënmark, qui détenait l'héritage ducal.

La scène, j'en conviens, est saisissante ou pourrait

l'être. Robert de Ploënmark se couche, en se livrant à
des réflexions philosophiques, du genre de celles-ci :—
« Quel étrange moment que celui qui précède le som-
» meil ! » Etrange en effet, pour un duc qui se met
au lit sans retirer son haut-de-chausses ni ses bottes.
Julia s'introduit dans la chambre à coucher par une
porte secrète, et comme il lui suffit d'une piqûre
d'épingle pour asphyxier son beau-frère, elle le frappe
à la main au moyen d'un poignard long de six pouces.
Ce qui abonde ne vicie pas.

Robert meurt après avoir exécuté quelques convulsions bien senties, à travers lesquelles sa main cris-
pée saisit la robe de Julia. Celle-ci se dégage non
sans peine des étreintes du cadavre, et rentre chez elle
pour y achever paisiblement une nuit si bien commencée.

Robert laissait un fils, le jeune Raymond de Ploënmark, lequel est amoureux de sa cousine Edmée de
Ploënmark, fille de l'empoisonneuse Julia.

Celle-ci est bonne femme au fond et ne demanderait
pas mieux que de faire le bonheur de ces jeunes gens ;
toutefois, elle conserve quelques scrupules et se
demande si cette union sera bien convenable. On
insiste tant qu'elle finit par y consentir.

La veille de la signature du contrat, Raoul veut
se retirer dans la chambre où son père est mort ; mais
il en ressort vers minuit cinq, les cheveux hérissés.
Un séjour de quelques minutes dans cette chambre
fatale lui a révélé le crime.

Qu'est-ce que cela veut dire ? La duchesse Julia
commence par tout avouer à son mari, qui se montre
assez empêtré d'une pareille confidence ; une chose
les tourmente l'un et l'autre : « Comment Raoul est-
il si bien informé ? » Les deux époux, après de longues
méditations, réflexions et cogitations, finissent par
tomber d'accord sur ce point évident que Raoul

Hamlet a dû communiquer avec l'ombre de son père.
« — Mais alors », s'écrie la duchesse, « si les morts
« sortent du tombeau, il n'y a donc plus de sécurité
« pour les criminels? » La justesse de cette exclamation a frappé la salle entière; et s'il n'y a plus de
sécurité pour les criminels, où allons-nous?

Du reste, l'excellent Raoul ne nous laissera pas
longtemps dans l'incertitude. « Vous voulez savoir,
« dit-il, comment j'ai appris ce secret plein d'hor-
« reur? Rien de plus simple. A minuit, nous nous
« retrouverons tous (pour la troisième fois) dans la
« chambre du crime. » Ainsi dit, ainsi fait.

L'aspect de cette scène est bizarre.

Edmée de Ploënmark se tient au fond et au coin
de gauche; Raymond de Ploënmark au fond à droite,
derrière les rideaux du lit; Gaston de Ploënmark
(inutilité) à droite au premier plan, et Raoul sur le
devant de la scène. Tout étant disposé pour cette
partie de colin-maillard, au coup de minuit la porte
secrète se rouvre; Julia, en peignoir de nuit, s'avance
les yeux fermés, — c'est elle qui l'est. Je veux dire
qu'elle est devenue somnambule depuis la nuit du
meurtre, et qu'elle se promène tous les soirs à minuit,
sans que monsieur son mari s'en soit jamais aperçu,
— ce qui jette de singulières lueurs sur le ménage
intime du duc et de la duchesse.

Julia parle toute seule; elle raconte le crime; son
fils Gaston tend l'oreille. — « Taisez-vous », s'écrie
Raoul, « si vous tenez à sa vie, car elle est sous l'em-
« pire du sommeil. » Phrase à demi séditieuse que la
censure aurait pu modifier en de vertu la loi Wallon.
Empire ou République du sommeil, peu importe:
lorsqu'elle a tout dit, Edmée témoigne l'horreur dont
elle est saisie en se jetant dans les bras de sa mère,
qui, subitement réveillée, tombe morte.

« — Mes enfants » s'écrie ce bénisseur de duc de

Ploënmark, vénérable et gâteux « votre mère est
« morte : prions pour elle ! »

Raoul et Edmée se marieront et ils auront beaucoup
d'enfants, qui perpétueront la race inestimable des
Ploënmark.

Ce poème, comme on ne peut juger par la froide
analyse qui précède, est rempli d'une fantaisie douce,
que divers accidents ont agrémentée d'une manière
imprévue. Tantôt c'était le jeune premier qui, au
moment le plus pathétique, trébuchait contre un
meuble et exécutait inopportunément une sortie à
quatre pattes. Tantôt les élans lyriques du duc
Raymond, admirant les splendeurs d'une belle nuit,
se heurtaient à une fenêtre obstinément close ; le
susdit duc essayait de vaincre la résistance du décor
par une vigoureuse poussée, puis reprenait avec placi-
dité : « La belle nuit ! »

On s'est beaucoup amusé ; c'est quelque chose. J'ai
donné plusieurs échantillons du style de M. Couturier ;
ce qu'il y a de mieux écrit dans sa pièce, c'est le ballet.

CCLXX

Vaudeville.   18 mars 1875.

MONSIEUR MARGERIE
Comédie en un acte, par M. Henri Rivière.

RETOUR DU JAPON
Comédie en un acte, par MM. Delacour et Erny.

UNE PÊCHE MIRACULEUSE
Comédie en deux actes, par MM. Eugène Nus et Armand
Durantin.

Le spectacle coupé que le Vaudeville nous offre, en
attendant quelque œuvre importante, est d'un assorti-

ment assez ingénieux; une pièce noire et sombre entre deux pochades, dont la plus courte se trouve être précisément celle qui possède un acte de plus que l'autre.

L'acte de M. Henri Rivière, sépare les deux folies en question, comme on voit, dans un foyer de bal masqué, un « monsieur en habit noir » donnant le bras à deux diablesses; le « monsieur » en paraît plus lugubre et les deux diablesses plus gaies.

Monsieur Margerie appartient à la famille de ces petits billets de faire part qui s'appellent *la Joie fait peur*, *Marcel*, *l'Anniversaire*, etc. Remuer des émotions fortes dans un petit acte encadré de noir est une tentative qui séduit quelquefois les auteurs dramatiques et qui ne leur réussit pas souvent.

La donnée de *Monsieur Margerie* est plus physiologique qu'intellectuelle; c'est en quoi elle relève plus directement du théâtre que M. Henri Rivière n'a dû le croire en y transportant un de ses meilleurs récits. La voici dans toute sa simplicité.

M. Margerie, sorte de *gentleman farmer*, marié et père de deux enfants, après avoir retenu à dîner un avocat célèbre dans le pays, M. Dulac, lui dit à brûle-pourpoint : « Mon cher maître, je veux me séparer de Mᵐᵉ Margerie; voulez-vous plaider pour moi? Ma femme me trompe, j'en suis sûr; un soir, en me mettant machinalement à cette fenêtre placée dans l'axe de mon avenue de tilleuls, j'ai aperçu Mᵐᵉ Margerie en compagnie de notre voisin M. de Lorédan; avant de se quitter, ils se sont embrassés. Du reste, Mᵐᵉ Margerie a avoué son crime; je lui ai fait signer cet aveu de sa main. »

A peine M. Margerie s'est-il éloigné que Mᵐᵉ Margerie, à son tour, s'empare de l'avocat : « — Je sais ce que mon mari vous voulait; il vous demandait de plaider en séparation contre moi ; eh bien sachez toute la vérité ; je suis innocente et mon mari est fou... »

Qui croire? M⁰ Dulac, qui paraît ferré sur les procédés de la médecine aliéniste, entreprend d'exciter
l'imagination de M. Margerie; il lui souffle des idées
de vengeance, si bien que M. Margerie, qui a rouvert
la fatale croisée, revoyant la coupable à la même place
et dans la même attitude, saisit son fusil de chasse
et le décharge deux fois.

A ce bruit toute la maison accourt, et M. Margerie
revient à lui entre ses enfants, sa femme et M. de
Lorédan, car ceux qu'il a tués se portent bien. L'hal-
luciné avait tiré sur ces fantômes et ses fantômes ne
reviendront pas.

L'originalité d'un tel sujet a tenu le public sous le
charme bizarre des contes de revenants; un instant,
au milieu même de la pièce, une scène d'une inconce-
vable maladresse, puisqu'elle risquait de tromper le
public en lui présentant Mme Margerie sous un jour
équivoque, a failli tout compromettre; mais la scène
de la folie et du coup de fusil, supérieurement jouée
par M. Munié, a relevé le petit drame, qui s'est
achevé au milieu d'unanimes applaudissements.

Retour du Japon contient ce qu'on appelle une idée
de pièce, gibier très rare que j'estime beaucoup, à la
condition que la même main qui l'a tiré dans les airs
sache l'accommoder dans la casserole. Certes, M. Miron a eu bien tort de souffler la fiancée de son ami
le marin qui partait pour le Japon. Aussi, lorsque
ce même marin en revient, jugez des transes du
perfide Miron. Si le lieutenant allait reconnaître
dans Mme Miron la belle Louise Cavalier, fille du
notaire, que le marin refusa jadis sans l'avoir vue,
parce que Miron lui avait attesté qu'elle était laide?
Le marin reconnaît en effet sa ci-devant fiancée; mais
rassurez-vous, ami lecteur; le lieutenant n'est pas
féroce, et, après s'être moqué de Miron en lui faisant

accroire qu'il l'a empoisonné au moyen d'une bague
japonaise, il retourne au Japon. Etait-ce bien la peine
d'en revenir?

En revanche, il n'y a pas de pièce du tout dans *la
Pêche miraculeuse*, mais ici une sauce à la bonne
franquette fait passer l'absence de poisson. Le père
de la débutante n'avait qu'une fille ; Chamaillard-
Delannoy en a trois ; il les a menées à Dieppe toutes
les trois, pour les y marier toutes les trois, et il y réussit
en ramassant les trois gendres qu'a dédaignés la fille
de son ami Laboissière, la séduisante et cavalière Ida.
Pour celle-ci, elle épouse M. le marquis de Parisiane,
du *Chemin de Damas*, qui se fait appeler ici, je ne sais
trop pourquoi, le marquis de Champlieu. Mais je l'ai
bien reconnu : ce sont les mêmes favoris en côtelettes
et le même joli bedon.

La comédie de MM. Nus et Durantin n'est ni bien
forte ni bien neuve, mais elle ne manque pas de gaieté ; on y glane même, çà et là, de loin en loin, un
trait de comédie, celui-ci par exemple : on prie
M. Laboissière d'offrir son obole à une œuvre de bienfaisance. — « Très-bien », dit Laboissière, « inscrivez-
« moi pour cent francs : M. Laboissière, négociant en
« métaux, membre du conseil général... — Par-
« don, monsieur Laboissière, mais nous n'avons pas
« de liste ; nous recueillons l'argent dans un chapeau.
« — Pas de liste ? » s'écrie Laboissière « et dans un
« chapeau ! Voilà cent sous... » Et il replace le billet
de cent francs dans son portefeuille.

M. Delannoy fait du bonhomme Chamaillard une
caricature exorbitante, mais exhilarante aussi. M. Parade a peu de chose à faire ; MM. Georges et Goudry,
Mlles Massin et Morand jouent avec un entrain suffisant des rôles à peine indiqués.

CCLXXI

LES INGRATS

Comédie en quatre actes, par M. Jules Claretie.

Qu'on ne dise pas que l'ingratitude et les ingrats ne fournissaient pas la matière d'une étude dramatique : Shakespeare leur doit deux de ses plus beaux drames, *le Roi Lear*, ce fleuve de larmes, et *Timon d'Athènes*, cette tempête de rire fulgurant.

A mi-côte, ou, si l'on veut, au pied de ces hauteurs, on pouvait dessiner l'esquisse bigarrée des ingratitudes mondaines. Tels M. Cadol, par exemple, avait dépeint *les Inutiles*, tels M. Jules Claretie a dû rêver les ingrats, mais au théâtre il ne suffit pas de rêver, il faut agir. Il faut surtout se mettre d'accord avec soi-même et savoir ce qu'on veut.

La pièce nouvelle fut présentée sous ce titre singulier : *le Lest*, qui demande explication.

M. Claretie compare les ambitieux aux aréonautes qui ne s'élèvent dans les hautes régions de l'atmosphère qu'en jetant des sacs de lest, qui tombent où ils peuvent ; le lest dont l'ambitieux s'allège, ce sont les devoirs et les affections, les instruments et les marche-pieds devenus inutiles. Ainsi l'ambition mène fatalement à l'ingratitude.

Le Lest étant abandonné comme obscur, on est arrivé par voie de conséquence à un changement de titre qui déplace les idées du spectateur, sans que la pièce ait accompli une évolution correspondante.

Ambitieux ou ingrats, puisque, paraît-il, c'est tout un, M. Jules Claretie les a incarnés dans la personne de M. Henri Herbaut, fils d'un commandant d'artillerie en retraite.

Le commandant Herbaut est le type accompli de l'honneur poussé jusqu'au fanatisme. Henri, au contraire, trompant les espérances de son père, a quitté la voie droite pour conquérir une fortune rapide par des procédés qui, dans la vie réelle n'ont jamais conduit qu'à Mazas.

Ainsi Henri Herbaut, lancé dans les salons de la politique et de la finance, où il cherche un grand mariage, y est reçu sous le nom de baron de Bersac. N'a-t-il donc jamais songé qu'au moment décisif, il lui faudrait avouer son imposture et se faire chasser comme un chevalier d'industrie?

Un hasard met en présence le commandant Herbaut et le faux baron de Bersac ; si le commandant faisait à l'instant même son devoir, la pièce finirait au premier acte. Mais, au lieu d'arracher le masque sous lequel son indigne fils cherche à tromper d'honnêtes gens, le commandant se borne à le menacer d'une divulgation publique pour le jour où il essaierait de commettre une infamie. Mais où commence donc l'infamie pour ce chimérique soldat, à la fois si pointilleux et si tolérant? N'est-ce pas une infamie assez grande que de capter la confiance en se présentant sous un faux nom? Et quelle caution lui donne le passé d'un jeune homme qui a déjà volé la caisse de son régiment?

Le faux baron de Bersac avait demandé la main de Mlle Geneviève Letourneur, fille d'un banquier très riche ; des obstacles multipliés s'élèvent devant lui, moins par la sourde opposition de son père que par l'hostilité déclarée d'une certaine comtesse de Régny, dont il avait surpris l'amour et qu'il a brusquement délaissée. Henri Herbaut finit par faire tomber sa mauvaise humeur sur un jeune architecte, M. Maxime Latrade, l'ancien fiancé de Geneviève ; un

duel est résolu, et c'est pour l'empêcher que le commandant se décide enfin à traiter publiquement
comme il le mérite le lâche coquin que le sort lui a
a donné pour fils. Henri Herbaut, foudroyé, mais non
repentant, ira chercher fortune en Amérique.

Quant au malheureux et sympathique commandant,
il reçoit une compensation bien singulière et bien
inattendue pour tant de cruelles épreuves : il est
nommé député.

Disons encore, pour ne rien omettre, que Maxime
Latrade, s'étant aperçu qu'il n'aimait sa fiancée que
d'une affection fraternelle, épouse une petite amie de
Geneviève, Mlle Marthe, tandis que Geneviève, pour
compléter le chassé croisé, met sa main dans celle
d'un jeune gommeux, M. Raoul de Verdière.

Cette brève analyse peut sembler assez décousue ;
elle l'est moins encore que la pièce elle-même, qui
roule sur une situation unique se répétant d'acte en
acte sans aucune variation.

Si *les Ingrats* étaient signés par un débutant, je n'y
attacherais pas d'autre importance ; et je me sentirais
même engagé à lui tenir compte de quelques détails
heureux, où l'on retrouve la verve du journaliste et la
finesse du romancier.

Mais comment M. Jules Claretie, qui a marqué sa
place dans le roman, dans la critique et dans l'histoire, a-t-il pu se faire illusion sur une pièce telle que
les Ingrats ? Mon avis est qu'à l'heure présente il n'en
conserve aucune, et qu'il se juge avec plus d'inflexibi-
lité que je n'en apporte moi-même dans cet examen
sincère. Si M. Jules Claretie n'eût écouté que la conscience du critique imposant silence à l'amour-propre
du dramaturge, il aurait sans doute retiré son ouvrage
avant l'heure de la rampe, pour le remettre sur le
métier ou l'ensevelir à jamais dans ses archives
privées.

Peut-être a-t-il compté sur des scènes épisodiques, sur des mots ingénieux ou mordants, en un mot sur l'assaisonnement qui achève le succès des pièces bien faites, mais qui, dans le cas contraire, tourne à l'aigre sur l'estomac vide du spectateur.

Je ne me trouve jamais en présence d'erreurs aussi évidentes que celles-ci sans en chercher une explication qui me satisfasse moi-même, et j'arrive chaque fois à cette conclusion unique, que les échecs subis au théâtre par des écrivains d'une incontestable valeur proviennent, non d'un défaut de talent, mais d'une méditation insuffisante et d'un travail trop hâtif. Certains hommes naissent auteurs dramatiques ; mais les autres ne peuvent arriver qu'à force de volonté, de patience et surtout de logique C'est en étudiant à fond le *dessous* des combinaisons scéniques qu'on parvient à les faire vivre, palpiter et marcher.

Prenons *les Ingrats*, puisqu'aujourd'hui c'est là notre sujet de clinique.

En donnant au commandant Herbaut, l'honneur même, un fils ingrat et pervers, véritable monstre social, M. Jules Claretie se devait et devait au spectateur l'explication physiologique et psychologique d'un pareil phénomène. Il ne l'a même pas tentée, et il suffit de cette lacune pour que son drame manque de vraisemblance dans ses origines comme dans ses développements.

Je pousserais la sévérité jusqu'à l'injustice si je ne tenais compte des sentiments sains et élevés qui marquent les tendances honnêtes de l'œuvre et de l'auteur. Il faut cependant convenir que la verve encore juvénile de M. Claretie ne touche pas toujours juste ; elle s'égare parfois ou trop haut ou trop bas. Je loue fort le commandant Herbaut, mis prématurément à la retraite, d'enseigner les mathématiques aux jeunes gens ; mais lorsque cet ancien chef d'escadron d'artillerie se croit obliger d'ajouter : « Cela vaut mieux que de canonner des hommes », il débite tout bonnement une bourde sentimentale. C'est du Trochu tout pur.

Enfin, il est nécessaire que M. Jules Claretie supprime d'une main ferme les trop nombreuses plaisanteries de M. Letourneur sur la mort de sa femme Véronique ; cela touche à l'odieux, surtout lorsqu'elles s'adressent à Mlle Letourneur ; on ne parle pas ainsi à une fille de sa mère morte. Ce trait malencontreux a froissé les moins délicats.

L'interprétation s'est ressentie de la précipitation avec laquelle la pièce avait été montée. Quelques-uns des acteurs savaient à peine leur rôle. M. Laferrière, dans le rôle du commandant Herbaut, a rencontré quelques élans dignes de sa vieille renommée. Mais sa diction entrecoupée, surtout dans les tirades qu'on ne lui ménage pas assez, témoigne d'une fatigue bien concevable après une si longue carrière. Ajoutons, chose presque incroyable, que M. Laferrière avait peur !

C'est en quoi, comme en plusieurs autres choses, il diffère de Mlle Fanfan Benoîton, qui a joué avec un aplomb intrépide le petit rôle de Geneviève.

Je n'ai pas parlé d'un rôle épisodique, qu'on peut considérer comme le meilleur de la pièce, c'est un certain Paturel, type de l'ingrat universel, mordant toute main qui le caresse, servant tous les gouvernements et leur reprochant de ne pas récompenser assez largement sa perpétuelle servilité. M. Mondet, qui joue Paturel, ne brille pas par la distinction, mais il a de la chaleur et une figure ingrate ; c'est du naturel, ou je ne m'y connais pas.

J'ai vu M. Péricaud meilleur dans de meilleurs rôles que celui de Letourneur.

J'ai gardé pour la fin M. Esquier et Mlle Raynard. L'un est le jeune premier plein de fougue, qui a tenu vaillamment tête à Mlle Rousseil dans *l'Idole ;* l'autre, une jeune ingénue très rieuse, était le seul rayon de joie qui éclairât les Rabourdins nauséabonds de M. Emile Zola. Tels sont les deux artistes qu'on a justement pris, le premier pour lui confier un rôle odieux et glacial, celui du reptile à sang froid qui s'appelle Henri Herbaut, l'autre pour lui infliger le mélancolique personnage de la pleureuse Marthe. Ils s'en sont tirés tout de même ; et je suis convaincu que M. Esquier passera avant qu'il soit longtemps sur une scène plus élevée.

CCLXXII

VAUDEVILLE. 25 mars 1875.

LA REVUE DES DEUX MONDES

Revue en trois actes et un prologue, par MM. Clairville et Abraham Dreyfus.

Je ne savais pas que M. Clairville eût une dent contre la *Revue des Deux-Mondes;* peut-être l'ingénieux auteur des *Pommes de terre malades* s'est-il fait refuser par feu M. de Mars ou par M. Louis Buloz une *Etude sur la chanson comparée chez les divers peuples du globe depuis l'antiquité la plus reculée jusqu'à nos jours;* quoi qu'il en soit, la rancune est visible, et si la *Revue des Deux-Mondes* de la rue Bonaparte résiste à son homonyme du boulevard des Capucines, c'est qu'elle aura la vie dure, ou bien que l'Europe lettrée ignorera la philippique de M. Clairville.

Cette dernière hypothèse ne manque pas de vraisemblance.

On a rarement représenté quelque chose de plus nul et de plus traîtreusement ennuyeux que les trois actes dépourvus d'imagination et de gaieté qui s'appellent *la Revue des Deux Mondes*.

Il est arrivé naguère que M. Clairville se tirât d'affaires par un couplet bien tourné ; M. Clairville improvise des couplets comme le bec de canne d'une piscine improvise des bains complets. Mais hier cette eau claire nous submergeait jusqu'au-dessus de la tête ; les plus braves, craignant l'asphyxie, se sauvaient sous le ciel clément, et sans s'armer d'un courage inutile, sur le trottoir voisin allaient chercher un asile. Cinquante, cent couplets peut-être, je n'avais pas la force de les compter, sans une idée, sans une rencontre, sans un trait, sans un mot !.

La seule chose amusante, elle dure quatre ou cinq minutes, ce sont les imitations d'acteurs faites dans la salle par M. Saint-Germain, déguisé en marchand de programmes. Cela est finement et légèrement enlevé ; mais si vous défalquez la part de l'exécutant, que reste-t-il au vaudevilliste ?

On me dispensera de parler des autres acteurs, surtout des actrices ; la pièce est digne de feu Bobineau, et ces dames descendent en droite ligne de la Tour-d'Auvergne, par la rue Neuve-Coquenard. Mais si vous aimez à entendre chanter faux, c'est là qu'il faut aller, comme dit la Mignon de Gœthe.

Une exception pour Mlle Réjane, qui a débité avec beaucoup de goût un petit prologue en vers, qui a le tort de promettre en fort bons termes ce que la pièce ne tient pas.

CCLXXIII

Reprise de LA VOLEUSE D'ENFANTS

Drame en cinq actes et huit tableaux, par MM. Eugène
Grangé et Lambert Thiboust.

Avez-vous remarqué que *la Voleuse d'Enfants*,
jouée il y a quinze ans à l'Ambigu-Comique, est
identiquement la même pièce que *il Trovatore*? Sarah
Waton, la voleuse d'enfants, et Azucena, la bohémienne, ont commis le même crime et subissent la
même destinée. Mais plus heureuse qu'Azucena, qui
a brûlé son propre fils par méprise, Sarah Waton a
seulement vendu sa fille à lord Trevellian, croyant
lui livrer l'enfant de M. Morden. Il y a erreur sur la
marchandise, voilà tout.

Je suppose que la censure de 1865 eût mandé à sa
barre les deux auteurs de *la Voleuse d'Enfants* et
leur eût tenu ce langage : « Votre drame est émou-
« vant et bien fait; mais je le juge dangereux et con-
« traire à la morale publique. Vous appelez la sym-
« pathie sur une misérable femme qui fait métier de
« voler les enfants; par une combinaison dramatique,
« mais illogique, vous la frappez dans son amour
« maternel, supposant ainsi qu'un cœur de mère
« peut battre dans la poitrine d'un pareil monstre.
« Mais les vraies mères, celles que la voleuse d'en-
« fants a plongées dans un désespoir éternel, je ne
« les vois pas; qu'en faites-vous? Que m'importent
« les angoisses de cette misérable? Je ne puis sup-
« porter qu'on intervertisse de la sorte les sentiments

« les plus purs au profit de la honte et du crime.
« Mettez du moins en présence de la mère voleuse
« une mère volée, opposez l'honnête femme à la fille
« perdue; ramenez l'attendrissement à sa source légi-
« time, et je vous promets alors de retirer l'inflexible
« *veto* qu'aujourd'hui j'oppose à la représentation de
« votre mélodrame. »

En s'exprimant ainsi, la censure de 1865 n'aurait
pas seulement rempli sa mission administrative et
sociale; elle se serait encore fait honneur d'un bon
conseil donné gratuitement à deux auteurs dramatiques qui, à défaut de la sagacité qui l'eût rendu
inutile, étaient du moins assez habiles pour en profiter.

Tel qu'il est, le drame de MM. Eugène Grangé et
Lambert Thiboust ne possède guère d'autre mérite
que de fournir à Mme Marie Laurent un de ces rôles
de mère farouche dans lesquels elle excelle.

M. Lacombe a fait rire dans le rôle comique de
Pibrock, établi d'original par M. Raynard.

En somme, la reprise de *la Voleuse d'Enfants*, soutenue par sa principale interprète, exercera sans
doute une attraction de quelque durée sur le public
habituel du Théâtre Lyrique Dramatique.

CCLXXIV

COMÉDIE FRANÇAISE.   8 avril 1878.

Reprise de MADEMOISELLE DE BELLE-ISLE

Comédie en cinq actes, par M. Alexandre Dumas.

Ce n'est pas une reprise à proprement dire, puisqu'on a déjà revu *Mademoiselle de Belle-Isle* il y a
quinze ou dix-huit mois, sous les traits de Mlle Sarah

Bernhardt. A si peu de distance, la pièce ne me fournit aucune impression nouvelle.

L'interprétation seule a changé.

Mlle Broisat continuait ses heureux débuts; elle apporte du charme et de l'intelligence dans un caractère qui demande quelque chose de plus, entre les deux pôles extrêmes de la comédie et du drame, marqués le premier par Mlle Mars, le second par Mlle Rachel. Le jeu modéré, j'allais dire mitoyen, de Mlle Broisat ne suffit pas aux charges d'un si long rôle, qui exige de grands partis pris d'ombre et de lumière. Ici la modération des moyens engendre une certaine monotonie; on voudrait quelque coup d'éclat, une note de poitrine qui n'arrive pas. Ce qui prouve non pas que Mlle Broisat ne soit pas à sa place à la Comédie-Française, mais qu'on doit lui délimiter avec sollicitude un domaine à la fois choisi et restreint, qui n'exige pas de sa délicate et frêle personne plus d'efforts qu'elle n'en peut donner.

C'est toujours Mlle Croizette qui fait Mme de Prie. Si la justice distributive ne permet pas de comparer Mlle Croizette à ses devancières, à Mme Allan ou à Mlle Augustine Brohan, on souffrira du moins que je me souvienne d'elle en face d'elle-même; le procédé tourne, en définitive, à son avantage. Il y a deux ans, Mlle Croizette m'avait choqué dans le rôle de la marquise de Prie par les imperfections d'une diction qui laissait tomber les phrases comme au hasard. Hier, ses progrès sous ce rapport m'ont tout de suite frappé; elle s'est même donné quelques airs de grande dame très suffisants pour la fille du traitant Pléneuf. Elle a très bien joué le premier acte; mais très bien. Au second, on sentait quelque fatigue. Mais au troisième, Mlle Croizette n'a pu y tenir et la marquise de Prie a souligné ces mots : « Pour qu'il ne fasse pas de bruit, « n'en faisons pas ! » par un « balancé » qui rappelait,

avec trop de précision la sortie carnavalesque de
Mlle Baronnette dans *Jean de Thommeray*. De cette mar-
quise-ci à cette baronnette-là il n'y a que le jupon...
et encore!

M. Delaunay abordait pour la première fois le rôle
de Richelieu; il y a montré toutes les ressources de
sa verve juvénile et de sa voix endiablée; il est moins
grand seigneur que M. Bressant, mais aussi moins
brutal et infiniment plus gai. Il a été très justement
et très chaudement applaudi, surtout au dénouement.

M. Delaunay me pardonnera de m'arrêter à quelques erreurs de costume qui lui déplairont dès que je
les lui aurai signalées, et ses camarades, M. Joliet
par exemple, en duc d'Aumont, pourront profiter de
mon avis. Jamais un cordon bleu n'a porté la croix
de chevalier de Saint-Louis, voilà pour l'observation
générale [1]. M. de Richelieu eût été grand-croix de
Saint-Louis, à tout le moins, mais, en réalité, il n'eut
jamais cet ordre, réservé pour la récompense de mé-
rites plus modestes. Au quatrième acte, M. Delaunay,
enchérissant sur la croix de Saint-Louis, s'est pendu
la Toison d'or au col; autre méprise. M. de Richelieu
n'eut jamais la Toison d'or. L'*Almanach royal* a
donné, jusqu'à la Révolution française, le nom des sept
ou huit Français revêtus de cette éminente distinction;
M. de Richelieu n'y figure pas. Du reste, M. Delaunay peut consulter le grand portrait gravé du maréchal octogénaire, en costume d'apparat; il y remar-
quera que le maréchal ne portait pas d'autre ordre
que le Saint-Esprit.

---

[1] On m'a fait remarquer que le port de la croix de Saint-
Louis est indiqué par une phrase de la pièce. Raison de plus
pour que le duc de Richelieu ne porte pas le cordon du
Saint-Esprit, qui ne lui fut conféré qu'en 1729, trois ans après
la disgrâce du duc de Bourbon, qui éclate au dénoûment de
Mademoiselle de Belle-Isle.

Dernière remarque moins futile qu'il ne semble. Il faisait très chaud dans la salle ; un Marseillais s'écria : « Je cuis dans mon *jusse !* » Et comme on riait : « *Té*, répliqua-t-il, je parle comme la comédie ; vous entendez bien qu'il disent tous Monsieur l'évêque de *Fréjusse !* »

CCLXXV

Odéon. (Second Théatre-Français.) 14 avril 1875.

UN DRAME SOUS PHILIPPE II

Drame en quatre actes en vers, par M. Georges de Porto-Riche

Le drame de M. de Porto-Riche, annoncé depuis tantôt six mois, excitait assez de curiosité pour que je me sente obligé d'aller au-devant des questions et de prendre justement mon roman par la queue. J'annonce donc tout d'abord que c'est un début éclatant, et un succès mérité.

M. de Porto-Riche n'était hier qu'un « jeune » ; aujourd'hui, c'est un écrivain dramatique. Je le dis parce que je le pense, et je suis heureux de le penser, parce que, en considération de qualités solides et rares, j'ai le droit de discuter le drame de M. de Porto-Riche avec l'attention réfléchie et sévère qu'on soit aux œuvres d'un rang élevé. M. de Porto-Riche n'a plus que faire de la menue monnaie des encouragements ; la critique le doit traiter, non plus en débutant avide d'indulgence, mais en homme de talent, qui peut profiter des objections et des conseils.

Les quatre actes de M. Porto-Riche se passent à Madrid dans l'intérieur du palais.

.. Le roi Philippe II, dont le cœur n'avait jamais battu pour une femme, est dévenu amoureux, vers sa quarante-deuxième année, de dona Carmen d'Alcala; mariée à un duc sexagénaire, l'un des plus fidèles serviteurs de la couronne. La duchesse est vertueuse, bien qu'elle nourrisse en secret un tendre sentiment pour don Miguel comte de la Cruz, le meilleur ami de son mari. Malheureusement pour elle, le monarque absolu, à qui rien ne résiste dans les deux mondes et qui se flatte au besoin de dominer Dieu lui-même en le servant, est arrivé au point où la passion ne souffre plus d'obstacle. Pour séparer le vieux duc de sa femme, il le charge d'une mission dangereuse auprès du duc d'Albe dans les Flandres. Le duc d'Alcala ne saurait résister à la volonté du roi ; partant sur l'heure, il laisse dona Carmen sous la garde de Miguel, et fait jurer à celui-ci de veiller sur l'honneur des Alcala.

Cette situation, habilement posée au premier acte, se développe au second. Depuis deux mois, Carmen et Miguel se sont vus tous les jours ; éperdûment épris l'un de l'autre, comment n'ont-ils pas succombé ? C'est que l'honneur et la foi du serment parlent plus haut que l'amour dans l'âme et le cœur de Miguel. Une lutte étrange s'engage entre les deux amants demeurés purs ; c'est Carmen maintenant qui attaque et Miguel qui se défend. Pour empêcher celui qu'elle aime de quitter Madrid, elle le fait nommer capitaine des gardes, faveur compromettante pour Miguel, qui conspire, avec l'infant don Carlos, la liberté des Flandres. Une explication violente s'engage ; Carmen se jette purement et simplement à la tête de Miguel.

« — Ah ! dit-elle, ce serait infâme,

> Après avoir brisé le repos d'une femme,
> Egaré son esprit, terni sa pureté,

De fuir, en lui jetant le mot de loyauté !
Oui ! j'avais le bonheur, la paix, la quiétude.
N'ayant point de remords, vivant sans lassitude,
Je voyais s'écouler des jours calmes et doux,
Dans le foyer paisible, à côté de l'époux,
Sans rêve dans le cœur, l'âme droite et candide,
Quand vous êtes venu comme un hôte perfide
Vous asseoir entre nous, vous glisser au foyer.
A mes yeux ignorants vous avez fait briller
Tout un monde nouveau. Guettant l'heure propice,
Vous avez par vos soins capté l'âme novice,
Usurpé sa tendresse et faussé sa raison.
Et maintenant qu'elle a respiré le poison,
Lorsque rien du passé n'est debout dans moi-même,
Lorsque vous triomphez, alors que je vous aime,
Vous parlez de devoirs ! Ah ! tenez, c'est pitié
De vous voir invoquer l'honneur et l'amitié,
Vous dont le dévouement cachait l'espoir d'un crime,
Et qui depuis deux ans me poussez à l'abîme !

Et comme Miguel résiste encore, Carmen s'écrie :
Je me perdrai ! Je tomberai !

On m'aime, je suis belle, et vous verrez si j'ose !

Elle ose, en effet, Miguel s'enfuit, le roi entre. Le
rideau baisse sur cette fin du second acte, qui indique
clairement ce que l'auteur n'aurait pas pu montrer.

Au troisième acte, Carmen est la maîtresse du roi ;
jetée, en une heure d'égarement, dans les bras du
monarque farouche et sanglant qui lui fait peur, elle
le voit trembler devant elle sans qu'elle puisse cependant ni le dominer ni rompre avec lui. La conspiration
ourdie par l'infant Carlos avec les seigneurs flamands
est découverte ; les conjurés sont arrêtés ; Miguel,
que la duchesse voulait sauver, aime mieux périr que
d'accepter l'appui déshonorant d'une femme que
maintenant il méprise.

Carmen entreprend de l'arracher malgré lui au supplice qui l'attend. Ici nous entrons dans le quatrième

acte qui est à lui seul, qu'on prenne ceci pour un blâme ou pour un éloge, comme un drame tout entier, tant les situations y sont nombreuses, fortes et pressées.

Au premier mot de grâce qu'ose prononcer la duchesse, le roi devient soupçonneux, puis furieux. Tour à tour monarque, justicier, amoureux en délire, suppliant et farouche, le sombre Philippe II présente au spectateur fasciné le spectacle superbe et terrible des passions contraires s'entrechoquant comme les éclairs et la foudre au sein des nuages. C'est en cette scène, vraiment grande, que le jeune auteur, affirmant son originalité personnelle et sa puissance dramatique, donne sa vraie mesure et se montre l'émule des maîtres de la scène française.

Nous touchons au dénoûment.

A peine le roi a-t-il promis la grâce de Michel sur l'Evangile, qu'une révélation foudroyante lui parvient : Carmen aimait don Miguel de la Cruz et c'est chez elle que se réunissaient les conspirateurs. La colère du roi est effrayante : punir doña Carmen ? Il l'aime trop encore. Tuer don Miguel ? Il a juré de le sauver.

> Quand je voudrais frapper, il faut me contenir ;
> Je ne puis pardonner, et je ne puis punir !
> Ah ! puissé-je trouver pour laver cette injure,
> Sans ôter mon pardon, sans devenir parjure.
> Un moyen ténébreux qui dégage ma foi,
> Dussé-je en rabaisser la majesté du roi !

Le moyen se présente en la personne du vieux duc d'Alcala, qui revient inopinément des Flandres. Le roi Philippe rabaisse, en effet, la majesté royale jusqu'à instruire hypocritement le mari des bruits qui courent sur l'amour de sa femme pour le comte de la Cruz. Cela fait, il signe la grâce et va la porter lui-même à la duchesse. Il est bien tranquille mainte-

nant ; sa vengeance a passé la main ; c'est maintenant
au mari à faire l'office du bourreau.

En effet, lorsque la duchesse, tenant le parchemin
scellé du sceau royal, s'élance vers la place où déjà
les chants funèbres se sont fait entendre, le duc se dresse
terrible et lui arrache la grâce, qu'il foule aux pieds.
Vainement Carmen cherche-t-elle à détromper le duc
et à lui faire comprendre que Miguel est resté fidèle
à ses serments, le vieux seigneur ne veut rien écouter. Le glas sonne, le *miserere* retentit, la hache s'abat ;
Miguel est mort... Alors Carmen, revenant à elle,
saisit le poignard qui brillait à la ceinture du duc :

> Ton ami, que tu viens d'immoler lâchement
> Est mort fidèle à toi, martyr de son serment.
> Ce n'est pas dans son sang que tu laves ta honte ;
> Ta main s'est égarée en voulant être prompte.
> Eh bien, oui, je l'aimais ! et tu m'as pris ses jours !
> Implacable vieillard, qui brise mes amours,
> Roi, lâches courtisans, féroce populace,
> Vous tous, agenouillés sur cette immense place,
> Cet homme, dont le sang excite vos clameurs,
> Celui qu'on a tué, je l'adore, et j'en meurs !...

Elle se poignarde, et, comme le farouche vieillard
raille encore son agonie, en lui disant à l'oreille :

> Dormez en paix, duchesse d'Alcala,
> J'ai tué votre amant...

Carmen se redresse dans un effort suprême et,
montrant le roi qui passe, répond ces seuls mots :

> ... Mon amant, le voilà...

Et elle meurt.

Je ne crois pas exagérer en déclarant que rien de
si saisissant ne nous a été montré depuis longues années. Si tout était de la même force que le quatrième

acte, M. de Porto-Riche, pour un coup d'essai, aurait fait un coup de maître.

Mais ici commence le chapitre des critiques et des réserves. La pièce s'ouvre par une exposition claire et logiquement déduite, quoiqu'un peu longue ; elle finit mieux encore par une succession de scènes terribles qui ne laissent pas au spectateur le temps de respirer. Entre ce point de départ et ce point d'arrivée, deux actes vides trahissent l'inexpérience, compagne ordinaire des audaces juvéniles. Ceci n'est rien.

Si j'ai bien démêlé les sentiments du public très nombreux qui se pressait dans la salle de l'Odéon, il me semble qu'une impression complexe amenait parfois le spectateur à se défendre contre les coups que portait l'auteur à sa sensibilité nerveuse. L'étude très complète, très fouillée, exagérée peut-être, qu'il nous a donnée du roi Philippe II froissait, je le crains, quelques susceptibilités ombrageuses, tandis qu'il contrariait les vues saines et claires de l'histoire. M. de Porto-Riche, en peignant Philippe II comme un sectaire couronné, ne nous montre qu'une des faces du personnage ; ce n'était pas le défenseur de la foi qui torturait les Flandres, c'était le chef de la maison d'Autriche, combattant pour sa domination politique contre l'indépendance des peuples.

Allons plus loin. Je regrette l'avilissement de cette figure royale ; Philippe II, dévot, superstitieux, sanguinaire, amoureux (le fut-il jamais ?) au milieu du sang et des larmes, présente une grandeur farouche qui me saisit et s'impose à moi ; mais la lâcheté de l'amant dénonçant sa maîtresse à l'époux outragé abaisse à la fois le caractère et le drame lui-même.

Le même sentiment s'attache à l'acte infâme du vieux duc qui laisse périr son ami de la mort des criminels, au lieu de le sauver pour lui demander ensuite la réparation de son offense prétendue. A cette phase du drame, les sympathies du public ne savent plus à qui s'adresser, puisque Miguel est mort, et il ne surnage qu'un sentiment d'horreur presque répulsif.

J'étonnerai peut-être M. de Porto-Riche en lui signalant les analogies très marquées de son dénouement avec celui d'*Elisabeth d'Angleterre*, de feu Ancelot, tragédie représentée au Théâtre-Français en 1829. Je suis convaincu qu'il les aurait évitées s'il avait connu la pièce de son célèbre prédécesseur ; car l'originalité de sa conception lui reste acquise par l'innocence respective de Miguel et de Carmen, tandis que, dans la tragédie d'Ancelot, Essex est coupable envers les deux femmes qu'il a toutes deux trahies, et la duchesse de Nottingham mérite positivement la terrible vengeance que lui inflige son mari.

Ces restrictions exprimées, et sans m'arrêter à la discussion d'un style qui se cherche encore, il ne me reste qu'à conclure : M. de Porto-Riche est *né* auteur dramatique ; le travail et la réflexion le conduiront à une maturité précoce, et dès aujourd'hui le théâtre contemporain peut placer en lui des espérances, qui, nous y comptons bien, ne seront par déçues.

Tout a déjà été dit, dans ce journal même, sur la mise en scène pleine de richesse et de goût qui fait valoir le drame de M. de Porto-Riche, et qui ne laisse pas le second Théâtre-Français en arrière du premier.

Deux artistes remarquables ont à revendiquer une large part du succès : Mlle Rousseil, d'abord, qui, un peu trop contenue peut-être dans les premières parties, a eu d'admirables elan de passion et de désespoir dans les grandes scènes du quatrième acte. Ensuite M. Gil Naza, qui a composé le rôle de Philippe II avec l'art le plus remarquable et le plus consommé. Ayant à lutter contre les imperfections d'une voix insuffisante, M. Naza la ménage avec assez de

prudence et de savoir pour arriver à des effets complets, surtout dans la scène de la grâce qu'il a jouée en
tragédien.

M. Masset fait des progrès ; il montre de la chaleur
et de la sensibilité sous les traits de Miguel de la
Cruz.

L'accent bizarre de M. Talien a fait trouver un peu
longues les plaintes du duc outragé ; cependant, cet
artiste consciencieux n'est pas sans mérite ; et, à la
répétition générale, on l'avait jugé supérieur à lui-
même. Espérons qu'il se retrouvera.

CCLXXVI

GYMNASE-DRAMATIQUE.   15 avril 1875.

LE COMTE KOSTIA

Drame en cinq actes, par MM. Victor Cherbuliez et
Raymond Deslandes.

Pour les spectateurs qui ne connaissent pas le
roman d'où M. Victor Cherbuliez a tiré sa pièce avec
le concours expérimenté de M. Raymond Deslandes,
je crains bien que *le Comte Kostia* n'apparaisse comme
une énigme sans mot.

Il s'agit d'un grand seigneur russe qui s'imagine
avoir été trompé par sa femme, qui est morte. Retiré
dans son manoir, au milieu des montagnes, il se
livre à des travaux scientifiques, sans pouvoir domp-
ter une humeur noire qui retombe sur tout ce qui
l'entoure. L'arrivée d'un jeune Français, Gilbert Saville, qui doit aider le comte dans la rédaction de ses
notes, vient bouleverser cette paisible et sombre exis-

tence. Dès la première heure, Gilbert se trouve face
à face avec un jeune garçon de quinze à seize ans,
mal élevé, capricieux, insolent, qui le menace de sa
cravache. C'est Stephane, le fils du comte Kostia.
Gilbert, peu endurant de sa nature, entreprend de
corriger ce petit drôle en lui tirant les oreilles ; mais,
ô surprise ! l'enfant taquin et turbulent est une
femme...

Le médecin du château, un serf affranchi, nommé
le docteur Wladimir, explique ce mystère à M. Gilbert
Saville. C'est le comte Kostia qui a imaginé et exigé
ce travestissement, parce que Stephane ou Stephana
sous ses habits de fille ressemblait trop à sa mère,
de qui le souvenir est demeuré insupportable à l'époux
outragé.

La scène qui a eu lieu entre l'hôte français du château de Kostia et le sauvageon russe détermine une
crise. Stephana essaye de reconquérir la tendresse de
son père putatif ; repoussée durement, elle veut s'empoisonner avec le même poison dont mourut sa mère.
Saville, qui la surveillait avec la sollicitude d'un amour
naissant, lui arrache le breuvage des mains avant
qu'elle ne l'ait bu jusqu'à le dernière goutte.

Voilà la matière des trois premiers actes. Les deux
derniers nous montrent la transformation du méchant
gamin du premier acte en une jeune fille affectueuse
et soumise, et nous apprenons que la comtesse, atro-
cement calomniée, est morte victime des machina-
tions ourdies par le docteur Wladimir, lequel, après
avoir avoué la vérité, se fait sauter la cervelle.

Gilbert Saville épousera Mlle Kostia.

Ces aventures romanesques ne renferment aucune
situation dramatique dans le sens propre du mot ; il
est à croire que le roman n'en fournit pas non plus,
sans quoi MM. Victor Cherbuliez et Deslandes ne l'y
auraient pas laissé dormir.

Le premier acte, ingénieusement présenté, est relevé par une saveur locale d'un effet assez piquant. L'antipathie primesautière qu'éprouvent l'un pour l'autre deux êtres, qui finiront par s'adorer, s'accuse sous une forme vive et mouvementée, mais, dès le second acte, on apprend que Stephane n'est qu'une femme, et la suite se devine ; or, une pièce devinée est une pièce finie.

On comptait beaucoup sans doute sur l'effet du rôle hybride de Stephane ; mais on se trompait. Le « *type étrange* » des petites créatures noiraudes et maigriottes, moitié fille, moitié garçon, est entré dans le domaine du poncif, c'est-à-dire du surmoulage banal, depuis que George Sand, à la suite de Gœthe et de Byron, en a usé et abusé. Combien de fois n'a-t-il pas été joué par Mmes Galli-Marié et Jane Essler avant d'être abordé par Mlle Tallandiera? L'actrice, quelle qu'elle soit, n'y trouve guère son compte ; et plus elle réussit sous le travesti du jeune homme, plus on la trouve garçonnière sous les vêtements de la jeune fille. Mlle Tallandiera fait de visibles efforts pour adoucir sa voix et pour discipliner ses gestes ; puisse-t-elle arriver, par un travail assidu, à conquérir une diction juste et un jeu naturel.

M. Pradeau est assez drôle sous les traits d'un professeur gourmand, qui, à ce que je suppose, doit être, dans le roman, le pope du château, moitié prêtre, moitié domestique.

Mais quelle singulière idée d'avoir affublé Landrol d'un rôle de traître qui convient si peu à sa jovialité méridionale ?

M. Pujol et M. Villeray sont des comédiens consciencieux, qui semblaient hier soir s'être donné le mot pour marcher sur la pointe du pied et parler à demi-voix comme dans la chambre d'un malade. Leur entretien du second acte, notamment, pourrait s'appeler le duo des ventriloques.

Je ne quitterais pas le Gymnase sans présenter une observation, singulière peut-être, mais utile au sujet de la mise en scène. Par un hasard vraiment fâcheux pour la moitié du public, les scènes principales, moins deux, se passent sur la droite du théâtre, de sorte que pas un des spectateurs placés dans la partie gauche de la salle n'en a entendu ni vu la plus petite partie. La remarque en a été faite par plusieurs d'entre eux, et je la transmets à qui de droit.

CCLXXVII

Ambigu-Comique.   20 avril 1875.

L'AFFAIRE COVERLEY

Drame en cinq actes et sept tableaux, par MM. Henri Crisafulli et Barbusse.

Le nouveau drame de l'Ambigu fut écrit, présenté, reçu et répété sous le titre de l'Affaire Tichborne. Que Tichborne soit devenu Coverley, je le comprends à merveille après avoir vu la pièce. Que le héros du grand procès anglais soit un faux Tichborne, comme l'ont décidé les tribunaux, ou un faux Arthur Orton, comme le soutiennent ses partisans, on n'a pas à lui reprocher d'autre crime que ses prétentions au titre et à l'héritage des Tichborne. Le Coverley du drame, au contraire, est un monstre, assassin, voleur et bigame. Il est à parier que si les noms de Roger Tichborne et d'Arthur Orton eussent été maintenus sur les affiches, les amis du person-

nage n'eussent pas manqué une si belle occasion de
recommencer devant la justice française le procès
qu'ils ont perdu devant les cours de Londres, et de
réclamer des dommages-intérêts, qui auraient profité
à la liste civile de leur client.

J'ai vainement essayé, pendant un court séjour à
Londres en 1871, de pénétrer dans l'enceinte de la
cour supérieure où se jugeait le procès intenté par le
prétendu Tichborne en revendication des biens du
défunt vicomte : la petite porte qu'on remarque la
première à droite en entrant dans l'immense et
magnifique salle des Pas-Perdus, qui s'appelle Westminster Hall, s'entr'ouvrait à peine toutes les heures
pour laisser pénétrer deux ou trois privilégiés, tant
l'affluence était considérable et la curiosité persistante.
Je ne connais donc le *claimant* ou réclamant que par
des photographies qui s'étalaient à toutes les vitrines
du Strand et de Regent-Street, et qui, certes, n'étaient
pas flatteuses pour lui : vraie physionomie de bou-
canier, pour ne pas dire de *convict* retour d'Australie.
Mais il ne faut pas se fier exclusivement aux apparences. En dépit de son aspect peu séduisant,
Arthur Orton s'est créé de prodigieuses sympathies
dans la libre Angleterre ; aujourd'hui encore, après la
condamnation portée contre lui par le jury, l'opinion
demeure partagée sur cette mystérieuse affaire, dont
tout le monde parle en France, sans la bien connaître.

La voici résumée en peu de mots.

Le vicomte de Tichborne mourut, il y a quelques
années, laissant une veuve qui n'avait nul droit sur
ses biens patrimoniaux, et un fils dont le sort était
inconnu ; on le supposait parti pour l'Australie, mais
il n'avait pas donné de ses nouvelles depuis plus de
dix ans. On admit le décès comme constant, et un
collatéral fut envoyé en possession des biens territo-
riaux constituant l'héritage des Tichborne.

Or, dans le courant de 1870, un individu se présenta sous le nom de Roger vicomte de Tichborne. Comment expliquait-il sa disparition et son silence pendant de longues années ? Je n'en sais plus rien. Quoi qu'il en soit, il apportait à l'appui de ses prétentions une suffisante vraisemblance ; et lady Tichborne le reconnut pour son fils. Une lutte judiciaire s'engagea devant la cour du banc de la reine entre le *claimant* et le collatéral tenace qui ne croyait pas aux revenants. De part et d'autre, on alla chercher des *evidences*, c'est-à-dire des témoignages, à trois, quatre et cinq mille lieues, le réclamant soutenant qu'il était réellement le vicomte de Tichborne, et le défendeur s'attachant à prouver que son adversaire n'était autre qu'un ancien garçon boucher, nommé Arthur Orton. Après un nombre infini de ces immenses audiences qui n'épuisent jamais la patience des juges britanniques, la cour déclara que le réclamant n'avait pas fait la preuve de son identité et le débouta de sa demande au civil

Une partie de la haute société anglaise avait pris fait et cause pour lui et subvenait par de larges souscriptions à sa représentation personnelle et aux frais de la procédure.

Mais la justice criminelle intervint alors.

En France, une réclamation analogue, fût-elle cent fois déraisonnable, n'entraîne guère de responsabilité contre ceux qui l'ont formulée : témoin l'audacieux procès intenté par les Naundorff à M. le comte de Chambord. On est plus sévère de l'autre côté du détroit.

Il faut savoir que nulle affirmation ne peut se produire devant une cour anglaise qu'en forme d'une déclaration écrite et signée sous la foi du serment et appelée, pour cette raison, un *affidavit*. Il résultait de l'arrêt civil une suspicion de fausseté contre les déclarations produites par le prétendu Tichborne et ses témoins. En conséquence, le *claimant* fut déféré, sous le nom d'Arthur Orton, à un jury qui le condamna pour faux témoignages à dix années, je crois, de servitude pénale, c'est-à-dire de travaux forcés.

. Ces faits connus, on va voir à quel point *l'Affaire Coverley*, drame à spectacle, s'éloigne de l'affaire Tichborne, histoire vraie.

Les auteurs supposent d'abord entre sir Roger Coverley et Arthur Gordon une ressemblance tellement frappante qu'elle puisse tromper ses parents les plus proches ; c'est la donnée du *Courrier de Lyon*. Arthur Gordon, déjà marié et père d'une petite fille, est saisi d'une passion insensée pour miss Emily, qu'adore Roger Coverley ; il parvient à faire manquer leur mariage. Roger, de désespoir, s'embarque pour l'Australie sur le navire *la Bella* ; Arthur l'y suit, l'assassine pendant une tempête et s'empare de ses papiers. Seul survivant du naufrage de *la Bella*, Arthur Gordon a beau jeu pour se présenter comme étant Roger Coverley. Cependant, il est assez bête, passez-moi le mot, pour révéler son existence à sa femme, qu'il fait venir auprès de lui en Australie, *afin de mieux se débarrasser d'elle*, ce qui n'empêche pas la malheureuse créature d'en partir pour rejoindre Arthur à Londres, juste au moment où il se fait reconnaître par lady Coverley comme son fils bien-aimé. Voila bien des voyages pour une femme seule, et qui est si pauvre qu'elle n'a pas de quoi nourrir son enfant.

A peine lady Coverley a-t-elle pressé sur son cœur maternel l'assassin de son fils, que Mme Gordon, la mère d'Arthur, se trouve en présence du prétendu Roger Coverley, qu'elle reconnaît à première vue pour son fils à elle, Arthur Gordon. La scène est très dramatique et très saisissante. Victor Séjour nous en

avait présenté l'esquisse dans *le Fils de la Nuit*. Si
Mme Gordon insiste, Arthur est perdu. Il paye
d'audace : — « Je suis ton fils, lui dit-il à voix basse :
j'ai assassiné Roger Coverley ! si tu me trahis, je
porte ma tête sur l'échafaud. » Ce coup de théâtre,
très osé, fait de l'innocente mistress Gordon la complice
d'un crime abominable, ce qui nous ramène à la situation capitale de *Rose Michel*. — « Non ! ce n'est pas
là mon fils ! » s'écrie la pauvre femme plus morte que
vive, et à ces paroles de Scribe il ne manque que la
musique de Meyerbeer, pour que nous nous trouvions
transportés à l'Opéra, au quatrième acte du *Prophète*.

Débarrassé de sa mère, Arthur essaie de faire disparaître sa femme, avec l'aide d'un misérable, Ned
Gordon, son cousin et son confident. La malheureuse
Ellen, saisie en pleine montagne, à deux pas du château
de Coverley, où elle allait démasquer l'infâme, est
bâillonnée par Arthur qui lui serre la tête dans un
mouchoir blanc et la jette évanouie en travers de la
voie ferrée, sur un rail. Mistress Gordon, qui suivit
les traces de sa bru, arrive à temps pour la retirer de
cette position délicate. Ned veut s'opposer au sauvetage ; une lutte s'engage sur la ballast entre Ned et
mistress Gordon, et, au moment où celle-ci va suc-
comber, le train passe, la locomotive tamponne Ned
Gordon, qui tombe broyé sous les wagons.

Au dernier acte, Arthur Gordon, reconnu, maudit,
accablé par ses victimes, est en proie à de violentes
attaques de remords ; il meurt foudroyé dans une
hallucination terrible qui fait dresser à ses yeux le
cadavre sanglant de Roger Tichborne.

Voilà bien des horreurs ; mais ce n'est pas absolument en pure perte que les auteurs les ont accumu-
lées. Leur drame, alourdi çà et là par des longueurs,
des contradictions et des invraisemblances choquantes,
a du mouvement et de l'intérêt. Le double personnage

de Roger Coverley et d'Arthur Gordon est joué avec
autant d'adresse que de vigueur par M. Paul Deshayes, qui a vraiment du talent, et qui jongle avec ces
rôles herculéens comme Holtum avec son boulet de
canon. Si l'enthousiasme peu mesuré des galeries
supérieures voulait permettre à M. Paul Deshayes de
faire un geste ou de dire un mot sans les souligner par
ses applaudissements de commande, le véritable public se chargerait à lui seul de faire à M. Paul Deshayes des ovations, suffisantes pour son amour-propre
et plus flatteuses pour sa conscience d'artiste.

Mlle Duguéret, qui joue mistress Gordon, s'est
tirée d'affaire par quelques mouvements énergiques ;
mais la sensibilité lui manque ; au fond, c'est une
actrice froide, qui cherche des effets sans les trouver;
il ne suffit pas de donner des tapes dans son bonnet
comme Mlle Fargueil ; il faudrait trouver le dessous
du bonnet Fargueil, je veux dire l'intelligence et la
passion.

J'allais oublier l'un des plus puissants interprètes du
drame, la locomotive du sixième tableau ; elle fonc-
tionne bien sous la conduite d'un brave machiniste
aux mains noires, qu'on a rappelé comme un premier
ténor. Pas égoïste, ce machiniste ; il a fait relever le
rideau pour partager son apothéose avec le chauffeur
et le graisseur. On a oublié le cantonnier.

Sérieusement, le tableau du chemin de fer est très
bien mis en scène, et je ne voudrais pas être à la place
de M. Liébert, qui joue le rôle de l'écrasé. Eh bien! le
croirez-vous ? dans cet acte du chemin de fer, l'épisode
qui produit chez le spectateur l'émotion la plus vive,
ce n'est ni le passage du train, ni la mort horrible de
Ned Gordon, c'est la vue d'Ellen évanouie, bâillonnée,
masquée, la tête posée sur le rail où elle va périr.
Tant il est vrai qu'au théâtre l'émotion réside
plutôt dans ce qu'on craint que dans ce qui arrive,

dans l'imagination qui est infinie, que dans la réalité tangible, mère des déceptions !

CCLXXVIII

LES BRIGANDS DE MACHECOUL

Drame en cinq actes et sept tableaux, par M. Gustave Richard

L'affiche du Théâtre Cluny annonçait un drame à grand spectacle et un entr'acte de vingt minutes entre le second et le troisième acte, « vu l'importance du décor ». La difficulté, c'était de distinguer entre les actes et les tableaux ; plusieurs critiques s'y sont trompés et ont appris, en rentrant dans la salle après un quart d'heure de promenade, que l'incendie et l'inondation du moulin de Grandlieu s'étaient accomplis en leur absence. Ceux-là n'ont vu de la pièce que les entr'actes, et ne s'en montraient pas mal satisfaits. Vers minuit, on parlait de tirer au sort un « *malheureux* », comme disent les typographes, pour désigner le veilleur de nuit qui préside aux dernières corrections d'un journal jusqu'à sa mise sous presse. Ce *malheureux*, choisi parmi les écrivains les plus compétents, se serait chargé d'envoyer le lendemain matin à ses confrères une circulaire racontant le dernier acte de la pièce ; et les autres s'en seraient allés mettre à profit, sans plus attendre, le lourd sommeil qui chargeait leurs paupières. Mais, après mûre délibération dans les couloirs, tout le monde est resté. Qu'on dise encore que, dans notre pays, les grands dévouements manquent aux grandes occasions

Du reste, la récompense ne s'est pas fait attendre.

Le septième acte des *Brigands de Machecoul* est tout simplement la septième merveille de cette prodigieuse épopée. Essaierai-je de vous la raconter? Je n'oserais. Pour motiver mon abstention, je la mets à couvert sous la déclaration d'un des personnages de la pièce, le tambour-major Belloche, ainsi conçue : « Mon avis est que cette histoire est une véritable « bouteille à l'encre à laquelle je ne comprends rien « du tout. » Le bon sens passe, à bon droit, pour une qualité française ; et le tambour-major Belloche est un vrai Français. Je ne m'explique pas bien à quel titre il accompagne les représentants du peuple en mission qui s'aventurent la nuit dans les bois pour y faire patrouille tout seuls comme le citoyen Guépin, préfet de Nantes au 4 Septembre.

Qu'il vous suffise de savoir que les aristocrates et les révolutionnaires sont dépeints avec impartialité par M. Gustave Richard ; le meunier Penhoël, qui a séduit et abandonné la Coliberte, ne vaut pas mieux que le ci-devant marquis de Chasseloir, qui a séduit et abandonné Thérèse Penhoël. Le meunier jacobin, au moment d'assassiner sa femme, est poignardé lui-même par le chouan Kérouan, qui sera fusillé.

Or, ce chouan, qui contrefaisait l'aveugle, possédait un chien caniche qui paraissait avoir de nombreux amis parmi les spectateurs ; car, à son apparition au septième acte, une partie du public s'est mise à appeler Azor ! Un peu confus de cette ovation, le caniche a pris la fuite, et avec lui s'est évanouie la dernière attraction de la pièce.

Les Brigands de Machecoul sont écrits dans un style étrange, qui tient le milieu entre le batignollais et le maringouin. On y trouve des choses comme celle-ci : « Regardez le canon qui tonne ! » Cette syllepse hardie peut passer pour un *lapsus* ; mais que veut dire :

« Voilà le vent du Nord qui souffle son fourneau ? »
Je livre l'explication de cette énigme à la sagacité du
tambour-major Belloche, qui aura le temps d'y penser
d'ici à la centième représentation des *Brigands de
Machecoul.*

CCLXXIX

BOUFFES-PARISIENS.   24 avril 1875.

LES HANNETONS

Revue du Printemps en trois actes et six tableaux,
par MM. Eugène Grangé, Albert Millaud et Jacques Offenbach.

S'il était permis de citer Boileau à propos d'une
revue des Bouffes-Parisiens et d'une revue qui s'appelle *les Hannetons*, c'est au « législateur du Parnasse »
qu'il faudrait emprunter un vers où se trouvent signalés
les difficultés et les périls de l'Actualité :

Le moment où je parle est déjà loin de moi !

Ainsi, par un contre-temps imprévu, la revue des
Bouffes déplorait la mutilation du Jardin des Tuileries
juste au lendemain du jour où les radicaux du conseil
municipal venaient de donner une preuve de bon
sens en s'opposant à cet acte de vandalisme.

Autre guignon. La donnée même de la revue est en
désaccord avec les indications du baromètre et du
thermomètre. On nous montre le Printemps de 1875
emmitouflé, cacochyme et grippé, alors qu'avril
déverse sur nos têtes une chaleur inaccoutumée. Que
voulez-vous ? Il aurait fallu l'écrire au lever de l'au-
rore, la répéter à midi et la jouer le soir même.

On chante beaucoup dans *les Hannetons* ; c'est une

opérette en pot-pourri tirée exclusivement des œuvres d'Offenbach ; l'oreille reconnaît au passage des fragments de *la Belle Hélène*, d'*Orphée aux Enfers*, du *Savetier et le Financier*, de *Madame l'Archiduc*, de *Geneviève de Brabant*, etc. Cela pourrait s'appeler *les Hannetons d'Offenbach, revue d'Offenbach, par Offenbach*.

Aussi le public, d'ailleurs très bienveillant pour le compositeur et pour les librettistes, s'est-il mis à rire d'un rire inextinguible lorsqu'il a vu descendre du cintre un rideau-affiche contenant des annonces dans ce goût : « *La douce Révalescière*, musique de Jacques Offenbach ; *les Soirées du Monsieur de l'Orchestre*, musique de Jacques Offenbach ; *Train de plaisir pour le Havre*, musique de Jacques Offenbach ; *Ouverture des bains froids*, musique de Jacques Offenbach; *Papier Rigolot*, musique de Jacques Offenbach, etc., etc. L'à-propos arrivait juste pour désarmer les frondeurs. Figurez-vous un écolier qui, sur le point d'être puni, arrache les verges des mains du *magister* et se cingle soi-même de la meilleure grâce du monde. Il ne se fait pas grand mal, je l'avoue ; mais il faudrait avoir le cœur bien dur pour ne pas lui pardonner et même pour ne pas ajouter au pardon un cornet de dragées.

Une revue ne se raconte pas. M. Albert Millaud a collaboré à l'improvisation de celle-là avec la bonne humeur et la facilité dont il donne chaque jour dans le *Figaro* d'inépuisables témoignages. Parmi les scènes qui défilent à travers ces six tableaux, les unes sont très amusantes et d'autres moins ; celle-ci tombe ou languit, celle-là se relève et court la poste. Par exemple, le verglas du 1ᵉʳ janvier est d'une fantaisie vraiment réjouissante. C'est un rendez-vous sur la glace. La petite dame essaie d'écouter son amoureux sans perdre l'équilibre ; mais à l'impossible nulle n'est tenue ; donc elle prend son parti de la situation, et s'assied par terre pour entendre la déclaration ; l'amant veut se jeter aux genoux de sa belle, et tombe de tout son long ; survient le mari furieux, qui s'étale sur le ventre ; seul le sergent de ville, colonne inébranlable de l'ordre social, domine la situation et fait conduire au poste, sous l'inculpation de vagabondage, le mari, la femme et l'amant.

L'attraction finale des *Hannetons*, c'est le fameux duo des Hommes armés, de *Geneviève de Brabant*, chanté par Mmes Théo et Peschard. Comment Mme Théo s'y prend-elle pour imiter ce fantoche qui s'appelle Gabel ? Je ne sais, mais elle y parvient avec beaucoup de finesse et de gaîté.

Mme Peschard a eu beaucoup de succès en chantant une valse vocalisée, que Jacques Offenbach a reprise dans une opérette peu connue et dont j'ai oublié le nom ; plus les couplets de *Hanneton, vole, vole*, composés exprès pour la circonstance et dont le dessin musical paraphrase d'une manière ingénieuse l'air de la chanson populaire.

Mme Peschard possède un vrai talent de chanteuse ; mais sa voix, vibrante jusqu'à la stridence, gagnerait à s'envelopper parfois dans les ombres veloutées de la demi-teinte, si favorable aux vocalises.

CCLXXX

CHATELET.   24 avril 1875.

CROMWEL

Drame en cinq actes et six tableaux, dont un prologue
en deux tableaux
Par feu Victor Séjour et M. Maurice Drack.

Le drame présenté hier soir sur le théâtre du Châtelet semble avoir été taillé sur le *Cromwell* de Victor Hugo, comme une image d'Epinal reproduit un tableau de maître. On y retrouve les principaux éléments mis en œuvre par Victor Hugo, les contrariétés domestiques de Cromwell, les amours de sa fille Francis ou Francine avec un cavalier royaliste, la conspiration de ce même cavalier contre le lord protecteur, l'amnistie accordée par Cromwell à ses principaux ennemis, et enfin la scène capitale où l'ancien juge de paix, devenu chef de la république anglaise, refuse publiquement la couronne royale qu'il avait si ardemment convoitée. Ce trait, qu'on croirait servilement emprunté à la vie de Jules César, n'en est pas moins réel ; tant il est vrai qu'en histoire, aussi bien qu'en physique, les mêmes causes produisent les mêmes effets.

Victor Séjour et M. Maurice Drack ont encadré leur pièce entre un prologue qui nous montre Cromwell retenu en Angleterre par un édit royal au moment où il allait émigrer, et un épilogue où l'ambitieux, à son lit de mort, reconnaît que son œuvre n'était pas durable et va s'écrouler avec lui. Une scène saisissante, où l'on reconnaît l'influence shakespearienne qui dominait l'esprit de Victor Séjour, évoque l'ombre pâle et sanglante de Charles Ier s'interposant entre Cromwell et la couronne, que celui-ci voudrait du moins retenir pour son fils.

Cette conclusion, qui fait entrevoir à bref délai l'évanouissement de la république anglaise et la restauration des Stuarts, donne à l'œuvre posthume de Victor Séjour une signification non équivoque. C'est donc à tort et à contre-sens qu'on a essayé de souligner la phraséologie républicaine qui se trouve naturellement sur les lèvres d'un président régicide.

D'un épisode, assez difficile à expliquer, est né une sorte de scandale regrettable. Dans une scène du troisième acte, Cromwell, s'emportant contre les parti-

sans de Charles Stuart qui troublent son repos, les
appelait : « ces misérables royalistes ». Quoique la
censure eût prudemment biffé la phrase, elle n'en a
pas moins été prononcée avec une affectation significa-
tive par M. Taillade et bruyammeut applaudie par
un groupe de spectateurs placés à l'orchestre, auxquels se sont joints les claqueurs apostés sous les
cintres. Ces applaudissements, qui donnaient au langage de l'acteur une portée blessante pour les sentiments de la majorité du public, ont provoqué une manifestation énergique en sens contraire. Pendant cinq
minutes, les chuts, les huées et les sifflets ont tenu
tête aux provocateurs, qui se sont trouvés réduits au
silence. Le reste de la représentation s'est écoulé sans
incident ; mais l'impression était produite et le nom
des auteurs, acclamé d'un côté, a été vertement sifflé de l'autre [1].

Le *Cromwell* de MM. Victor Séjour et Maurice Drack
ne mérite ni cet excès d'honneur, ni cette indignité.
C'est une pièce assez mal faite, décousue, ennuyeuse
çà et là, mais qui renferme de belles scènes, notamment celle du troisième acte, où Cromwell désarme
son assassin et lui pardonne, et l'agonie, au cinquième
acte.

Il est à regretter que la partie historique d'une telle
œuvre ait été traitée, matériellement et moralement,
avec une extrême négligence. Ne serait-il pas temps
d'appliquer au drame historique, cette forme admirable d'enseignement populaire, les procédes d'exactitude rigoureuse et pour ainsi dire scientifique qui
correspondent au développement intellectuel de notre
époque, et dont M. Gilbert Thierry, par exemple,

[1] Le théâtre du Châtelet fut fermé le lendemain de cette fâ-
cheuse incartade, par ordre de M. le général de Ladmirault,
commandant l'armée de Paris, en vertu des lois de l'état de siège.

vient de se servir avec tant de succès dans son beau
roman de *l'Ame en peine* ? Victor Hugo, du moins,
avait compris sous ses aspects principaux la transformation de l'Angleterre au dix-septième siècle, et
ne s'était abandonné que dans une mesure restreinte
aux excursions romanesques, toujours déplaisantes en
de si graves sujets.

La mise en scène elle-même, bien que traitée avec
soin et même avec luxe, est entachée de fautes incompréhensibles. Comment le décorateur était-il si mal
informé que de nous montrer, dans la toile de fond d'un
prologue qui se passe antérieurement à l'année 1640,
la cathédrale actuelle de Saint-Paul, dont la con-
struction, commencée seulement après l'incendie de
1666, ne fut achevée que trente-cinq ans plus tard,
c'est-à-dire en 1701 ? Quelles gorges chaudes ne
ferions-nous pas si un théâtre de Londres, représentant une tragédie de la mort d'Henri IV, nous montrait en perspective le dôme des Invalides, bâti par
Louis XIV ?

D'ailleurs, allons au fond des choses. Le défaut
capital d'un drame sur Cromwell, c'est la difficulté
de nous intéresser, nous Français, soit catholiques,
soit sceptiques, à cette figure de sombre puritain, sanguinaire, fanatique, hypocrite peut-être — sorte de
Robespierre militaire et prêcheur, dont les défauts
comme les qualités blessent sur tous les points notre
idéal et nos croyances.

Le personnage de Georges de Warwick, le royaliste
amoureux de Francine Cromwell, est encore plus
répulsif. Au troisième acte, il s'introduit de nuit chez
le protecteur pour le poignarder lâchement ; ensuite
il trahit la cause royale pour obtenir la main de Francine. Ne voilà-t-il pas un admirable héros de drame ?
Et comme nous devons-nous associer, nous autres,
à la joie de Cromwell apprenant, par son nouveau

gendre, que Dunkerque a cessé d'appartenir aux Espagnols pour tomber aux mains des Anglais ! Cela ne
nous donne-t-il pas l'envie de crier hip ! hip ! hurrah !
et d'illuminer nos demeures en y rentrant après le
spectacle ?

M. Taillade, chargé d'interpréter le personnage
principal, manque d'ampleur, de force et de rudesse ;
au dernier acte, il a trouvé quelques effets d'agonie
assez intelligemment indiqués, mais qui paraissent
moins étudiés sur la nature que reproduits d'après les
effets créés par feu Rouvière, d'excentrique mémoire.
La diction de M. Abel paraissait un peu déclamatoire
lorsque cet artiste jouait au Vaudeville ; au Châtelet,
elle paraît maigre et sèche. Mme Jane Essler a vaillamment créé le rôle de Francine Cromwell.

Quelqu'un qui ne s'attendait pas sans doute à tout
le succès qu'on lui a fait, c'est l'excellent comique
Laurent ; le rôle de Bloombery, l'homme gras qui
veut maigrir, ne comportait que des effets bien res-
treints ; mais une certaine histoire de fille bohème,
qui emmène le gros Laurent en cabinet particulier
pour lui dire la bonne aventure, a tout à coup mis le
public en belle humeur, et lorsque le couple a reparu
après un quart d'heure de « consultation », le fou rire
s'est déclaré, d'autant plus vif que l'acteur et l'actrice,
qui ne comprenaient rien à cette ovation inattendue,
donnaient les signes d'un ahurissement le plus réjouis-
sant du monde.

CCLXXXI

Reprise de FANNY LEAR

Comédie en cinq actes, par MM. Henry Meilhac et Ludovic
Halévy.

Madame Pasca.

L'apparition passagère de Mme Pasca sur la scène
du Vaudeville nous a ramené en même temps·*Fanny
Lear*, la seconde des deux grandes comédies données
autrefois au Gymnase par MM. Meilhac et Halévy. Il
est vraisemblable que Mme Pasca n'avait pas le choix
des rôles, son répertoire de Saint-Pétersbourg étant
divisé à Paris entre la Comédie-Française et le Vaudeville.

Il serait difficile de rendre avec plus de vérité et
plus de spirituelle aisance le personnage cynique de
la belle Anglaise Fanny Lear, marquise de Noriolis.

Mais j'avoue que je ne comprends pas bien la pièce,
qui, à ce qu'il me semble, finit au moment où elle
allait commencer. Un personnage comme Fanny Lear
ne devrait paraître sur la scène que pour frapper ou
être frappée ; il y avait peut-être un drame dans
la situation de ce gentilhomme, qui, s'étant laissé
épouser pour de l'argent par un drôlesse, s'aviserait
de la dominer et de lui faire prendre au sérieux le
lien qu'elle s'est donné. C'est précisément au moment
où le marquis de Noriolis adopte ce parti énergique
que le rideau baisse sur la dernière scène d'un prologue en cinq actes.

On retrouve çà et là dans *Fanny Lear* la touche à
la fois légère et mordante des deux Parisiens qui ont

écrit *les Sonnettes*. A côté de Mme Pasca, excellente
actrice, qui se maintient avec beaucoup d'art dans la
région de la comédie, M. Dieudonné est fort amusant
et Mlle Réjane très gentille. Un débutant, M. Bilher,
a le geste un peu lourd et la voix un peu grosse.

Mlle Derson, que nous avions vue pendant plusieurs
années consécutives au théâtre Cluny, a été bien
accueillie par le public du Vaudeville.

CCLXXXII

GYMNASE-DRAMATIQUE.   4 mai 1875.

LA DERNIÈRE POUPÉE

Comédie en un acte, par M. de Najac.

— Où vas-tu? demandait à Esope un tyran facétieux. — Je n'en sais rien, répondit l'esclave. — Tu
es un insolent; je vais t'envoyer en prison. — Tu
vois bien, reprit Esope, que j'avais parlé prudemment; l'homme ne sait jamais où il va.

Ce soir, en écoutant au Gymnase *la Dernière
Poupée*, de M. de Najac, je reconnus une donnée
mise en œuvre par M. Octave Feuillet, dans un petit
volume publié au lendemain de la Commune de 1871:
Julia de Trécœur, à ce que je crois. Je n'étais pas sûr
du titre. L'idée me vint que j'allais rencontrer Michel
Lévy aux Variétés et que l'éditeur attitré des romans
publiés d'abord par la *Revue des Deux-Mondes* me tire-
rait d'incertitude.

Aux Variétés, je ne vis pas d'abord Michel; je finis
cependant par l'apercevoir de loin dans un couloir;
la foule des flâneurs nous séparait; mais je ne pus le
rejoindre.

— Bah! me dis-je, j'entrerai demain prendre mon renseignement à la Librairie nouvelle.

Le lendemain matin, en effet, j'arrive à la Librairie nouvelle; elle était fermée; Michel Lévy était mort...

Ainsi frappe la Mort parisienne, cette divinité locale qui nous apparaît entre une comédie du Gymnase et une farce des Variétés, qui nous conduit du théâtre au cimetière, et nous reconduit galamment du cimetière au théâtre en voiture de deuil, sûre de nous retrouver à la sortie, et d'avoir toujours le dernier mot.

Julia de Trécœur, une nouvelle intéressante et rapide, qui s'est gâtée en s'élargissant pour devenir *le Sphinx*, c'est l'histoire d'une petite fille qui s'éprend d'un beau-père jeune encore, en qui elle entrevoit toutes les perfections qu'une femme peut rêver dans l'époux de son choix. Lorsque Julia voit clair dans son cœur, elle se fait horreur à elle-même et elle se jette à la mer du haut d'une falaise.

La Nelly de M. de Najac finit encore plus mal; elle épouse un homme qu'elle n'aime pas; et, par ainsi, elle ne troublera plus le ménage de sa propre mère.

La poupée, qui figure dans le titre de la pièce, n'y joue cependant qu'un rôle muet; et comme il serait un peu long d'expliquer comment Mlle Nelly confondait sur ses tablettes M. de Marillac, son beau-père, avec Mlle Rosalie, sa poupée, je ne l'expliquerai pas. D'ailleurs, ami lecteur, qu'est-ce que cela te fait?

La pièce de M. de Najac, où l'on trouve plus d'un détail heureux, a ce mérite qu'elle côtoie délicatement des situations scabreuses; les personnages sont d'honnêtes gens qui réagissent vertueusement contre la situation. Mlle Legault et Mme Fromentin, MM. Pujol et Landrol jouent avec émotion la pièce de M. de Najac, que, somme toute, le public a fort bien accueillie.

LE PASSAGE DE VÉNUS

Leçon d'astronomie en un acte, par MM. Henri Meilhac
et Ludovic Halévy

Voilà une pochade qui n'a pas la prétention de décrocher les étoiles, mais qui décrochera certainement
plus d'une mâchoire, par les convulsions d'un rire
immodéré.

Il faut voir Dupuis en professeur *libre* d'astronomie,
chauve jusque dans le dos, prononcer son fameux
Messieurs ! devant un auditeur unique, accident qui
n'était arrivé à personne depuis la conférence faite à
Bade par Philoxène Boyer, en présence d'un gendarme grand-ducal, chargé de veiller au bon ordre !
Le passage de Vénus ne joue, d'ailleurs, aucun rôle
dans cette énorme plaisanterie, où l'on voit le professeur Dupuis, le gandin Baron et l'huissier Deltombe
se poursuivre à grandes enjambées sur les gradins
d'un amphithéâtre inhabité.

Ceci n'est pas du Molière, j'en conviens, et ne constituera qu'un faible titre en faveur de MM. Meilhac et
Halévy le jour où il leur plaira de poser leur candidature à l'Académie française ; mais un peu de bonne
et grosse gaîté, est-ce donc une denrée qui coure les
rues ?

M. Dupuis est excellent sous les traits du professeur
Laborderie ; le récit de son aventure avec la gantière
est, toute proportion gardée, un petit chef-d'œuvre,
qui ne figurera jamais dans les *Morceaux choisis des
meilleurs auteurs* à l'usage de la jeunesse.

CCLXXXIII

Opéra-Comique.   10 mai 1875.

DON MUCARADE

Opéra bouffe en un acte, paroles de MM. Jules Barbier et
Michel Carré, musique de M. Ernest Boulanger.

Il y a trente ans et plus, Michel Carré publiait son
premier recueil de vers, *les Folles rimes*, devenu ra-
rissime. On trouvait de tout là-dedans, du Musset et
du Gozzi, du lyrisme et des coq-à-l'âne, des imprécations à la Byron et de la morale bourgeoise aux
petites carottes nouvelles; les Clorindes s'y prome-
naient dans les clairières désertes

> Avec leurs diamants dans de petits coffrets,

comme dit Théodore de Banville, et l'on y bernait
surtout les tuteurs et les alcades — plus d'alcades
qu'il n'y en eut jamais entre l'Ebre et le Guadal-
quivir.

C'est à cette Espagne de fantaisie qu'appartient le
Don Mucarade de ce soir, achevé par M. Jules Barbier
(de Séville). Ce facile jeu de mots a le mérite de la
justesse, car, à ne vous le point céler, ceci est une
nouvelle édition des amours d'Almaviva et de Rosine,
réduite aux proportions d'une farce italienne.

Seulement, pour amener don Mucarade à signer le
contrat de mariage de don Pablo et de Pepita, comme
don Bartolo signe le contrat de mariage de Rosine
et de Lindor, MM. Jules Barbier et Michel Carré ont
employé des moyens compliqués en même temps que
naïfs.

Pendant un voyage d'affaires qui appelait à Madrid le seigneur Mucarade, Gabiolo, le valet de don Pablo, a dérobé les trois objets auxquels le vieillard tenait le plus, à savoir : une canne qui vient de Christophe Colomb, une bague ayant appartenu à la reine Cléopâtre, et une tabatière qui lui fut donnée par le feu roi d'Espagne, et il les a fait copier de manière à s'y méprendre.

Lorsque Mucarade est de retour, il se voit aborder par don Pablo et par Gabiolo, qui lui demandent son assistance pour enlever la nièce de son voisin de campagne le seigneur Aldobrandin. L'imprudent Mucarade se réjouit d'être en tiers dans une si bonne plaisanterie.

Mais il ne tarde pas à remarquer entre les mains de don Pablo une bague, une tabatière, une canne qui ne peuvent être que les siennes. On arrive à lui persuader qu'il y voit double. Il commence à se croire fou ; on lui démontre que la maison n'est pas la sienne et que Pepita n'est pas Pepita ; si bien qu'il assiste à l'enlèvement et signe au contrat comme témoin, en se répétant à soi-même :

— C'est la nièce du voisin et ce jardin est son jardin.

Lorsque la ruse est accomplie et que les notaires y ont passé, on lui dévoile toute la vérité ; le pauvre Mucarade est si heureux d'apprendre qu'il n'est pas fou, qu'il pardonne aux amants et célèbre joyeusement avec eux cet heureux mariage.

Sur ce canevas extrêmement léger, M. Ernest Boulanger a écrit une partition claire, facile, chantante, qui a obtenu un très agréable succès. Le public, ce même public qui avait subi deux jours auparavant *l'Amour africain* de M. Paladilhe, paraissait soulagé comme un voyageur qui voit surgir un rayon de soleil après de longues averses de pluie grise et maussade.

Le moyen, au sortir de pareilles épreuves, de ne pas se laisser aller au plaisir d'entendre des phrases nettes et bien coupées, et de ne pas faire crédit de quelques banalités au compositeur assez avisé pour préférer le sautillement du quadrille à la mélopée d'un perpétuel *andante* ?

Il y a, d'ailleurs, des parties très spirituellement écrites et vraiment distinguées dans l'opéra-bouffe de M. Ernest Boulanger ; le meilleur morceau, à mon avis, c'est le *quartetto* du début, très mélodique et d'un tour très piquant, qui revient à la dernière scène pour tenir lieu d'un *finale* qui ne comportait pas l'exiguïté de la situation. L'air de basse chanté par don Mucarade : *Je suis amoureux*, est encore un morceau très fin. La sérénade, en forme de séguidille, qu'on avait déjà entendue dans la première partie de l'ouverture, a de la couleur et de l'accent, je dirais de l'originalité, si elle ne reproduisait d'un peu près, sauf la différence du mineur au majeur, le chœur célèbre d'un vieil opéra-comique : *Triomphez, bel Alcindor*.

On a bissé les couplets chantés par deux nègres jumeaux, que Mucarade a ramenés de Madrid pour lui servir de domestiques ; ces deux singes, pour parler comme la gouvernante Barbara, présentent cette particularité phénoménale que, en leur qualité de frères quasi siamois, ils ne prononcent jamais que la moitié d'un mot, à la manière de ces choriste russes qui ne donnent qu'une note. Cette bizarre fantaisie, appliquée à un couplet en *duetto*, a produit un effet analogue à celui du duo des deux hommes d'armes dans *Geneviève de Brabant*. MM. Potel et Barnolt y sont d'ailleurs très drôles.

Le jeu des autres acteurs manque un peu de la verve et de la légèreté mordante qui conviennent en ces canevas fiabesques, où il importe d'étourdir le spectateur pour l'empêcher de s'appesantir sur des combinaisons invraisemblables. M. Thierry (don Mucarade) chante mieux qu'il ne joue.

On a beaucoup ri, et l'issue de la soirée montre que ce qui réussira toujours le plus sûrement à l'Opéra-Comique, c'est..... l'opéra comique.

CCLXXXIV

COMÉDIE-FRANÇAISE.   17 mai 1875.

LA GRAND MAMAN

Comédie en quatre actes en prose, par M. Edouard Cadol.

Le comte et la comtesse se sont depuis longtemps séparés, pour cause d'incompatibilité d'humeur; le comte était resté un peu trop jeune; la comtesse, blessée dans son orgueil, plus profondément encore que dans son amour conjugal, n'a pas voulu supporter les rivalités que lui créait le caprice de son mari. Ils vivent loin l'un de l'autre, et leur fils Armand a grandi, ne partageant ni la vie mondaine de son père, ni la retraite silencieuse de sa mère.

Cependant Armand aime, il est aimé, et rien ne s'opposerait à son mariage avec Mlle Alice Castel, fille d'un président de chambre à la cour d'Aix, si, par malheur, la comtesse n'avait pris la résolution de faire régulariser par la justice la séparation amiable qui lui avait longtemps suffi.

Est-il possible qu'Armand soit accepté dans la famille d'un magistrat, sous le coup d'un pareil scandale?

On voit se dessiner la thèse qu'a voulu développer M. Edouard Cadol, et qui est à peu près ceci: les époux se doivent l'indulgence et le pardon le plus large, dans l'intérêt de l'enfant.

Armand mérite, d'ailleurs, qu'on lui sacrifie des griefs légitimes, car c'est l'âme la plus noble, la plus pure, le cœur le plus délicat et le plus aimant.

Cependant, la comtesse résiste encore à la réconciliation qui s'impose à elle comme un devoir envers son fils. Il ne faut pas moins que l'éventualité d'une catastrophe pour adoucir enfin cet orgueil obstiné. Le monde ne connaît guère les causes réelles de la rupture qui s'est accomplie entre les époux. Un doute finit par effleurer, par la bouche d'un fat, la réputation de la comtesse. Armand provoque l'offenseur.

La comtesse comprend alors la gravité de la fausse situation que la force des choses crée à la femme séparée. Elle prend son courage à deux mains, et va droit à son mari confesser ses torts de caractère et lui offrir l'oubli du passé. Le comte accepte ; c'est lui qui châtiera l'offenseur. Après le duel, qui se termine par une égratignure, le comte et la comtesse, au bras l'un de l'autre, viennent demander à la famille Castel la main de Mlle Alice, qui est accordée sans difficulté à l'amoureux Armand.

Eh bien ! et la grand maman ?

C'est à dessein que je n'ai pas prononcé son nom dans l'analyse qui précède, afin de montrer à quel point son rôle est secondaire dans la pièce qu'elle devrait dominer. Il n'en est pas moins intéressant, grâce à d'heureux développements de caractère, grâce surtout à la supériorité de Mme Plessy, qui garde et va bientôt emporter avec elle les plus grandes traditions de la Comédie-Française.

Ce qui manque à la comédie de M. Edouard Cadol, c'est la netteté du plan et la fermeté du style ; beaucoup d'idées heureuses y sont indiquées, puis abandonnées en route. Au premier acte, l'œuvre paraît

reposer sur l'aïeule, cette figure à la fois imposante et
mélancolique de la femme qui a souffert sous toutes
les formes ; épouse, par l'indifférence de son mari ;
mère, par la destinée manquée de sa fille, et qui ne
vit plus que dans son petit-fils, le dernier espoir de ses
dernières années.

Mais dès le second acte, l'action passe de l'aïeule à la
mère et au petit-fils ; au troisième acte, elle se reporte
sur le père. Au quatrième acte, il n'y a plus rien.

Et cependant *la GrandMaman* a très honorablement
réussi. A côté des défauts que je viens de signaler sans
atténuation, viennent se placer des qualités charmantes, qui éveillent et soutiennent les sympathies
du spectateur. M. Edouard Cadol a le culte de la famille ; les sentiments affectueux et doux n'ont pas d'interprète plus sincère, et c'est ainsi qu'avec une donnée
incertaine et vacillante, aboutissant à un dénouement
usé, il est parvenu à captiver pendant deux heures l'attention et l'intérêt du public.

Il y a des traits délicieux dans le rôle épisodique de
la grand maman ; la scène du troisième acte entre ce
père et ce fils, qui se connaissent si peu, mais qui
s'aiment tendrement, fait venir les larmes aux yeux.
La pièce entière se passe entre honnêtes gens, et c'est
un genre de mérite dont je ne saurais trop louer
M. Edouard Cadol.

Quant à l'interprétation, elle est excellente. Mme
Plessy, sous les cheveux blancs qu'elle porte avec un
courage qui n'est pas dépourvu de coquetterie, montre
des trésors de finesse et de sensibilité. Avec quelle
grâce inimitable n'a-t-elle pas lancé cette jolie réflexion de la grand'mère à propos de son gendre, qui
ne lui semble pas si abominable qu'on le dit :
« C'est peut-être de la prétention, mais il me semble
« que j'en aurais fait un mari charmant ! » La
science chez cette grande comédienne s'efface avec

un tact infini pour ne laisser paraître que le charme.
Le rôle de la marquise comptera parmi ses plus légitimes succès.

M. Thiron, Mme Ponsin, M. Martel, Mlle Reichemberg n'ont que des rôles bien effacés.

Mme Madeline Brohan est sombre et triste sous les
traits peu sympathiques de la femme séparée.

Le rôle d'Armand a enfin permis à M. Pierre Berton
de déployer ses brillantes qualités ; ce n'est par seulement un jeune premier, c'est vraiment un jeune homme
plein de passion et d'ardeur. Tous mes compliments à
la direction du Vaudeville.

CCLXXXV

Théatre Lyrique Dramatique.   19 mai 1875.

Reprise de MARIE-JEANNE OU LA FEMME DU PEUPLE

Drame en cinq actes et six tableaux, par MM, Dennery
et Mallian.

Après trente ans, on se souvenait encore de *Marie-
Jeanne*, tant avait été profonde l'impression laissée
par cette créature extraordinaire qui s'appelait
Marie Dorval Je vous le jure, celui qui n'a pas entendu
Marie Dorval ne sait pas comment on pleure ni comment on fait pleurer au théâtre. Marie Laurent elle-
même, cette vaillante artiste et cette excellente femme,
qui a été applaudie ce soir comme en ses plus
beaux jours, vous force à admirer son talent, sa sincérité, sa conscience, son énergie, son intelligence
même ; mais elle ne nous arrache pas de larmes. Et
quand Marie Dorval, qui n'était pas bien robuste,

disait seulement de sa voix brisée, mouillée et pénétrante : « Mon pauvre petit enfant! », cela suffisait ;
les cœurs les plus rebelles étaient serrés comme dans
un étau ; vous ne vous inquiétiez plus ni de la pièce,
ni du théâtre, ni du décor, ni du bon sens, ni des
comtesses qui viennent en robe de bal flâner dans les
guinguettes, ni des docteurs Appiani qui vont à la
chasse aux enfants trouvés en se cachant ingénûment
la figure dans leur mouchoir ; vous ne voyiez plus,
vous n'entendiez plus que Marie Dorval, vous pleuriez
avec elle, et vous auriez voulu pleurer toujours.

Et ce n'était pas une pleureuse, non ; en dehors de
ce cri pathétique, quelquefois éclatant comme le clai-
ron des batailles, d'autres fois sourd comme un coup
de hache, qui vous surprenait et vous foudroyait dans
vos fibres les plus secrètes, elle avait le débit simple,
aisé, naturel, presque gai ; et, quoiqu'elle fût ou
parce qu'elle était la première tragédienne de son
temps, *elle ne déclamait jamais !*

Ce souvenir, qui ne vise pas au parallèle, ne me
rend pas injuste pour Mme Marie Laurent, dont le succès a été très grand, très légitime.

M. René Luguet compose fort adroitement le rôle
de Rémi, l'ouvrier mauvais sujet, créé d'origine par un
fort médiocre acteur nommé Perrin.

Mme Marie Grandet joue avec beaucoup de conve-
nance le rôle ingrat de la baronne de Bussières.

C,CLXXXVI

Odéon. (Second Théâtre-Français.)   22 mai 1875.

Reprise de GENEVIÈVE OU LA JALOUSIE PATERNELLE
et de LA DEMOISELLE A MARIER

Comédies d'Eugène Scribe.

La gloire durable commence pour Eugène Scribe ;
on reprend son répertoire, pièce à pièce, et il fait de
l'argent. Si l'on se souvient que le premier essai de
Scribe, une chute suivie de si nombreux succès, remonte
à l'année 1811, on comprend que la meilleure et la plus
nombreuse portion de son répertoire antérieure à
· l'année 1830 soit absolument inconnue des spectateurs
d'aujourd'hui. L'Odéon vient d'emprunter à ce riche
filon *la Demoiselle à marier*, et l'accompagne de
Geneviève, qui est beaucoup plus jeune, n'ayant préci-
sement que trente ans révolus.

La Demoiselle à marier appartient par la forme,
encore plus que par la date, à la première manière de
Scribe, celle qui procède de Picard et d'Alexandre Duval ; des caractères superficiels, une action à peine
indiquée, mais des détails gais et une grande légèreté
d'exécution. L'Odéon conserve avec raison, pour *la
Demoiselle à marier*, les costumes de 1825 ; tout se
tient. La harpe de Camille, la musique du duo *Un
troubadour fier de son doux servage*, et aussi la timidité
de la famille Dumesnil, perdant la tête en présence
d'un futur gendre, portent l'empreinte d'une période
déterminée de notre histoire domestique ; c'est un
tableau de mœurs, qui doit garder son cadre primitif. Les jeunes acteurs de l'Odéon ont su conformer

leur jeu aux traditions décentes et contenues de l'ancien théâtre de Madame ; Mlle Baretta, charmante malgré les coques de sa coiffure et l'énormité de ses manches à gigot, joue avec la grâce la plus naïve son joli personnage de fillette, et M. Valbel, un peu froid d'aspect au premier abord, s'est montré plein d'aisance et de jeunesse enjouée dans le rôle de l'amoureux Luceval. Excellents aussi Mme Crosnier, M. Dalis, M. François et le jeune Truffier, qui, dans quelques jours, suivra sa camarade Mlle Baretta sur les planches de la Comédie-Française.

Entre *la Demoiselle à marier*, cette facile et légère esquisse, et *Geneviève ou la Jalousie paternelle*, il y a toute la distance de l'adolescence à la maturité. Ici, Eugène Scribe n'en est plus à toucher comme en se jouant d'innocents ridicules ; il peint des sentiments vrais, intéressants encore lorsqu'ils s'égarent ; la jalousie paternelle, cette manifestation excusable d'un égoïsme inconscient, lui a donné d'un seul jet le type admirablement saisi de Clérambourg et l'adorable caractère de Geneviève.

Ce petit acte, qu'on ne s'y trompe pas, est le chef-d'œuvre du théâtre de genre ; la sensibilité contenue y est assaisonnée d'une bonne humeur d'autant plus spirituelle que l'esprit ne s'y affiche pas, et ne s'avance jamais vers la rampe pour se faire admirer en interrompant l'action.

M. Georges Richard joue avec une simplicité très bien observée le bonhomme Clérambourg ; quant à Mlle Baretta, c'est Geneviève elle-même; et Scribe, s'il avait pu la voir dans ce rôle, s'étonnerait de n'y pas regretter l'inimitable Rose Chéri.

A PROPOS DE SCRIBE

A propos de Scribe, dont l'œuvre immense mérite une étude d'ensemble qui tentera quelque jour les loisirs d'un critique laborieux, on me permettra de signaler une trouvaille assez singulière que j'ai faite en feuilletant les almanachs de spectacles. Que pensez-vous de l'analyse qui suit : « Marie, fille d'un vieux « montagnard, est coquette et refuse d'épouser Pierre, « qui la chérit. Pierre raconte son martyre au soldat « Fritz, qui rentre en Suisse ; et ce luron, aidé de « quelques-uns de ses camarades, met la maison de « Marie au pillage, afin de lui prouver qu'elle a « besoin d'un protecteur. Pierre provoque Fritz en « duel, et Marie, revenue de ses coquetteries, offre « sa main à son amant. »

Eh bien ! nous connaissons cela, c'est *le Châlet* de MM. Scribe et Mélesville, joué en 1830 à l'Opéra-Comique. Pas du tout, c'est *Pierre et Marie*, vaudeville en un acte, imité de l'allemand, par MM. Ferdinand Langlé, Charles Dupeuty et Ferdinand de Villeneuve, représenté au Gymnase, théâtre de Madame, le 6 janvier 1825. Total, cinq auteurs pour le pauvre petit acte du *Châlet*, sans compter Adolphe Adam, qui n'y a pas nui, et le dramaturge allemand, qui n'était autre que Wolfgang Gœthe lui-même. En effet, *le Châlet* n'est qu'une imitation de *Jery et Bœtely*, paroles du grand poète allemand, représenté :

En 1790, au théâtre particulier du comte de Seefeld, musique de Winter ;

En 1795, au théâtre ducal d'OEls, musique de Schaum ;

En 1801, à Berlin, musique de Reichart ;

En 1803, à Vienne, musique de Conradin Kreutzer, et à Dresde, musique de Bierey ;

En 1810, à Manheim, musique de Grey ;

En 1825, à ✱✱✱, musique de Dictz ;

Plus un opéra italien traduit en vers français par Hippolyte Lucas.

Gœthe aimait beaucoup cette pastorale ; en la relisant dans sa vieillesse, il disait qu'il y respirait l'air des montagnes. Scribe a transformé le personnage original de Bœtely, « sauvage comme un écureuil », et ne lui a rien laissé du « charme farouche » dont Gœthe s'était plu à la doter [1].

Par compensation, je vais absoudre la mémoire de Scribe d'une présomption de plagiat, qui m'avait été signalée par un écrivain distingué. M. Prosper Blanchemain m'écrivait, après avoir lu dans *le Figaro* mon étude sur les origines du *Domino noir*, pour m'affirmer l'identité presque complète de la fameuse *Mansarde des Artistes* donnée au Gymnase en 1825, par MM. Scribe, Henri Dupin et Warner, avec une ancienne pièce en vers libres intitulée : *Les Arts et l'Amitié*, jouée avant la Révolution française. Un hasard m'a permis d'éclaircir ce petit problème ; l'imitation était à la vérité complète, mais il n'y eut point de plagiat, car il résulte d'une indication consignée dans l'Almanach de Barba, à la date du 2 avril 1825, que *la Mansarde des Artistes* fut annoncée comme ayant été écrite sur la donnée des *Arts et l'Amitié*, joués en 1788.

Du reste, Eugène Scribe poussait la probité jusqu'au scrupule ; il était assez riche de son propre fond pour en vivre à son aise ; et si je relève ces par-

---

[1] Je tiens ces indications sur Gœthe de mon regretté confrère et ami Charles Deulin.

ticularités d'imitation, c'est uniquement à titre de curiosité littéraire.

Ces souvenirs de Scribe, qui m'avaient été suggérés, à la suite de ma légende du *Domino noir*, d'une part, par une rencontre purement fortuite, de l'autre, par une aimable lettre de M. Prosper Blanchemain, eurent le privilège d'exciter l'intérêt de mes lecteurs, très friands de ces problèmes littéraires, qui de temps à autre se soulèvent comme d'eux-mêmes. Du moins, il ne m'est jamais arrivé d'en aborder un seul sans recevoir de nombreuses communications, qui attestent un singulier éveil de curiosité intelligente.

C'est donc avec un vrai plaisir que je me trouve en mesure de dire le dernier mot sur ce point singulier, qui touche à la renommée littéraire d'Eugène Scribe.

Je rappelle les faits en deux mots.

Un littérateur distingué avait appelé mon attention sur l'évidente identité de *la Mansarde des Artistes* avec la comédie du xviiie siècle intitulée *les Arts et l'Amitié*. Je répondis que cette identité avait été signalée dès la première représentation de *la Mansarde des Artistes,* et qu'ainsi Scribe et ses collaborateurs n'avaient pas entendu dissimuler la source à laquelle ils avaient puisé.

Aujourd'hui, j'en sais davantage. Une note très précieuse, que M. de B... m'adresse de Laon, ajoute un chapitre piquant à nos annales théàtrales.

L'auteur de la pièce *les Arts et l'Amitié,* jouée en 1788, était un garde du corps, M. le chevalier de Bouchard, qui devint officier général sous l'Empire, et mourut conseiller de préfecture à Laon, dans les dernières années de la Restauration.

M. de Bouchard avait également fait représenter, avant la révolution, une autre pièce en vers libres, intitulée *Minette ou la force du naturel*.

Or, Mélesville (Joseph Duveyrier), l'un des meilleurs collaborateurs de Scribe, était proche parent de M. de Bouchard. Pendant une visite qu'il rendit à celui-ci, le vieux gentilhomme lui montra ses deux pièces oubliées et lui dit : « Mes deux petites comédies ont eu « jadis quelque succès, mais n'en auraient plus le « moindre aujourd'hui ; elles sont démodées. Mais, si « vous et M. Scribe vous pensiez qu'elles valussent la « peine d'être refaites, je vous les livre ; et dès aujour- « d'hui mes pauvres petites œuvres deviennent votre « propriété. »

Mélesville accepta ; c'est ainsi que *les Arts et l'Ami- tié* devinrent *la Mansarde des Artistes* et que *Minette ou la force du naturel* reprit le titre de la fable d'où M. de Bouchard l'avait tirée : *la Chatte métamorpho- sée en femme*.

Ajoutons, en faveur des dépisteurs d'œuvres ano- nymes, que M. de Bouchard, dont on ne trouve le nom dans aucun recueil bibliographique, était l'auteur de la chanson *Quand l'amour naquit à Cythère*, qui fit fureur à la cour de Louis XVI.

En même temps que j'adressais mes remercîments à M. de B..., qui ne voulut pas être nommé, M. Arthur Dupin, le vénérable nonagénaire, qui fut l'un des col- laborateurs de Scribe pour *la Mansarde des Artistes* comme pour *Michel et Christine*, protestait contre mes renseignements par une lettre assez amère adressée à M. de Villemessant, qui me la communiqua, et à la suite de laquelle j'écrivis directement à M. Dupin la lettre qu'on va lire.

Paris, le 19 avril 1875.

Monsieur et cher confrère,

La rédaction du *Figaro* me communique une lettre ou plutôt un projet de lettre dont vous demandez l'insertion, Sans m'arrêter à la forme de votre réponse, je me hâte de vous dire que, pour ma part, je ne m'oppose pas à ce qu'elle soit publiée, me réservant, bien entendu, le droit de réplique, avec pièces à l'appui. Mais, entre nous, monsieur et cher confrère, je me permets de vous conseiller de ne pas insister et de vous en rapporter à moi pour faire, à la première occasion et de mon chef, la rectification personnelle qui peut seule vous intéresser, ou plutôt vous désintéresser du débat.

Laissez-moi vous dire, avant tout, que vous vous êtes totalement mépris sur mon rôle dans cette petite digression d'histoire littéraire. Je dois le rétablir. Loin d'accuser Scribe et son collaborateur de plagiat, je les en ai justifiés. Un écrivain, aussi recommandable par le talent que par le caractère, M. Prosper Blanchemain, m'avait signalé l'intime ressemblance de *la Mansarde des artistes* avec *les Arts et l'amitié*, pièce qui avait eu la vogue au XVIIIe siècle, non pas dans *les bouges*, comme il vous plaît de le dire, mais dans les salons; un autre de mes honorables correspondants, M. de Beauvillé, qui, sous la Restauration, était le collègue du chevalier de Bouchard au conseil de préfecture de l'Oise, me communiqua ensuite le récit des relations de M. de Bouchard avec M. Mélesville. Ces témoignages ont un degré d'authenticité qu'on ne saurait infirmer par de simples dénégations. M. de Beauvillé doit être bien vieux, car il figure en qualité de collègue de M. de Bouchard à l'Almanach royal à partir de 1812; mais il a gardé la plénitude de sa mémoire et de son intelligence.

Quant à vous, monsieur et cher confrère, vous vous avanceriez beaucoup en soutenant que la ressemblance des deux pièces n'a pas été signalée par les contemporains. Je place sous vos yeux le passage suivant, qui vous est inconnu ou que vous avez oublié, de l'*Almanach des spectacles pour* 1825 (Paris, Barba, in-18) :

« 2 avril. Première représentation de *la Mansarde des* « *Artistes*, vaudeville en un acte, par MM. Scribe, Dupin « et Warner.

« *Une pièce jouée en* 1788, *sous le titre des* ARTS ET « L'AMITIÉ, *a fourni le sujet de cette jolie bluette.* »

Vous le voyez, monsieur et cher confrère, votre réclamation est en retard d'un demi-siècle, puisque vous ne l'avez pas adressée à Barba en 1825.

Ce que je vous écris là, comprenez-le bien, est tout à fait entre nous ; je ne demande pas mieux que de constater, à la prochaine occasion, que vous n'avez pas connu la pièce du chevalier de Bouchard et que vous avez pris le sujet de la vôtre dans les contes gaillards de Gudin. Cela vaudra mieux qu'une polémique, qui, d'ailleurs, aurait peu d'attrait pour nos lecteurs, et j'aime mieux, au lieu d'avoir à batailler contre vous, m'en tenir aux sentiments très sympathiques dont je vous offre ici, monsieur et cher confrère, la cordiale expression.

AUGUSTE VITU.

M. Dupin se rendit, cette fois, et le débat se trouva clos de la manière la plus amicale.

Le curieux, c'est que le vénérable vaudevilliste était persuadé qu'il avait puisé son sujet à la même source que le chevalier de Bouchard, c'est-à-dire dans un des contes de Gudin. Dissipons cette confusion. La pièce du chevalier de Bouchard est datée de 1788, tandis que les contes de Gudin de la Brenellerie, qui fut le secrétaire et le collaborateur de Beaumarchais, n'ont été imprimés pour la première fois qu'en 1806.

CCLXXXVII

Reprise de LA PERLE NOIRE

Comédie en trois actes, par M. Victorien Sardou

La reprise de *la Perle noire* n'a pas, sans doute, d'autre portée ni intention qu'une marque de civilité à l'adresse d'un auteur ingénieux et fécond sur qui le Gymnase compte pour sa prochaine saison d'hiver. Elle n'en a pas moins excité une curiosité que justifie la singularité du sujet.

Il s'agit d'une jeune servante bohémienne accusée de vol, et qui se trouve dans l'impossibilité de prouver son innocence. Que sont devenus l'argent, les bijoux et les médaillons de M. Balthazar? Supposez qu'ils aient été détournés par un oiseau pillard de sa nature; et vous aurez *la Pie voleuse*, le vieux mélodrame de Caigniez et Daubigny. C'est, en effet, *la Pie voleuse* que M. Sardou a voulu recommencer, en la rajeunissant par les procédés scientifiques de son talent tout moderne. A *la Gazza ladra*, substituez l'électricité, cet agent universel qui renouvellera la face du monde, depuis l'industrie jusqu'à la médecine opératoire, et vous aurez le sujet de *la Perle noire*. C'est la foudre qui a tout fait. C'est elle qui a tordu les cordons de sonnette, bouleversé les meubles, et fondu en lingot le petit trésor de M. Balthazar. La pauvre Christiane voit son innocence reconnue par la justice hollandaise, et elle épouse le savant Cornelius, qui a découvert la véritable coupable.

Cette application de l'électricité à l'art dramatique

ne manque ni d'originalité, ni d'intérêt. Elle a aussi son côté puéril ; on dirait un de ces joujoux instructifs qu'on met entre les mains des enfants pour les familiariser avec les premiers éléments de la physique, et qu'ils cassent plus vite que les jouets ordinaires, afin de chercher si le dedans ne serait pas, d'aventure, plus extraordinaire que le dehors. Les ressorts dramatiques qui constituent le vieux jeu ne seront pas remplacés de sitôt par les ressorts à boudin d'un électophore-Bréguet, et je constate que M. Sardou lui-même a renoncé, après un premier essai, à dévider le fil de ses intrigues sur une bobine Ruhmkorff.

Quoi qu'il en soit, cette nouvelle apparition de *la Pie électrique, ou les effets de la foudre mis à la portée des gens du monde*, a été très bien accueillie, ainsi que Mlle Marguerite Dupuis, qui débutait par le rôle de Christiane.

CCLXXXVIII

GYMNASE-DRAMATIQUE.   12 juin 1875.

LE WAGON 513, et LA GALERIE DU DUC ADOLPHE
Par MM. Cler frères.

Faut-il donc absolument prendre la plume pour tracer le procès-verbal de cette soirée bizarre, agrémentée d'un solo d'orgue qui a obtenu un succès de douce hilarité ?

Entre cet orgue facétieux et les plaintes de *Moïse mourant, le Wagon* 513 nous a montré les mésaventures du dentiste Sarazin courant la prétentaine avec une de ses clientes. Il est question là-dedans de den-

tiers à ressorts, de clefs de Garangeot et autres fer-
railles terrifiantes. Mais on y chercherait vainement
l'ombre d'une observation vraie, ni l'esquisse d'un caractère, rien en un mot qui rappelle le genre fin et
spirituel auquel le Gymnase a dû tant de succès. *Le
Wagon* 513 appartient au pire genre de farces, celui
de l'opérette sans couplets,

De *la Galerie du duc Adolphe*, je n'ai absolument
rien à dire. C'est un cadre peu ingénieux dans lequel
se place tant bien que mal une exhibition de tableaux
vivants. Ces tableaux ont une supériorité sur ledit
cadre : c'est qu'ils ne parlent pas. On les a, d'ailleurs,
bien choisis : ils reproduisent quelques-unes des toiles
de genre les plus remarquées des trois derniers salons.
Le Manet d'Argenteuil a obtenu les honneurs du *bis*.
La canotière, avec sa fluxion sur la joue gauche, est
une excellente caricature.

CCLXXXIX

COMÉDIE-FRANÇAISE. 7 juin 1875.

L'ILOTE

Pièce en un acte en vers, par MM. Ch. Monselet et Paul Arène

LES FEMMES SAVANTES

Début de Mlle Baretta.

Etant donnés Sparte, cette patrie du brouet noir,
la spécialité bachique des ilotes, et le tempérament
de Charles Monselet, rabelaisien par le ventre, voltairien par le style, vous ne pouviez pas attendre ni
concevoir d'autre produit que la pièce jouée hier

avec tant de verve par M. Got, avec tant de grâce par Mlle Reichemberg.

Le bonhomme Chrémei veut se servir d'un ilote, pour dégoûter son neveu Léandre des fillettes et du vin. Où prendre un ilote ? En voici précisément un qui passe, couronné de pampres, et légèrement ivre. Chrémei le retient et le choisit. Mais l'ilote n'est pas un ilote ; c'est un athénien philosophe et farceur, qui fut le valet d'Alcibiade. Chrémei, on le voit, est bien tombé !

Gnathon accepte la mission pédagogique qu'on lui confie ; mais, ami de la jeunesse et de l'amour, il s'y prend si bien avec son élève que Léandre devient doublement amoureux de l'amphore au ventre rebondi, et de Fleur-de-Gange, la jolie esclave.

Voilà tout. Une foule de vers bien frappés, ornés de rimes amusantes et inattendues, habillent somptueusement cette légère, trop légère bluette, qui rappelle la Closerie des Lilas beaucoup mieux que Lacédémone.

L'Ilote, au dire de quelques-uns, est une « fantaisie grecque ». Grecque ou non, que la fantaisie soit la bien venue quand elle est aimable ; mais, qu'elle le sache bien, elle séduira d'autant plus qu'elle observera plus de mesure, et qu'elle ne penchera pas son bonnet sur l'oreille au delà de l'angle permis.

Il semble qu'à certains moments le public de la Comédie-Française ait éprouvé quelque gêne, ne sachant où s'arrêterait le déshabillé qui, à Sparte, on le sait, ne s'arrêtait pas du tout.

C'était une fausse terreur. Un peu trop de laisser-aller d'une part, beaucoup de rigorisme de l'autre. Quelques coups de lime et la suppression de quelques vers rendront cette joyeuse pochade — c'est bien le mot — inoffensive pour les plus scrupuleux.

M. Got anime de sa verve puissante le rôle de

Gnathon, ce *Bonhomme Jadis* de Sparte. Il sait admirablement, selon l'expression parlante du poète,

Boire et marcher d'un pas noblement incertain.

Il chante aussi, et Mlle Reichemberg dansè. Où allons-nous ?

Sans approuver considérablement ces façons d'opérette sur la première scène française, je me borne à rappeler aux indignés qu'on chantait et qu'on dansait dans les pièces originales de Molière, et que *le Mariage de Figaro*, coupé par un ballet, se termine par un vaudeville.

En résumé, je ne veux pas troubler la joie de deux poètes représentés à la Comédie-Française ; mais je crois qu'ils ont préféré l'honneur au succès, qui eût été plus accentué et de plus longue haleine sur une scène moins élevée.

La représentation des *Femmes savantes*, jouées par MM. Delaunay, Got, Coquelin, Mlle Jouassain, a été excellente, quoique M. Talbot soit bien triste sous les traits du bonhomme Chrysale. Mlle Baretta, qui débutait, a paru un peu s'effacer dans le rôle d'Henriette. Elle avait évidemment très peur. Mais pour moi, comme pour tous ceux qui ont suivi les progrès de Mlle Baretta pendant trois années d'Odéon, la cause de cette froideur relative s'explique par les conditions mêmes de ce début. Mlle Baretta est encore, et par les meilleurs côtés, une très jeune fille, presque une petite fille; elle a de la pétulance, la malice, la gaîté sincère des jeunes années. Or, la charmante Henriette de Molière est une raisonneuse; elle ne disserte pas sur la philosophie ni sur l'astronomie, elle ne parle pas grec comme sa sœur et sa mère : mais elle parle bon sens, ce qui, pour une fille à marier, est un autre genre de pédantisme. Le rôle est lourd pour les grâces mutines de Mlle Baretta. Elle le jouera naturellement très bien dans cinq ou six ans d'ici. En attendant, qu'on lui fasse jouer Agnès de *l'Ecole des Femmes*, Angélique de *l'Epreuve*, Fanchette du *Mariage de Figaro*, Victorine du *Philosophe sans le savoir*, et l'on verra.

CCXC

VAUDEVILLE.   19 juin 1875.

LE PROCÈS VEAURADIEUX

Comédie en trois actes, par MM. Delacour et Hennequin.

On a dit autrefois de je ne sais quel théâtre mal chanceux qu'il n'était jamais si bien fermé que lorsqu'il était ouvert. L'aventure d'hier au soir oblige à retourner le mot; après le succès franc et décidé qui vient d'accueillir la comédie de MM. Delacour et Hennequin, représentée par les artistes du Vaudeville réunis en société pour exploiter ce théâtre après sa clôture officielle, il nous faut avouer que le Vaudeville n'a jamais été mieux ouvert que depuis qu'il est fermé.

Résultat invraisemblable et chimérique ! Songez-donc : des artistes en société qui s'entendent pour jouer une pièce intitulée *le Procès Veauradieux!* une pièce d'été certainement, et de toute évidence un *ours;* car d'imaginer que des auteurs consentent volontairement à laisser jouer en plein mois de juin une pièce qui aurait reçu la haute approbation d'un directeur quelconque, cela ne se peut. Donc tout à craindre et rien à espérer.. Plus d'un critique en renom avait saisi cette opportune occasion d'aller à la campagne.

Circonstance aggravante.

On avait fait précéder la pièce nouvelle par la reprise du *Monsieur qui prend la mouche*, une des plus étonnantes fantaisies qui soient sorties de la plume d'Eugène Labiche et de Marc Michel ; et l'on venait, pendant une bonne heure, de rire à gorge déployée.

— Quelle faute ! s'écriait à côté de nous une personne d'esprit et de bon sens. Je ne sais pas ce qu'est la pièce nouvelle, mais comment pourrait-elle ne pas sembler pâle et morose après une telle explosion de bonne humeur et de gaieté !

Eh bien, le phénomène est apparu ; le miracle s'est accompli.

MM. Delacour et Hennequin ont gagné le *Procès Veauradieux* avec intérêts, dommages et dépens ; on a ri pendant deux autres heures, ri comme au bon vieux temps du vieux Vaudeville, comme aux meilleures soirées du Palais-Royal, et l'on s'est amusé comme un troupeau de fous.

Serait-ce un chef-d'œuvre que ce procès au nom singulier, et, entre nous, assez mal choisi ? Pas le moins du monde. C'est tout bonnement une grosse bonne pièce bien faite, bien assaisonnée, bien réjouie, construite d'après les meilleurs procédés de la cuisinière bourgeoise dramatique, c'est-à-dire bourrée de situations. Or, de tous les genres de comique, le comique de situation est le seul qui ne manque jamais son effet. Le comique des mots ne porte pas toujours, surtout si les mots sont très fins ; sont-ils moins fins, les délicats se révoltent. Mais le comique de situation est irrésistible. Tout le monde s'y laisse prendre.

Et croyez-le ! n'invente pas des situations qui veut. La situation au théâtre, comme la mélodie pour le compositeur de musique, c'est le lièvre du civet, c'est aussi l'oiseau rare qu'on nie plus aisément qu'on ne le déniche.

Or, comment ne pas se tenir les côtes en présence de l'avocat Fauvinard, qui, après avoir conseillé à sa cliente Mme de Bagnolle de surprendre son mari en flagrant délit chez une certaine Césarine, se laisse pincer lui-même dans les propres pantoufles et la propre robe de chambre de M. de Bagnolle ? Et vous figurez-vous la tête de M. de Bagnolle, lorsque, rendant une visite à l'avocat de sa femme pour ébaucher une réconciliation, il reconnaît dans l'avocat Fauvinard le prétendu médecin qu'il avait rencontré la veille au chevet de la trop volage Césarine ? Compliquez cet *imbroglio* par l'intervention d'un autre avocat, ami intime d'une certaine Irma que protège le vieux M. Gatinel, de qui Fauvinard est justement le conseil judiciaire, et vous verrez merveille, comme disait Brillat-Savarin.

Il y a une scène impayable entre les deux avocats, Gatinel et M. de Bagnolle, lorsque les quatre hommes, qui se sont rencontrés la veille en compagnie légère, s'abordent l'un après l'autre pour se dire mystérieusement à l'oreille :

— « Monsieur, vous êtes un homme du monde : je vous serai très obligé de ne dire à personne où vous m'avez vu hier au soir. »

Menée avec une verve endiablée, la pièce finit gaiement; Fauvinard, guéri de ses entraînements extra-conjugaux, revient à son ménage, qui sera délivré d'une exécrable belle-mère, et M. de Bagnolle se réconcilie avec sa femme.

Du reste, on ne raconte pas ces choses-là ; il faut les entendre et surtout il faut les voir. Il y a des mots bien drôles et d'un tour naturel, comme je les aime ; celui-ci par exemple, lorsque Fauvinard, accusé par sa belle-mère de n'avoir pas de clients, lui répond

avec simplicité : « Mais si, j'en ai des clients, seule-
« ment mes clients n'ont pas de procès, voilà tout.
« — Je n'appelle pas cela des clients ! » reprend ai-
grement la belle-mère ; « ce sont des connaissances. »

Une cause secondaire et cependant essentielle du
grand succès du *Procès Veauradieux* (que Balzac appelait *l'Affaire Chaumontel*), c'est que la pièce est très
bien jouée. Une première mention d'abord à M. Saint-
Germain, excellent dans le rôle de Fauvinard, puis
à Mme Alexis, le type des belles-mères exécrables,
à M. Parade, qui fait de Gatinel une superbe ga-
nache, enfin à Mlle Massin, qui joue la belle Césarine
avec beaucoup de naturel et de bonne grâce.

M. Dieudonné, qui n'a qu'un rôle secondaire, et qui
venait de reprendre le rôle créé par Arnal dans *un
Monsieur qui prend la mouche*, a de la verve et de
l'autorité ; mais son jeu, qui ne se renferme pas toujours dans les limites du bon goût, manque aussi
d'une empreinte exclusivement personnelle ; parfois
il rappelle la diction brusque et saccadée de Félix,
parfois il imite M. Landrol à s'y méprendre.

Une toute jeune débutante, Mlle Lamare, a fait rire
aux larmes sous les traits d'une petite champenoise,
un vrai Jocrisse enjuponné, que son maître appelle
Isidore, parce qu'ayant eu un *groom* de ce nom, il
ne veut pas changer ses habitudes.

Rien de tout cela ne rappelle la haute littérature,
et le grand art peut se voiler la face. Mais on s'est
bien amusé.

CCXCI

Débuts de mademoiselle de Reszké dans HAMLET

Mon collaborateur et ami M. Bénédict vient de
prendre un congé de trois mois, pendant lequel il
veut bien me charger de le suppléer. J'accepte sans
m'engager beaucoup, car, sauf l'Opéra que sa grandeur attache au rivage, les autres théâtres lyriques
ont fermé, ferment ou fermeront leurs portes pendant
l'été.

Je ne sais comment M. Bénédict aurait jugé Mlle de
Reszké qui débutait ce soir dans le rôle d'Ophélie.
J'imagine toutefois qu'il l'aurait tout d'abord comparée à cette aimable Mlle Belval, à qui elle ressemble
par la simplicité, le nonchaloir et par cette inextinguible belle humeur qui résiste aux chocs les plus
cruels, à l'abandon, à la folie et à la mort.

Mlle de Reszké est d'ailleurs une belle personne,
grande par comparaison, environ six pouces au-dessus de Mme Gueymard, douée d'une physionomie
ouverte et spirituelle, avec le nez retroussé et des
yeux bleus, quelque peu divergents ou inégaux.

Mlle de Reszké, à défaut de l'expérience de la scène,
qui lui manque naturellement puisqu'elle n'avait jamais paru sur aucun théâtre, possède un sang-froid im-
perturbable, qu'il a fallu surtout admirer dans sa scène
de folie. On ne se noie pas plus méthodiquement.

A défaut des qualités de l'actrice qui n'apparaissait
pas encore, même en germe, on loue chez Mlle de
Reszké une belle voix, forte, étendue, assez homogène, colorée dans les notes graves, pleine et vibrante

à l'aigu. Cette voix pourra rendre des services au
répertoire lorsqu'elle aura été soumise à un travail
de perfectionnement analogue à celui que les horlo-
gers appellent « le repassage », et qui a pour but
d'égaliser en même temps que d'adoucir le jeu des
organes internes.

A de certains passages de force, il semble que
Mlle de Reszké n'attaque les notes hautes qu'en mettant en mouvement une sorte de mécanique intérieure, dont on entend les craquements assez analogues à ceux d'un coucou de la Forêt-Noire. Le mal
est réparable, car il provient, à coup sûr, d'une méthode défectueuse, qu'il s'agit d'oublier.

En dépit de son extérieur impassible et trop « bon
enfant » pour la fille de Polonius, Mlle de Reszké a
chanté d'un élan énergique le trio du troisième acte,
qui a été, de beaucoup, son meilleur endroit ; le public de l'orchestre l'a applaudie discrètement, c'était
justice ; le public du parterre l'a rappelée, c'est beaucoup trop.

Une remarque à ce sujet.

J'admets à la rigueur qu'on fasse revenir les artistes
après la chute du rideau ; mais qu'ils reparaissent *illico*
au milieu du drame, immédiatement suspendu par
cette petite cérémonie, c'est une absurdité contre
laquelle je proteste pour ma part. Elle est d'autant
plus choquante ici que nous sommes en plein drame
lyrique, je désigne par là une composition plus décla-
mée que chantée, et qui se propose de soumettre la
musique aux lois de la vérité dramatique, en la
préservant des caprices de l'imagination. Mais à quoi
servent les efforts du compositeur, si l'illusion qu'il
a voulu créer est subitement dissipée par la rentrée
d'Ophélie venant saluer le public, tandis que la reine
Gertrude la prend par la main, afin de se faire
applaudir à son tour ou hors de son tour ?

Enfin, c'est fini ; Ophélie est sortie pour tout de bon ; les applaudissements ont cessé. La reine Gertrude fait disparaître le sourire qui courait sur ses lèvres, et reprend d'un ton lugubre :

Hamlet ! ma douleur est immense !

Allons donc! nous sommes à cent lieues d'Hamlet ; nous ne croyons plus ni aux spectres, ni aux crimes, ni à la douleur; nous ne croyons plus qu'aux comédiens qui tout à l'heure chantaient à tue-tête :

> Bouffons et baladins,
> Aux pieds de Votre Altesse
> Nous mettons humblement
> Nos talents, notre adresse
> Et notre dévoûment.

M. Lassalle a fait acte de courage en succédant à M. Faure dans son meilleur rôle ; il joue Hamlet sans beaucoup de profondeur ni d'autorité, d'une manière un peu vague, pour ne pas dire banale. Mais le rôle est dur, ingrat, quoi qu'on en dise, et M. Lassalle, qui manie d'ailleurs avec goût une excellente voix, rend un vrai service à l'Opéra en lui permettant de maintenir au répertoire l'œuvre sévère de M. Ambroise Thomas.

CCXCII

Théatre Lyrique Dramatique.   2 juillet 1875.

Reprise de LA TOUR DE LONDRES

Drame en cinq actes, par MM. Eugène Nus et Alphonse Brot.

Le Théâtre Lyrique Dramatique a commis à la fois un acte d'habileté et une bonne action en consacrant

au bénéfice des inondés la reprise, au moins inutile,
d'un médiocre mélodrame intitulé *la Tour de Londres*.
Quand je dis médiocre, c'est par pure retenue et aussi
par une sorte de scrupule envers la mémoire de
l'honnête et bizarre écrivain qui s'appelait Alphonse
Brot. C'était, que les générations oublieuses ne s'y
trompent pas, un des combattants littéraires de 1830.
Dans le ciel où Victor Hugo et Alexandre Dumas
brillaient comme des soleils, Alphonse Brot se confondait parmi les nébuleuses; il possédait le tempérament dramatique et l'instinct de la couleur; il unis-
sait dans une synthèse particulière les bonnes
dagues de Tolède et les naïvetés du vieux mélodrame
classique. Sa *Tour de Londres*, avec ses deux bour-
reaux masqués, rappelle à la fois *les Deux Cadavres*
de Frédéric Soulié et la *Catherine Howard* d'A-
lexandre Dumas. Mais, faute d'un style je ne dirai pas
éclatant et personnel, mais seulement tolérable, il se
trouve que ces sombres horreurs manquent de puissance et d'intérêt. On allait s'attendrir sur le sort de
la comtesse Murray, mais ne s'avise-t-elle pas de
déplorer la *fatalité inextricable* qui pèse sur elle?
Et, au lieu de pleurer, on rit.

M. Maurice Simon rend le principal rôle de *la
Tour de Londres* avec intelligence et vigueur; un
personnage secondaire, celui d'Hulst, est bien joué
par M. Latouche. Les autres acteurs me sauront gré
de les passer sous silence.

La mise en scène est bien négligée; par exemple,
que signifie l'écusson fleurdelysé des rois de France
dans le palais du roi d'Angleterre, si ce n'est qu'on
fait servir pour Whitehall un panneau qui, dans *la
Jeunesse du roi Henri*, appartenait au Louvre? Il n'en
aurait pas coûté trente sols pour faire un raccord à
a colle et pour éviter une bévue.

Du reste, la soirée s'est très bien passée; le public

payant s'intéressait réellement aux infortunes de John
Walker ou le bourreau par occasion, et la quête au
profit des inondés a été assez fructueuse pour répondre aux souhaits naïfs d'un orateur improvisé,
qui nous avait édifiés, entre deux fanfares, sur les
dangers comme sur les bienfaits « des gouttes d'eau-
« z-accumulées. »

— — —

CCXCIII

THÉATRE-CLUNY.   9 juillet 1875.

Reprise du PAYS LATIN

Drame par MM. Dunan Mousseux et compagnie.

La Vie de Bohême venait d'ouvrir à Henry Mürger
les portes de la *Revue des Deux-Mondes*. Il y débuta
par *le Pays Latin*, avec quelles angoisses! Il fallait, lui
disait-on, prendre le ton de la *Revue;* on lui imposa
même des choses assez bizarres. Par exemple, dans la
première partie du livre, les grisettes sont académi-
quement sacrifiées aux « femmes de la société distin-
« guée » et on y qualifie de « passion honorable » les
amours d'Edouard avec une femme mariée, mère de
trois ou quatre enfants.

Chose curieuse! dans cette maison pédante où l'on
fait une chasse suivie aux « mais » aux « car » et aux
« toutefois » trop répétés par des écrivains négligents,
il ne se trouva personne pour avertir Henry Mürger
que les Elzéviers ne furent pas les contemporains
d'Henry Estienne et n'appartenaient pas à l'époque
de la Renaissance.

Somme toute, Mürger souffrit beaucoup du travail
de corrections et de remaniements qu'on lui imposa

pour la plus grande gloire de la *Revue*, mais il en sortit sain et sauf, c'est-à-dire qu'il sut rester lui-même. Toutes réserves faites sur le dénouement, dont la berquinerie semble viser à quelque prix de vertu, *le Pays Latin*, qui est le premier livre d'Henry Mürger, me paraît le meilleur de tous.

Je dis le premier livre, parce que les *Scènes de la Vie de Bohème*, qui le précédèrent, se composaient de morceaux détachés, écrits au jour le jour et sans autre plan que les hasards plaisants ou mélancoliques d'une existence décousue.

Je dis le meilleur, et cela sans réticence, car je vais plus loin dans mon estime pour *le Pays Latin*. Supprimez le titre qui est académique et inexact, puisqu'il annonce une peinture qui n'arrive pas ; effacez purement et simplement, sans le remplacer d'aucune manière, un dénouement qui recommence, sans opportunité, celui de *la Dame aux Camélias*, arrêtez l'œuvre sur le délicieux moment où la pécheresse, transfigurée et revenue au bien, échange un premier regard d'amour avec Claude, intitulez le tout : *Mariette*, et vous aurez baptisé un. des chefs-d'œuvre de la littérature française au xixe siècle. Bien supérieure à Manon Lescaut, cette Mariette qui fait souffrir parce qu'elle a souffert, parce qu'elle souffre encore ; charmante créature, dont le cœur meurtri peut refleurir aux caresses du repentir, au sourire de l'amour.

Le Pays Latin d'Henry Mürger est une étude poignante, serrée, où l'écrivain instinctif mais puissant qu'était Henry Mürger se révèle avec l'éclat et la certitude d'un maître. Je viens de relire ces trois cents pages écrites en 1850, il y a précisément un quart de siècle ; elles ont encore l'exquise fraîcheur de leur première éclosion ; elles se sont conservées dans les larmes.

Cela dit, il ne me reste plus qu'un dernier devoir à remplir envers Henry Mürger : c'est d'avertir le public que son nom et son œuvre n'ont rien à faire ni à voir avec la pièce du théâtre Cluny. Celle-ci a été fortement égayée ; je ne relèverai pas les coq-à-l'âne qui, après avoir transporté le public au septième ciel, ont fini par le transporter dans la rue, avant le dénouement.

Mais il faut rendre justice à un acteur, le moins bon. (Se reconnaîtra-t-il ?) Ce pauvre garçon s'était sans doute préparé à son sacerdoce par des lectures littéraires, qui lui avaient troublé la mémoire ; de sorte qu'au lieu de dire, ce qui était dans son rôle : « Je viens de reconduire madame d'Esparville », il a dit : « Je viens de reconduire madame de Staël ». Hervé, le farouche Hervé d'*Alice de Nevers*, n'aurait pas trouvé celle-là

CCXCIV

Théatre du Chatelet.   13 juillet 1875.

Reprise de PERRINET LECLERC

Drame en cinq actes et sept tableaux, par MM. Anicet Bourgeois et Lockroy.

Perrinet Leclerc ou Paris en 1418 date du 3 novembre 1832. C'est un de ces drames éclos sous la double influence de *la Tour de Nesle* et des premiers récits historiques d'Alexandre Dumas. Le type du jeune homme du peuple, maltraité par un grand et sacrifiant tout à sa vengeance, était en ce temps-là l'idéal des écrivains et surtout des acteurs. Ce type, Perrinet Leclerc le réalisait dans l'histoire. M. Lockroy y vit une pièce et un rôle ; il écrivit l'un et joua l'autre. Son succès personnel fut très grand, si grand que Victor Hugo refit pour M. Lockroy lui-même un autre Perrinet Leclerc sous le nom de Gilbert, l'ouvrier ciseleur de *Marie Tudor*.

Le drame de MM. Anicet Bourgeois et Lockroy n'est pas à beaucoup près un chef-d'œuvre ; il renferme de notables contre-sens et quelques puérilités ; mais une marche vigoureuse et large, quelques belles scènes et surtout une interprétation de premier ordre lui valurent une vogue populaire, dont les échos sont venus jusqu'à nous.

Delafosse jouait Charles VI ; Delaître, le connétable d'Armagnac ; Provost, Villiers de l'Isle d'Adam ; M. Chilly (sans doute alors jeune et superbe) représentait le chevalier de Bois-Bourbon, l'amant de la reine ; Perrinet Leclerc, c'était M. Lockroy en personne ; Serres jouait le bourgeois Bourdichon ; enfin, Mlle Georges prêtait au personnage sinistre d'Isabeau de Bavière l'éclat de sa beauté sculpturale et de son incomparable talent. Quant à la jeune Marie, la fiancée de Perrinet, c'était Mlle Juliette Drouet, qui fut ensuite la Jane de *Marie Tudor* et la princesse Negroni de *Lucrèce Borgia*.

N'essayons aucune comparaison entre la troupe actuelle du Châtelet et celle de l'ancienne Porte-Saint-Martin. Les acteurs puissants et convaincus qui créèrent *Perrinet Leclerc* étaient animés d'une inspiration littéraire que leur communiquaient les Hugo et les Dumas, ces deux grands combattants du romantisme. Ils avaient le sens sombre et profond du drame, et un sentiment de grandeur qui paraît s'éclipser chez le comédien de nos jours.

Voyez par exemple Mlle Périga, qui se donne un mal énorme pour trouver, à la sueur de son front, des effets que Mlle Georges rencontrait tout naturellemen par une simplicité magnifique et grandiose? J'avoue que Mlle Périga a bien crié, mais elle n'a trouvé qu'une seule fois l'accent de la vérité, pour dire à Perrinet Leclerc qui lui demande comme un don la vie du connétable d'Armagnac : « — Ah! c'est pour le tuer, « au moins, que tu me demandes sa vie! » Ce n'est, à tout prendre, qu'une vérité brutale et triviale où l'on chercherait en vain la dignité d'une reine. Isabeau de Bavière, telle que la comprend Mlle Périga, saisit Perrinet dans ses bras avec un geste abandonné que la dernière grisette se permettrait à peine avec son amant. Mais enfin l'effet y est; c'est le seul. Dans tout le reste du rôle, Mlle Périga reste au-dessous du médiocre, pour ne pas dire du pire.

Pour M. Taillade, c'est autre chose. On sent en lui une intelligence inquiète, qui se débat contre des moyens d'exécution insuffisants. Parfois la combinaison qu'il a rêvée éclate entre ses mains comme une arme trop chargée; il voulait faire trembler, il fait rire ; souvent aussi, il détaille de manière à substituer une démonstration de professeur à l'exécution de l'artiste; c'est un maître d'armes qui explique le coup et ne le porte pas. Somme toute, je ne prends pas M. Taillade pour un acteur ordinaire, et seul il a soutenu, ce soir, le drame qui écrasait ses camarades.

Malgré les défaillances de l'interprétation, l'ouvrage de MM. Anicet Bourgeois et Lockroy excite encore l'intérêt du spectateur. C'est une raison de regretter que les auteurs aient placé sous un jour sympathique la figure du grand criminel qui s'appelle Perrinet Leclerc, et voué à l'exécration publique le connétable qui défendait la monarchie légitime en qui s'incarnait la nationalité française.

On sait que, dans la nuit du 29 au 30 mai 1418, Perrinet Leclerc, fils d'un riche marchand de fer, lequel, en sa qualité de quartenier, était le gardien des clefs qui ouvraient la Porte Saint-Germain ou de Bussy, déroba ces clefs sous le chevet de son père et ouvrit la porte aux Bourguignons. Les suites de cette action furent épouvantables. Les Bourguignons, vainqueurs par surprise, emprisonnèrent les principaux personnages de l'Etat, qui furent ensuite massacrés dans leur prison, Le connétable comte d'Armagnac, le chancelier de France Henri de Marle, et avec eux beaucoup de chevaliers et de notables bourgeois fidèles à la royauté furent assassinés par des bandes de forcenés, que conduisait Capeluche, le bourreau de Paris.

Ce n'est pas tout : pendant que ces horribles scènes ensanglantaient la capitale française, le roi d'Angleterre poursuivait et achevait la conquête de la Normandie. La défense du territoire fut désorganisée par le triomphe des Bourguignons, et, de défaite en défaite, d'humiliation en humiliation, la ville de Paris se vit obligée, dix-huit mois après l'entrée des Bourguignons, de subir celle des Anglais. Henri V d'Angleterre devint de fait le roi de France.

Telle fut l'œuvre de Perrinet Leclerc, une révolution devant l'ennemi et la chute momentanée de la royauté nationale.

Quel était son mobile ? On sait par les mémoires de Jouvenel des Ursins que Perrinet avait subi de mauvais traitements de la part de quelques seigneurs attachés au parti d'Armagnac et qu'il avait juré de s'en venger.

Malheureusement, sa vengeance coûta cher à notre malheureux pays. Perrinet Leclerc, déjà coupable, devint infâme en acceptant des mains du roi d'Angleterre le salaire de sa trahison.

Car, et c'est là que j'en voulais arriver, ce Perrinet Leclerc, que le drame propose à l'admiration et à la pitié du peuple de Paris, fut enrichi par les Anglais au moyen des dépouilles de ses propres concitoyens.

Les registres des confiscations exercées par le roi d'Angleterre sur les bourgeois de Paris et de l'Ile-de-France nous ont été conservés par Sauval, au troisième volume de ses *Antiquités de Paris*.

Or, voici ce qu'on y lit (p. 500) :

« Tous les biens de Jean Gencien, absent, furent « donnés par le roi (d'Angleterre), par ses lettres « patentes du 30 mars 1421, à PIERRE ou PERRINET « LECLERC, *l'un de ceux de l'entrée du duc de Bour-* « *gogne à Paris.* »

Jean Gencien, président des enquêtes au Parlement de Paris, était l'arrière-petit-fils et l'arrière-petit-neveu des deux frères Gencien, bourgeois de Paris, qui tenaient chacun une bride du cheval de Philippe le Bel à la bataille de Mons-en-Puelle (1304) ; le roi, qui était descendu un instant, fut surpris par les Flamands ; mais il put remonter à cheval grâce à l'aide des deux frères, et les deux héroïques bourgeois furent tués sur la place en sauvant leur maître.

Telles étaient les dépouilles que Perrinet Leclerc ne rougit pas d'accepter des mains de l'étranger. Elles ne lui suffirent pas.

« *Quarante-deuxième cahier des confiscations an-* *glaises.* — Hôtel de Poitronville et dépendances sis à la Cour-Neuve, qui fut à Pierre et Bureau dits les Bouchers, frères, absents... occupés par PERRINET LECLERC, *l'un de ceux qui firent l'entrée aux gens de* Mgr *de Bourgogne* ». Pierre Boucher et Bureau Boucher étaient les beaux-frères de Jean Gencien.

« Hostel et ses dépendances, sis à Mitry en France, qui furent à Mc Jean de Vesly, donnés à PERRINET LECLERT, *l'un de ceux qui firent l'entrée aux gens de* Mgr *de Bourgogne en cette ville de Paris* ».

On voit que le roi d'Angleterre récompensait généreusement les services rendus au duc de Bourgogne.

Il faut donc que les Parisiens le sachent : le Perrinet Leclerc, dont ils acclament la vengeance, livra sa ville aux étrangers et se la fit payer un prix égal à son forfait. Perrinet Leclerc fut un traître et un apostat, qui mérite d'être cloué, avec son prédécesseur le traître Etienne Marcel, au pilori de l'histoire.

CCXCV

GYMNASE-DRAMATIQUE.   19 juillet 1875.

LE SANGLIER DES ARDENNES

Comédie en un acte, par M. Amédée Achard.

Amédée Achard écrivit peu pour le théâtre ; sa manière délicate et fine s'accommodait mal des perspectives tranchées qu'exige l'optique théâtrale. Le petit acte posthume que le Gymnase a recueilli n'est que le badinage d'un homme d'esprit, et n'excède pas la valeur d'une saynète improvisée pour être jouée dans le salon de quelque château, par une fraîche soirée d'automne.

L'idée ne laisse pas que d'être ingénieuse et amusante.

Le « sanglier des Ardennes » vous représente un commerçant enrichi dans le commerce des denrées coloniales, qui s'est habitué à voir toutes les volontés plier devant ses caprices de millionnaire.

Il impose aux prétendants qui sollicitent la main de sa nièce les épreuves les plus humiliantes. Il les oblige à confesser que la lune, ronde le soir, devient carrée le matin, et que le plus substantiel des déjeûners est un œuf à la coque.

Tout à coup, un nouveau candidat se présente ; c'est le propre neveu du sanglier, le cousin de la demoiselle à marier.

Le survenant a mauvais caractère : il tient tête au sanglier, et, à la suite d'une explication violente, lui déclare qu'il ne fera aucune concession à ses insupportables lubies.

— Ainsi, voilà qui est décidé ? s'écrie le farouche sanglier ; plutôt que de me céder, tu renoncerais à devenir le mari de ma nièce ?

— Absolument.

— Eh bien ! touche là, tu es précisément le gendre que je cherchais. J'aime les gens à caractère.

Voilà tout : c'est fort gai et bien joué par MM. Landrol, Achard et Mlle Legault.

La première audition du *Sanglier des Ardennes* a eu lieu au bénéfice des inondés.

La Comédie-Française avait voulu contribuer à cette bonne œuvre avec le *Sganarelle* de Molière.

Sachons dire la vérité à tous, l'exécution de cette joyeuse comédie a été déplorable. Laissons à part M. Got, qui joue Sganarelle d'une façon délicieuse. Pour le reste, il semblait qu'on assistât à quelque représentation donnée dans une grange par une troupe de campagne.

M. Talbot a mangé et grogné le rôle de Gorgibus avec les mines d'un sanglier de mauvaise humeur ! Il a prouvé jusqu'à l'évidence son insuffisance comparativement aux acteurs de nos scènes de genre : à M. Pradeau, par exemple, qui lui est bien supérieur dans *l'École des Femmes*.

Mlle Martin, inimaginablement fagotée, ne savait pas le premier mot de son rôle, et a singulièrement déçu les spectateurs du boulevard Bonne-Nouvelle, pour qui le titre d'artiste de la Comédie-Française est synonyme de grâce, d'élégance et de talent.

Heureusement M. Got, bien secondé par la bonne
humeur de Mme Provost-Ponsin, a couvert toutes les
défaillances, et a su mériter d'être rappelé deux fois.
C'était de toute justice. On n'est ni plus spirituel, ni
plus fin, ni plus gai.

CCXCVI

Gymnase-Dramatique.   16 juillet 1875.

LÉA

Drame en trois actes, par MM. Léon Boucicault
et Emile de Najac.

Ceci est une nouvelle édition d'un de nos plus vieux
mélodrames, *la Femme à deux maris*. Mme Leigh,
lorsqu'elle épousa M. Leigh, l'un des plus célèbres
peintres de l'Angleterre, se croyait veuve d'un certain Rowdon, qui l'avait abandonnée après avoir
mangé sa dot. Rowdon poursuivi pour crime, et se
voyant arrêté à bord même du paquebot qui devait
l'emmener en France, s'était jeté à la mer, et avait
péri, du moins on le croyait.

Des années se sont écoulées. Mme Leigh est la plus
heureuse des femmes et la plus heureuse des mères,
lorsqu'elle voit apparaître, au milieu de son bonheur,
la figure détestée de Rowdon, qui se fait appeler
maintenant le comte Stefani. Le misérable ne demande
d'abord que de l'argent pour se taire, mais il redevient amoureux de sa femme et il a l'audace de réclamer publiquement ses droits. Heureusement pour
mistress Leigh, Rowdon avait une maîtresse qu'il
avait ramenée d'Italie ; c'est une transteverine, nom-

mée Léa, qui a servi plusieurs fois de modèle à
M. Leigh. Au moment où Rowdon, assisté d'un cons-
table, va se faire rendre sa femme, Léa le tue d'un
coup de poignard. Rien ne troublera la félicité de
mistress Leigh.

Il y a beaucoup à dire et à redire sur cette composition informe, qui nous ramène aux élucubrations
primitives de l'ancien boulevard du Temple. Elle est
absurde au point de vue des mœurs anglaises, comme
au point de vue de la déduction scénique.

Comment Rowdon peut-il réclamer sa femme sinon
en justifiant de son identité? Mais cette justification
le conduirait tout droit à Newgate et de là à Botany-
Bay, puisqu'il est poursuivi pour crime. Sa condamnation, qui est certaine, justifierait, de la part de mistress Leigh, une demande en divorce, qui serait
accueillie sans difficulté. Voilà pour les mœurs.

Quant à la conduite de la pièce, tout le monde sent
qu'une femme aussi pure, aussi dévouée, aussi confiante dans l'amour de M. Leigh, devrait tout d'abord
l'avertir du retour de Rowdon, et s'en remettre uniquement au père de ses enfants du soin de la défendre,
au lieu de se livrer au vagabondage dangereux et, au
désespoir stérile qui remplissent le milieu de la pièce.

Enfin, les personnages de Rowdon et de sa maîtresse, la transteverine Léa, à coup sûr les mieux
tracés de la pièce, ont le cachet désolant de cette vérité répulsive que le bon public n'aime à rencontrer
ni au théâtre ni au coin d'un bois.

La seule compensation aux critiques que je viens
de diriger contre *Léa*, c'est que la pièce n'ennuie pas,
et qu'elle n'est pas longue, en dépit de certains remplissages destinés à lui assurer une durée raisonnable.

Mme Fromentin, coiffée d'une énorme perruque
blonde qui la déguise en Pierson, a courageusement
pleuré toutes les larmes de la larmoyante mistress

Leigh. M. Achard joue avec une consciencieuse vérité le rôle odieux de Rowdon ; il en a fait un excellent type de chenapan, purement anglais, qui semble pris sur le vif.

Le rôle du modèle italien convient aux allures de Mlle Tallandiéra, à qui je sais gré d'avoir joué avec mesure un rôle qui aurait précisément supporté quelque dose d'exagération. Malheureusement la voix de Mlle Tallandiéra ne change pas ; c'est toujours le même organe sourd, éraillé, inexpressif, qui intercepte au passage la manifestation des sentiments internes, et pose une infranchissable barrière entre l'actrice et le public.

M. Landrol, qui représente le peintre Leigh, a eu un mouvement superbe, lorsqu'au dénouement il veut se précipiter sur le cynique Rowdon ; il a traduit avec une émotion si vraie la furieuse colère du père de famille et de l'honnête homme exaspéré, qu'il en avait encore la voix tremblante lorsqu'il est venu nommer les auteurs.

CCXCVII

Théâtre-Historique.   22 juillet 1875.

Reprise de LATUDE ou TRENTE-CINQ ANS DE CAPTIVITÉ

Mélodrame en trois actes et cinq tableaux,

Précédé de UNE MATINÉE A TRIANON,

Prologue par MM. G. de Pixérécourt et Anicet Bourgeois, représenté pour la première fois sur le théâtre de la Gaîté, le 15 novembre 1834.

« LATUDE (Henri Masers de), prisonnier d'État français », ainsi s'explique je ne sais plus quelle biographie universelle qui, dans sa manie de catégoriser ses hommes célèbres, eût volontiers écrit : TROPP-MANN, assassin français », et ainsi de suite.

Mais cette fois, guidé par le hasard qui a de ces divinations, le naïf biographe avait dit juste sans le savoir. L'enfant naturel Jean-Henry Aubrespy, connu sous le nom de Latude, qui était celui de son père, un gentilhomme du Languedoc chez qui sa mère Jeanneton Aubrespy avait servi comme domestique, fut réellement un prisonnier d'État au sens professionnel du mot. Certes, il n'avait pas précisément volé sa première détention. On connaît cette histoire. Se trouvant sans ressources sur le pavé de Paris, il avait imaginé d'adresser par la poste à Mᵐᵉ la marquise de Pompadour une petite machine infernale d'apparence, mais inoffensive de fait, puis de se présenter comme un sauveur qui venait révéler à la favorite un complot ourdi contre sa vie. Ce fut un valet de chambre qui le reçut, car, circonstance digne de remarque, il ne vit même pas la marquise, que sa personne et sa jeunesse eussent peut-être intéressée. Signalé au lieutenant de police par le valet de chambre, qui le jugea au premier coup d'œil comme un chevalier d'industrie, Latude fut arrêté, — ceci se passait en 1749, — mis à la Bastille où il séjourna quatre mois, puis transféré au château de Vincennes, d'où il s'évada en plein jour, tranquillement et les mains dans les poches, le 25 juin 1750.

Ici commence à se révéler ce que j'appellerai la vocation de Latude. Sorti de la forteresse où on le gardait si mal, il ne tenait qu'à lui de se faire oublier.

Tel n'était pas son caractère.

A peine est-il installé à Paris, dans un asile sûr, il écrit à Mᵐᵉ de Pompadour elle-même, l'informe de son évasion qu'il raconte dans les moindres détails et lui donne son adresse, comptant sur une grâce entière. La lettre n'arrive pas à la marquise mais au lieutenant de police, qui le fait réintégrer à la Bastille, sous une surveillance rigoureuse.

C'est là qu'il rencontre un autre prisonnier d'État à peu près de son âge, appelé le chevalier d'Alègre. Les deux amis travaillent de concert à une évasion, qui s'accomplit le 25 février 1756, et se réfugient l'un à Bruxelles, l'autre à Amsterdam. Ils y sont repris l'un et l'autre par la police de Paris, avec l'agrément des Provinces-Unies.

Latude rentre à la Bastille pour la troisième fois.

Le matin du 16 avril 1764, il aperçoit, appliqué sur la mansarde habitée par deux jeunes blanchisseuses, en face de la Bastille, un grand placard sur lequel on lisait : « La marquise de Pompadour est morte hier ». Latude se croit sauvé ; il écrit à M. de Sartine, et le résultat de cette démarche est de ' le faire transférer le 27 juillet au donjon de Vincennes, d'où il s'échappe le 23 novembre 1765.

Croyez-vous qu'instruit par l'expérience, surtout par sa mésaventure de 1750, il va cette fois cacher sous une ombre discrète sa liberté reconquise ? Pas le moins du monde. Son imprudente confiance dans une générosité d'âme qui ne se rencontrait au dix-huitième siècle que chez quelques hommes de cœur, hélas, bien rares ! le pousse à se présenter au château de M. le duc de Choiseul, le ministre tout-puissant, l'ancien ami de Mme de Pompadour. M. de Choiseul le fait ramener à Vincennes.

Dix ans plus tard, le 27 septembre 1775, l'autorité administrative, qui affectait de le considérer comme un aliéné, l'envoya à Charenton où il retrouva son ami d'Alègre qui était réellement devenu fou, lui, et ne le reconnut pas.

Enfin, le 12 juillet 1777, il est libre ; mais, par suite de circonstances demeurées inexpliquées, il est enfermé de nouveau le 1er août dans un cabanon de Bicêtre.

Il y resta six ans encore.

Tout à coup, la destinée s'adoucit. Une ère de philanthropie s'était ouverte avec le règne de Louis XVI ; un souffle de réforme faisait vaciller les vieux abus ; c'est l'époque des Turgot et des Malesherbes.

Un mémoire rédigé par Latude pour un de ces hommes de bien s'égare en route, et, par une heureuse fatalité, tombe entre les mains d'une honnête bourgeoise, une mercière de Paris, appelée Mme Legros. Cette femme généreuse est saisie d'une pitié profonde pour l'infortuné qu'elle ne connaissait pas. Désormais elle lui consacrera sa vie. Elle entreprend mille démarches, elle force la porte des grands seigneurs et des ministres ; enfin, elle réussit, et, dès les premiers jours de 1784, Latude est libre, cette fois pour toujours, et muni d'une pension de 400 livres.

La cour et la ville sont émues, une réaction d'opinion publique se déclare en faveur de la victime des abus ; une souscription est ouverte à Paris au profit de Latude ; elle produit une quarantaine de mille livres.

Le prix de vertu venait d'être institué ; l'Académie française, qui allait le décerner pour la première fois, ne découvre personne qui en soit plus digne qu'Henriette Legros, qui est couronnée en séance publique le 22 mars 1784.

L'ancien prisonnier d'État, tranquille sur ses vieux jours, eut le temps de goûter son bonheur, car il survécut vingt et un ans à sa délivrance. Il mourut à Paris à l'âge de quatre-vingts ans, le 1er janvier 1805, la seconde année du règne de Napoléon Ier. Le décès fut déclaré par Claude-François Legros, le mari de sa libératrice. L'acte de l'état-civil constate que le défunt était célibataire. Ainsi tombe la légende de son mariage avec madame Legros. Un détail excessivement curieux,

c'est que Latude et Legros demandèrent de concert,
sans pouvoir l'obtenir, le privilège d'un théâtre à ouvrir
sur le boulevard, et où l'ancien hôte de la Bastille aurait exploité lui-même le souvenir de ses malheurs.

Ajoutons, pour compléter cette rapide esquisse, que
l'Assemblée nationale lui alloua en 1791 un secours
de 3,000 francs, et qu'en 1793 les héritiers de Mme de
Pompadour, attaqués en justice, furent condamnés à
payer à Latude 30,000 francs de dommages-intérêts.
Latude avait pris pour défenseur Chaumette, le trop
célèbre procureur-syndic de la Commune de Paris.
Ceci achève de me gâter mon Latude ; mais, franchement, si jamais homme fut excusable de se sentir révolutionnaire, c'est assurément cette victime inoffensive, non de madame de Pompadour, qui n'y fut pour
rien, mais de trois lieutenants de police.

On pense bien que des aventures si tragiques ont
enfanté de nombreux volumes, sans compter les Mémoires de Latude lui-même, dont l'édition la plus curieuse est celle de 1835, précédée d'une préface de
Raymond Brücker et illustrée d'un portrait dessiné par
Jean Gigoux.

Lorsque Guilbert de Pixerécourt et Anicet Bourgeois firent représenter le drame célèbre que le
Théâtre-Historique vient de reprendre, vingt-neuf ans
seulement s'étaient écoulés depuis la mort de Latude ;
c'était presque une actualité. Que dis-je presque !

A partir de la première représentation, on exposa
dans le foyer du théâtre la curieuse collection du
lieutenant-colonel Maurin, qui possédait tous les instruments d'évasion fabriqués par Latude et par
d'Alègre, entre autres la fameuse corde de quatorze
cents pieds de long, tissée avec des débris de linge
et des filaments extraits du bois de chauffage alloué
aux prisonniers pour se défendre contre les rigueurs
de l'hiver. L'exhibition, complétée par un portrait de

Latude dû au pinceau de Vestier et par un modèle en relief de la Bastille, fabriqué par « le patriote Palloy », était illustrée d'une notice de quatre pages, que les bibliographes attribuent à Guilbert de Pixerécourt.

Aujourd'hui, le vieux mélodrame, privé de ces accessoires parlants, n'a plus pour se défendre que sa valeur intrinsèque, qui est médiocre, et que son style, qui est surprenant. Peut-être Anicet Bourgeois traça-t-il le plan qui, malgré ses défauts, est plus solide ou du moins plus compliqué que ne les faisait Pixerécourt, mais à coup sûr c'est Pixerécourt lui-même, le Corneille du boulevard du Crime, qui a écrit la pièce. On le reconnaît à ces phrases boursouflées et platement pompeuses qui interdisent le naturel aux acteurs, déjà si portés à l'emphase.

Les auteurs n'ont pas su tirer parti du sujet tel que le leur livrait l'histoire ; ils ont imaginé de prêter à Latude une passion romanesque pour Mme de Pompadour et de faire de Mme Legros une grisette amoureuse de Latude, supprimant ainsi la sublimité du sauvetage accompli par la bienfaisante mercière.

Malgré ces défauts, malgré la déclamation, malgré l'ennui, l'intérêt subsiste. L'évasion de la Bastille est bien mise en scène ; le dernier acte, où l'on voit Latude au milieu des fous de Bicêtre, finit par saisir comme un mauvais rêve.

M. Maurice Simon, que j'ai eu déjà l'occasion de louer, a joué avec puissance le rôle de Latude, au dernier acte surtout où il a déployé un remarquable talent de composition. Il lui reste à discipliner sa diction, souvent hachée et monotone ; un peu de naturel et de simplicité dans le débit donneraient plus d'éclat et de relief aux passages de force. J'ajoute que M. Maurice Simon a obtenu un succès de gymnasiarque qui rappelle celui de Dumaine dans *Cartouche*. On a bissé la corde à nœuds.

CCXCVIII

Gymnase-Dramatique.   7 août 1875.

LE MILLION DE M. POMARD

Comédie en trois actes, par MM. Guillemot et
Hippolyte Raymond.

JE DÉJEUNE A MIDI

Comédie en un acte, par MM. A. Dolfus et Drumond.

Le Million de M. Pomard n'a de commun que le
titre avec *les trente Millions de Gladiator*. Mais, en
revanche, ce petit million n'est que la menue monnaie des *Bons Villageois* de Victorien Sardou. L'idée
fondamentale est la même. Il s'agit des mésaventures
d'un bourgeois enrichi, qui, après avoir fait fortune
à Paris dans le commerce des comestibles, conçoit
l'orgueilleuse idée de se montrer dans sa splendeur
aux habitants de Saint-Prosper, sa ville natale, qui
l'ont connu petit et pauvre.

Vous devinez ce qui se passe dans ce trou de province à l'arrivée de la famille Pomard. Tout le monde
prend en grippe l'enrichi qui écrase du poids de son
million la bourgeoisie locale ; on lui gagne son argent,
on lui débauche ses domestiques, on va jusqu'à ca-
lomnier son bonheur conjugal...

C'est ici qu'il devient utile de comparer la pièce de
MM. Guillemot et Raymond avec celle de M. Sardou.

M. Sardou, qui est un écrivain habile, c'est-à-dire
réfléchi, avait bien compris qu'une série d'épisodes
burlesques laisserait le spectateur indifférent, à moins
qu'ils ne se groupassent autour d'un intérêt sérieux.

C'est pourquoi l'auteur de *Nos bons Villageois* avait donné pour cible à ses petites guêpes rurales un ancien officier supérieur, un colonel de cavalerie, dont la colère pouvait devenir un jour terrible et faire trembler. Tel est le secret de la combinaison dramatique sur laquelle Sardou édifia l'action des *Bons Villageois*.

Au contraire, avec un bourgeois aussi placide que M. Pomard, le public devine bien qu'il n'y a pas de catastrophe à craindre, et qu'au lieu de tenir tête aux ruraux, comme le colonel de Sardou, l'ancien marchand de comestibles battra en retraite, en payant les frais de la guerre.

Donc, si nous considérons le *Million de M. Pomard* et *Nos bons Villageois* comme deux quantités du même ordre, nous serons en droit de soustraire celle-ci de celle-là ; le reste ne sera, ni plus ni moins, qu'une pochade assez gaie, dans laquelle se rencontrent quelques mots heureux, et qui peut mériter à MM. Guillemot et Raymond un brevet d'hommes d'esprit plutôt que d'auteurs dramatiques.

M. Lesueur, qui était dans ses bons jours, a supérieurement établi le type de M. Desmazures, le tyranneau du bourg de Saint-Prosper.

Un débutant, M. Malard, joue avec finesse le rôle du marchand de comestibles.

On a trouvé M. Francès très drôle sous les traits d'un maître d'armes amoureux et trompé, dont les vaudevillistes abusent un peu depuis *les Diables roses*. J'ai déjà vu, sur cette même scène du Gymnase, le même M. Francès jouer ce même rôle de maître d'armes dans une pièce en un acte, qui, si ma mémoire ne me trompe pas, était d'Albéric Second.

MM. Guillemot et Raymond me permettront-ils d'ajouter qu'ils ont également emprunté au *Candidat* de Gustave Flaubert le ridicule épisode du journaliste de province, amoureux de la plus belle femme du département ?

Souvenirs puérils, me dira-t-on. Sans doute, et je regrette d'avoir une mémoire réellement gênante, puisqu'elle m'encombre de renseignements aussi futiles que ceux-là. J'en tiens compte néanmoins, car des réminiscences de ce genre expliquent pourquoi certaines pièces nouvelles ne donnent pas au public l'impression de la nouveauté.

Ce reproche est inapplicable à l'acte de MM. Dolfus et Drumond, intitulée : *Je déjeune à midi*, qui devrait s'appeler, à l'ancienne mode, *la Matinée d'un Juge d'instruction*. Ici, au contraire, nous nous trouvons en présence d'un thème original, quoique mal exécuté par des doigts novices.

Un M. Hubert Duplessis a tué sa tante pour hériter plus vite des biens de cette pauvre dame. Entendons-nous : il ne l'a pas empoisonnée, il ne lui a pas plongé un poignard dans le sein, il ne lui a pas enfoncé une épingle dans la cervelle, à la façon de ce mari dont Ignotus nous racontait l'autre jour l'invraisemblable crime. Non : M. Duplessis n'a employé que les moyens moraux. Il a surexcité dans l'âme de sa tante l'espoir de revoir un fils tendrement chéri et qu'elle croyait perdu dans les parages lointains de l'Indo-Chine (voir *la Joie fait peur*) ; puis, tout à coup, il lui a fait entendre ces mots lugubres : « Ton fils est mort », et la malheureuse mère est tombée foudroyée. Comment punir un pareil attentat ? Le juge d'instruction Dubourg avoue que les lois sont impuissantes, et c'est précisément ce qui le pousse à dire en face à M. Duplessis : « Vous êtes un coquin ! » M. Duplessis s'emporte, saisit sur la table du juge un pistolet chargé, tire sur M. Dubourg et le manque.

M. Duplessis aura tué sa tante impunément, mais il

attrapera vingt ans de travaux forcés pour tentative de meurtre sur la personne d'un magistrat.

Supposons que MM. Dolfus et Drumond eussent construit sur cette donnée un mélodrame en cinq gros actes, ils en auraient probablement tiré une cause intéressante, qui, couronnée par la scène capitale entre le juge et l'assassin, pouvait aspirer à décrocher une timbale sur le mât de cocagne du succès. Mais un pareil sujet, bourré dans l'intérieur d'un petit acte, surprend plus qu'il n'émeut, car, au théâtre, on ne s'émeut guère qu'à la condition d'être prévenu et de raisonner ses sensations.

Chose singulière ! Plus une pièce est courte, plus elle est difficile à faire ; et j'appliquerais volontiers à l'acte nouveau cette critique d'un humoriste du dix-huitième siècle sur un distique : « Il y a des longueurs ».

Si je m'appesantis quelque peu sur *Je déjeune à midi*, c'est que l'expérience y manque et non le talent. La pièce est dialoguée sans éclat, mais avec justesse et même avec force. Début incomplet, mais digne d'être signalé.

—————

CCXCIX

VAUDEVILLE. 9 août 1875.

JEAN-NU-PIEDS

Drame en quatre actes en vers, par M. Albert Delpit.

Demain, 10 août 1875, il y aura précisément quatre-vingt-trois ans que le palais des Tuileries fut pris, à

peu près sans combat, par la plus vile populace. Les
vainqueurs massacrèrent ensuite ou guillotinèrent les
défenseurs du trône, de la légalité, du droit, de l'honneur et de la civilisation.

On dit qu'un jeune lieutenant d'artillerie, nommé
Napoléon Bonaparte, assistant en simple spectateur à
cette défaillance plus encore qu'à cette défaite de la
royauté, s'écria : — « Mais à quoi songe donc le roi
Louis XVI ? Qu'on me donne une demi-batterie d'artillerie, et je vais balayer cette canaille ! » L'anecdote,
si elle n'est pas absolument authentique, demeure
vraisemblable. Elle répond au sentiment intime des
vrais conservateurs, qui professent une aversion égale
pour les vainqueurs des Tuileries aux diverses époques
de notre histoire, pour ceux qui emprisonnèrent le roi
Louis XVI, comme pour ceux qui chassèrent le roi
Charles X, pour les vainqueurs du 24 février 1848,
comme pour les traîtres du 4 septembre 1870.

Le drame de M. Albert Delpit commence au
9 août 1792.

Un officier du roi, Louis de Kardigan, est assassiné
dans la foule. Un vieillard se trouve là : c'est le marquis de Kardigan, accouru du fond de la Bretagne pour
retrouver ses trois fils à Paris. Henry et Louis étaient
des serviteurs fidèles de la royauté qui succombe.
Mais Jean de Kardigan, l'aîné des trois, s'est laissé
séduire par les idées nouvelles. Pendant que les Marseillais de Barbaroux ou les Polonais de Lajowski
assassinaient son frère cadet, Jean de Kardigan, ou-
blieux de l'honneur et du devoir, prenait parti pour
l'émeute. Le marquis de Kardigan maudit ce misérable traître, indigne de porter l'épaulette.

La circonstance atténuante, c'est qu'il y a de l'amour
sous jeu. Jean de Kardigan s'est épris de Fernande
Hévrard, la fille d'un représentant montagnard. Une fois
engagé dans la démagogie, Jean de Kardigan ne songe

plus qu'à obtenir celle qu'il aime en donnant des
gages à la république, qui, pour lui, remplace l'honneur
et la patrie. Il devient le général Jean François, surnommé Jean-nu-pieds, à la suite d'un trait d'héroïsme
qui l'a rendu populaire. Mais le renégat traîne après
lui la fatalité de sa félonie. Il découvre bientôt qu'il a
un rival auprès de Fernande, et ce rival, c'est son
propre frère Henry de Kardigan, devenu, de son côté,
l'un des chefs de l'insurrection vendéenne.

Jean, chargé d'un commandement à l'armée de
l'Ouest, prend d'assaut le château des Chênes, défendu par son père et son frère. Ici son cœur se soulève un peu tard ; il donne sa démission et essaie de
sauver ceux que la cour martiale va frapper d'un
arrêt de mort.

Le représentant Hévrard demeure inflexible.

Alors, Jean prend un parti héroïque, celui de faire
évader son jeune frère, et de mourir à sa place. Mais
ce plan ne se peut exécuter sans l'aveu du marquis de
Kardigan. La lutte entre le vieux chef vendéen et le fils
qu'il a maudit est terrible, non moins que pathétique.
— Non, s'écrie le marquis, qui sent fléchir sa colère,

> Non ! je n'accepte pas un pareil sacrifice
> Et quand il faut donner une proie au supplice,
> Je ne peux pas choisir entre mes deux enfants.

Enfin, le marquis consent, et il est obligé d'employer l'autorité paternelle pour déterminer Henry de
Kardigan à se servir du passeport accordé par Hévrard
à Jean pour sa sûreté personnelle. Il commande non
seulement en père, mais en seigneur :

> Qu'ai-je dit ! Je suis plus encore que ton père !
> L'approche de la mort doit me grandir pour toi.
> Le père n'est plus là pour t'imposer sa loi.
> C'est l'aïeul qui te parle, et doublement en maître
> Car, étant déjà mort, je deviens ton ancêtre.

Henry s'éloigne ; il continuera la race des Kardigan.

Le père et le fils aîné marchent au supplice côte à côte :

— Jean, s'écrie le marquis,

Jean ! mon enfant. Mon fils ! je te bénis... je t'aime...
Ton front que j'ai frappé de mon juste anathème,
Relève-le, mon fils ; je veux y déposer
Le sceau de mon pardon dans un dernier baiser.
J'aurais pu voir mon nom dans la tombe me suivre,
Je t'avais défendu de le porter pour vivre,
En échange du sort que ton cœur peut m'offrir,
Tu reprendras ton nom, mon enfant, pour mourir !

L'effet de ce quatrième acte a été très grand et a transformé en un succès éclatant l'accueil honorable fait aux trois actes précédents.

La donnée principale de l'œuvre se rapproche beaucoup du *Quatre-vingt-treize* de Victor Hugo. Il me paraît nécessaire, pour écarter toute accusation de réminiscence ou de plagiat, de rappeler que *Jean-nu-Pieds*, avant de devenir un drame a paru sous forme de roman dans le journal *la France nouvelle*, il y a environ trois ans.

J'aurais bien des réserves à faire sur la conduite de la pièce, et sur les aspects prêtés par le jeune et fougueux écrivain aux événements de la Révolution française. Je ne veux pas chicaner sur des détails. Mais il ne se blessera pas d'une comparaison entre sa conception, toute personnelle et contingente, avec la vaste généralisation intitulée par Victor Hugo : *Quatre-vingt-treize !*

Victor Hugo, comme M. Albert Delpit, a mis aux prises les membres d'une même famille, combattant l'un dans les rangs des bleus, l'autre sous la bannière de l'insurrection vendéenne. Mais Victor Hugo, soit par l'habileté naïve du génie, soit pour grandir le prestige de son héros républicain, en a fait un homme pur et sans tache ; il s'est bien gardé de l'avilir, comme M. Delpit avilit son Jean de Kardigan en ce premier acte qui le montre trahissant le monarque qu'il a juré de servir et de défendre.

Les conséquences de cette faute sont graves ; elles font descendre Jean de Kardigan du piédestal que l'auteur lui avait élevé ; son sacrifice final n'apparaît plus comme le dévoûment d'une âme chevaleresque et stoïque, mais comme l'expiation méritée d'un crime infâme.

Le caractère du représentant Hévrard est, au contraire, logiquement et énergiquement tracé. C'est un homme tout d'une pièce, qui, sacrifiant ses propres enfants, fille et fils, au triomphe de ses convictions politiques, se croit en possession du droit et de la justice lorsqu'il envoie ses adversaires à la mort.

Il est vrai que ce farouche proconsul confond un peu trop facilement deux mots qui ne sont pas précisément synonymes, la Patrie et la République ; et comme c'est une méprise dans laquelle le public ne tombe pas, il se manifeste çà et là quelque désaccord entre les impressions que ressent le représentant Hévrard et celles qu'il produit.

Ce rôle est bien joué par M. Charly, comme aussi celui du marquis de Kardigan par M. Munié.

Mᵐᵉ Dupont-Vernon, que la Comédie-Française a laissé partir et qui débutait au Vaudeville sous les traits de Fernande Hévrard, a plus de charme que de force ; elle dit les vers avec une science qui, involontairement, faisait la leçon à quelques-unes de ces camarades. Mᵐᵉ Dupont-Vernon a beaucoup plu et plaira plus encore, lorsqu'elle aura pris complètement possession de son rôle.

MM. Dieudonné, Saint-Germain et Mˡˡᵉ Massin jouent agréablement des rôles épisodiques.

A défaut de M. Masset ou de M. Paul Deshayes, qui primitivement devaient créer le personnage ingrat de Jean-nu-pieds, M. Stuart a fait acte de zèle et de courage en acceptant un rôle qui ne lui convient pas. J'ai vu M. Stuart très élégant et très fin dans le roi Georges de *Richard Darlington* ; il porte l'habit noir avec une simplicité distinguée, empreinte d'un cachet tout britannique. Mais les emportements, les éclats de la passion sont mal traduits par une voix sourde et par une prononciation difficile. Il en a cependant triomphé dans la scène capitale du deuxième acte, où il a partagé le succès de M. Munié.

<hr />

CCC

COMÉDIE-FRANÇAISE.   11 août 1875.

LE BARON DE LAFLEUR

Comédie en trois actes en vers, par M. Camille Doucet,

On avait dit et j'avais cru, sur la foi de quelques feuilles qui passent pour bien informées, que *le Baron de Lafleur* avait subi de nombreux remaniements destinés soit à le rajeunir, soit à le mettre « au point » de la Comédie-Française. Pour vérifier le fait, j'ai relu la pièce après l'avoir vue ; je ne me plains pas de ce petit surcroît de travail, mais j'affirme qu'entre la pièce imprimée et la pièce représentée il n'existe aucune différence appréciable.

D'ailleurs, *le Baron de Lafleur*, étant un pastiche, n'appelle pas le rajeunissement et ne le supporterait pas sans dommage. Je regrette que la Comédie-Française ait supprimé ce sous titre effectif « *ou les derniers valets* », qui explique si clairement le dessein de l'auteur.

Savez-vous que la pièce date de 1842 ? Il y a trente-trois ans, une vie humaine, M. Camille Doucet n'était encore que l'auteur d'*Un jeune Homme*, et, de plus, il était ce que ni lui ni moi ne sommes plus. Ne répétons pas le mot.

Cherchant sa voie, c'est-à-dire le moyen de placer dans leur jour les traits d'une intelligence juste et fine et les observations d'un esprit modéré, qui sait estimer et mesurer de l'œil les sommets, sans se soucier de les escalader en personne, M. Camille Doucet se donna ce cadre agréable et plaisant du pastiche. Grâce au pastiche, un disciple des maîtres de la scène peut leur emprunter quelques-uns de leurs procédés sans hasarder sa propre renommée. Qui oserait mépriser Lafleur ou médire de Lisette, ne verrait-il pas se lever indignées contre son audace les ombres de Marivaux, de Destouches, de Lesage, de Dancourt, de Boissy, d'Andrieux, de Picard et d'Alexandre Duval ?

C'est à la suite de ce qu'on appelle le répertoire du second ordre, collection charmante d'esquisses légères où revivent les phases diverses de l'esprit français, avec ses nuances changeantes comme des caprices de la mode, que *le Baron de Lafleur* est venu s'inscrire hier, et les connaisseurs ont été du même avis que le public. On a fort applaudi.

La pièce est très gaie. M. Coquelin, d'ailleurs, n'est-i. pas la gaieté même ? Il faut entendre dans sa bouche le fameux couplet du notaire :

Monsieur, j'ai grand respect pour le notariat.
Monsieur, c'est le plus bel état que je connaisse,
Et je fus petit clerc, Monsieur, dans ma jeunesse.

LE NOTAIRE

Il suffit

LAFLEUR

Non, Monsieur ; non, il ne suffit pas !
Moi j'aurais outragé le premier des états ?
Un état, dont Paris, dont la France s'honore,
Dont vous vous honorez, et mille autres encore...
Jamais ! — Quoi de plus beau, de plus patriarcal
Qu'un notaire, entouré de l'amour général,
Qui garde les secrets... et l'argent des familles !
Qui dîne avec le père, et fait danser les filles,
Qui rit au mariage et pleure au testament,
Qui, dans la comédie, arrive au dénoûment...
Vous le voyez, Monsieur, je l'aime et le révère ;
Si je n'étais Lafleur, j'aurais été notaire.

La pièce entière est écrite avec cette bonne humeur.
On a ri sans se lasser pendant une heure, qui a paru
courte.

Il y a du bon et du médiocre dans l'interprétation du
Baron de Lafleur. M. Coquelin, je le répète, est excellent, et il trouve dans Mlle Dinah Félix une Lisette
digne de lui. Mlle Jouassain tient avec sa verve de
haute lignée le personnage fantastique de Madame Du-
rand de Sainte-Ursule. Fort bien aussi M. Joumard
en marquis Delmas ; il y montre cette qualité un peu
bourgeoise qu'on appelle la tenue et qui remplace une
chose disparue même à la Coémdie-Française : ce qu'on
appelait autrefois le grand air. M. Dupont-Vernon
joue avec simplicité un rôle trop marqué pour lui.

CCCI

CHATELET.   14 août 1875.

Reprise du SONNEUR DE SAINT-PAUL
Drame en cinq actes dont un prologue, par Joseph Bouchardy.

La reprise du *Sonneur de Saint-Paul* avait attiré
ce soir au Châtelet tous ceux de mes confrères qui

sont comme moi restés attachés à la glèbe du travail pendant les ardeurs dévorantes de la présente canicule. On est curieux de juger, après tant de transformations sociales et de révolutions politiques, les ouvrages qui charmaient, il y a bientôt quarante ans, une génération aujourd'hui disparue. On risque, il est vrai, quelques désillusions.

Du moins, lorsqu'il s'agit de pièces comme *le Sonneur de Saint-Paul*, on sait d'avance à quoi s'en tenir ; et c'est assurément le cas de répéter ce mot célèbre : La littérature est étrangère à l'événement. Je ne calomnie pas Joseph Bouchardy, qui ne manquait pas d'orgueil, mais qui le plaçait en dehors des qualités d'expression et de style. « J'écris, a -t-il dit dans une de ses préfaces, pour ceux qui ne savent pas lire. » Rien de plus sincère ni de plus exact. Les mélodrames de Bouchardy sont rédigés avec une extrême simplicité, pour ne pas dire avec une naïveté qui devait les faire goûter du public spécial qu'Henry Monnier a photographié dans son immortel *Roman chez la Portière*. Exemple tiré du *Sonneur de Saint-Paul* : « L'amour « ne meurt pas quand le ciel l'a commandé ! » Du reste, le plus beau passage du drame, en ce genre, est évidemment celui-ci (c'est le sonneur aveugle qui parle) : — « Oh ! qu'on me rende ma fille sans retard... « mylord !... car souvent *sur une jeune fille enlevée* « *on a d'horribles projets...* Une heure suffit pour con- « sommer son déshonneur à l'aide de la violence... « *Et si cela m'arrivait, à moi*, je ne pourrais me ven- « ger !... »

Agréable mélange de Jocrisse et du vicomte d'Arlincourt.

Joseph Bouchardy était, avant tout, l'homme des coups de théâtre ; il construisait des machines d'une excessive complication, dans le jeu desquelles il a fini par se perdre lui-même. Son suprême effort fut *les*

Orphelines d'Anvers, auxquelles personne ne comprit un traître mot, ni lui non plus.

Le Sonneur de Saint-Paul appartient, heureusement pour le théâtre du Châtelet, à la première manière de l'auteur. L'intérêt toutefois n'en est pas très vif ; Bouchardy, quoi qu'on ait dit, préparait assez mal les surprises multipliées qu'il faisait éclater d'acte en acte comme des coups de tonnerre.

Examinons à ce point de vue la fable du *Sonneur de Saint-Paul*. Un homme, un simple chasseur des montagnes d'Ecosse, a découvert le secret d'un certain lord William Smith, qui trahit le roi Charles Ier. William Smith lui tire à bout portant un coup de fusil dans la tête. John n'en meurt pas. Une fois rétabli, il va sans doute se mettre à la poursuite de son meurtrier et obtenir prompte justice. Attendez un peu : l'auteur rendra John aveugle des suites de sa blessure. Mais comment le criminel sera-t-il finalement reconnu et puni ? La cécité disparaîtra au moment opportun, et John recouvrera la vue grâce aux soins du docteur Albinus.

Les combinaisons dramatiques ainsi comprises ressemblent à ces obstacles portatifs dont on se sert dans les cirques pour faire sauter les chevaux savants, et qu'on change de place selon les besoins de la course.

Si l'on descend aux détails, on y rencontre les traces d'une excessive négligence, qui prouverait, si l'on ne le savait par les aveux de Bouchardy, en quelle petite estime il tenait ses admirateurs. Par exemple, le coup de fusil du premier acte devient ensuite un coup d'arquebuse dans les récits de l'aveugle John.

Et ce titre *le Sonneur de Saint-Paul*, que signifie-t-il ? Rien absolument. Les gens habiles se gardent bien d'attacher sur leurs ouvrages une étiquette trompeuse. *Le Maçon* de Scribe s'appelle *le Maçon*, parce qu'il y faut un maçon pour murer une porte ; *le Facteur*, l'un des plus grands succès de l'ancien Ambigu, portait ce titre parce qu'il s'agissait d'un facteur qui dérobait une lettre chargée. Mais *le Sonneur de Saint-Paul* ne sonne rien. John serait sacristain, donneur d'eau bénite ou accordeur, sans que le changement de profession exigeât l'ombre d'un changement dans la pièce.

N'insistons pas. Des œuvres telles que *le Sonneur de Saint-Paul* divisent tout de suite les spectateurs en deux camps : ceux qui sont empoignés et les autres.

Il m'a semblé que la majorité du public du Châtelet se rangeait à une opinion qui n'est pas la mienne, ou plutôt subissait des impressions auxquelles je suis rebelle. Peut-être faut-il chercher le secret des succès populaires de Joseph Bouchardy dans des déclamations du genre de celle-ci :

« Depuis quand », s'écrie lord Bedford, « les gens du « peuple osent-ils venir jusque dans nos palais se « pendre à nos habits ? » A quoi John répond : — « Depuis que les nobles viennent chez les gens du « peuple leur voler leur trésor ! »

Je comprends l'assentiment unanime que cette superbe réplique obtient de la part des galeries supérieures, qui ont conspué le roi Charles II à son entrée. Toutefois, comme nous vivons dans un temps où les nobles sont plus enclins à se laisser égorger, comme en 1793, ou à se faire tuer devant l'ennemi, comme en 1870, qu'à s'introduire chez « le pauvre peuple » pour lui voler quoi que ce soit, les apostrophes à la Bouchardy me paraissent dépourvues d'opportunité, et je ne les sens plus assez innocentes pour les trouver simplement ridicules.

Le Sonneur de Saint-Paul est bien joué par M. Laray, qui, autant qu'on en puisse juger à une si grande distance, est supérieur à Francisque aîné, le créateur du rôle de John. M. Faille, excellent lorsqu'il s'agit de bénir, manque de scélératesse dans le rôle du traître William Smith. M. Régnier, sous les traits d'Albinus, ne vaut pas Laferrière. M. René Didier, Mmes Daubrun et Cassothy sont très convenables dans les autres rôles.

CCCII

Opéra.   16 août 1875.

Débuts de Mlle de Reszké

Dans GUILLAUME TELL

Le rôle de Mathilde sert mieux, à mon gré, Mlle de Reszké que le rôle d'Ophélie ; la jeune cantatrice paraissait plus émue qu'à son premier début : elle n'était pas, disait-on, très sûre d'elle-même, n'ayant eu qu'un nombre restreint de répétitions. Elle n'en a pas moins dit avec beaucoup de charme et un art délicat la romance : *Sombres forêts*, qui lui a valu de légitimes applaudissements,

La difficulté particulière que présente l'interprétation de cette inspiration musicale, c'est qu'elle veut être non moins sentie qu'exécutée. Nul morceau ne souffre moins d'être traité en pièce de concert ; il faut que la chanteuse donne le pas à l'expression poétique sur la virtuosité, et se soucie moins d'être applaudie que de laisser toute sa valeur à la pensée du maître. Je n'assure pas que Mlle de Reszké remplisse à la lettre toutes les conditions de ce programme ; mais elle s'y conforme avec une intelligence qui fait bien augurer de son avenir lyrique.

Elle a chanté avec beaucoup d'énergie et d'éclat sa

partie dans le fameux duo : *Oui, vous l'arrachez à mon âme*, comme aussi dans le final du troisième acte.

J'ai constaté avec étonnement qu'on avait supprimé, au début du quatrième acte, le trio : *Je rends à votre amour un fils digne de vous*, qui avait échappé jusqu'ici aux diverses incisions et coupures qu'on se permet de pratiquer dans le premier chef-d'œuvre du répertoire.

On aurait pu, par compensation, rétablir le duo entre Arnold et Mathilde : *Pour notre amour plus d'espérance*, faute duquel la seconde partie du drame n'a plus de lien avec la première. Ce duo commence le troisième acte de la partition ; Arnold, qui vient de se confédérer avec la Suisse pour venger la mort de son père, rejoint Mathilde dans le palais même de Gessler, et lui annonce le changement survenu dans sa destinée. On voit combien cette explication est nécessaire : autrement, comment Mathilde pourrait-elle donner sa main à un héros qu'elle croyait engagé parmi les Autrichiens et qu'elle retrouve à la tête des cantons insurgés ? Voilà pour le poème.

La partition ne souffre pas moins d'une mutilation aussi violente, car le duo étincelle de beautés dramatiques. La phrase de Mathilde, en *mi* majeur : *Mon âme te suit tout entière*, présente un mouvement et comme un jaillissement mélodique d'un incomparable éclat ; le rôle de Mathilde gagnerait, à la restitution que je conseille, de reprendre le rang que Rossini lui avait assigné dans son œuvre.

M. Salomon chante le terrible rôle d'Arnold avec une tranquillité merveilleuse, mais non sans talent. Que Mathilde lui déclare son amour ou que Walter lui apprenne la mort du vénérable Melchtal, Arnold ne s'en émeut non plus que le célèbre Jacquemart de l'église de Dijon :

Jacquemart de rien ne s'étonne.

Cette indifférence désespérante produit un résultat qui paraît presque invraisemblable, c'est de découronner l'immortel *trio* que dominent les sanglots d'Arnold. Si Arnold ne pleure pas, adieu le *trio !* Et cependant, il me souvient d'avoir vu, dans un concert, tous les yeux en pleurs pendant le *trio* de Guillaume Tell, exécuté par... trois violoncelles !

Cependant, sensibilité à part, M. Salomon a chanté avec style et détaillé avec art *Asile héréditaire.* Sa voix un peu blanche, et un peu mince à partir du *sol* d'en haut, rappelle, comme son jeu, les traditions d'Adolphe Nourrit plutôt que celles de Duprez.

M. Lassalle tient fort convenablement le rôle de Guillaume Tell, un peu grave pour sa voix.

CCCIII

COMÉDIE-FRANÇAISE.　　　　　　　　　　24 août 1875.

Début de Mlle Jeanne Samary

Dans TARTUFFE

Belle soirée à la Comédie-Française : M. Delaunay jouait Valère ; M. Maubant, Cléante ; M. Coquelin, M. Loyal ; Mlle Reichenberg, Marianne ; Mlle Jouassain, Mme Pernelle ; Mme Madeleine Brohan, Elmire ; voilà **pour** la partie excellente. M. Talbot, que je ne goûte pas d'ordinaire, donne une bonne physionomie au rôle d'Orgon ; il n'est pas jusqu'au rôle de l'exempt qui n'ait trouvé un interprète distingué en la personne de M. Martel.

N'oublions pas M. Dupont-Vernon, fort remar-

quable dans le personnage de Tartuffe. Entendons-
nous toutefois : M. Dupont-Vernon, très jeune, haut
de stature, très mince, d'une nature énergique et passionnée qui l'entraînera fatalement vers le drame,
n'est pas du tout le personnage lubrique et papelard,
à l'oreille rouge et au teint fleuri, que Molière a voulu
montrer aux contemporains de l'abbé Rouquette.
L'homme que M. Dupont-Vernon nous fait voir, c'est
« un maraud sinistre et ténébreux », qui figurerait
mieux dans la galerie romantique de 1830 que dans la
troupe comique de Molière. M. Dupont-Vernon n'essaie pas de transformer sa nature ; il joue comme il
sent, il se montre tel qu'il est ; et le résultat le plus
clair de cette sincérité, c'est que M. Dupont-Vernon
est un homme de talent, que la Comédie-Française
doit employer à d'autres personnages.

Mlle Jeanne Samary débutait dans Dorine. Singulier choix que celui de ce rôle pour une rieuse jeune
fille, qui conserve encore des allures de bébé !

A en juger par le ton qu'elle prend, par le langage
qu'elle parle, par l'autorité qu'elle exerce dans le ménage d'Orgon, Dorine est une délurée, qui, assez
jeune et jolie pour songer au mariage, tout au moins
à la coquetterie et à la galanterie, a cependant l'âge
qu'il faut pour gouverner madame, tenir tête à monsieur, morigéner les enfants, rabrouer Tartuffe et culbuter M. Loyal. Faire jouer cette suivante « forte en
gueule » par une petite personne qui semble sortir
d'hier de la *nursery*, c'est compromettre le rôle, et
changer la physionomie de la pièce.

Mlle Samary, très maîtresse d'elle-même, a su faire
valoir, dès sa première réplique, une voix fraîche et
mordante, qui a mis la salle en belle humeur. Mais
lorsque Dorine entre en action, lorsqu'elle rapproche
les amants brouillés, lorsqu'elle lance à la figure de
Tartuffe ses brûlantes ripostes : « Vous êtes donc bien

tendre à la tentation? » et le reste, la petite fille a bien vite reparu, et la discordance du personnage à l'interprète est devenue comme une sorte d'inconvenance.

A vrai dire, je n'entrevois pas l'avenir de M¹¹ᵉ Samary dans les soubrettes de répertoire, à moins qu'elle ne consente à attendre une douzaine d'années. D'ici là, son incontestable aisance, sa diction fine et dégagée la désignent pour des rôles de genre dans le répertoire moderne, où elle fera quelque jour, si je ne me trompe, une rude concurrence à M¹¹ᵉ Croizette.

CCCIV

GYMNASE-DRAMATIQUE.   25 août 1875.

Reprise de FROUFROU

Comédie en un acte, par MM. Henri Meilhac et Ludovic Halévy.

Il m'a semblé comprendre que, au jugement presque unanime des spectateurs réunis ce soir dans la salle du Gymnase, *Froufrou* avait beaucoup vieilli. C'est un malheur qui arrive aisément aux personnes et aux choses traversées par une révolution. D'un bord à l'autre de ce torrent qui roule pêle-mêle tant de choses précieuses ou viles, la distance peut n'être pas très large, mais les rives qu'il s'est créées par sa brusque irruption ne sont plus de la même contrée; elles appartiennent à deux âges différents. Un désappointement analogue à celui qui vient d'accueillir le retour de *Froufrou* s'était produit lorsque le Vaudeville reprit en 1871 *La famille Benoîton*. Froufrou, comme les demoiselles Benoîton, ses sœurs aînées, appartient à la littérature d'actualité, qui prétendait saisir sur le vif les mœurs d'une époque, tandis qu'elle en apercevait tout au plus quelques efflorescences passagères, auxquelles on ne saurait attacher la valeur d'un symptôme social.

Pour moi, qui n'ai pas vu *Froufrou* dans sa noüveauté, je me trouve naturellement dispensé d'un jugement comparatif, pour lequel je manque d'impressions personnelles. Mon œil et mon oreille ne se sont donc ouverts qu'aux qualités intrinsèques de la pièce comme à ses défauts.

A suivre sur le spectateur l'effet produit par les cinq actes de MM. Meilhac et Halévy, on constate une période de langueur, correspondante aux deux premiers actes, suivie d'une crise d'intérêt qui éclate comme la foudre aux deux dernières scènes du troisième acte; le quatrième est le développement sans nouveauté de situations souvent décrites au théâtre; et le cinquième fait verser des torrents de larmes par un procédé dont l'effet est sûr, l'agonie d'une femme jeune, charmante et repentie. Mais, il le faut avouer, ces deux dernières parties de l'œuvre la suivent sans y adhérer intimement.

En y réfléchissant, je devine que MM. Meilhac et Halévy ont entrevu dans la conception du personnage de Froufrou la peinture éphémère peut-être, mais séduisante et bien vivante, d'un type essentiellement féminin, essentiellement parisien, d'une sorte de Willis du tourbillon mondain, victime d'entraînements irréfléchis plutôt que d'une perversité native. Ce type, achevé par la précieuse collaboration d'une actrice hors ligne, il leur fut donné de le voir réalisé dans la soirée du 30 octobre 1869. Ce soir-là, tout Paris crut à Froufrou-Desclée, et de l'existence de Froufrou, la critique conclut assez aisément à l'existence de la pièce.

Mais le prestige des premières sensations se dissipant, les conditions de l'interprétation se trouvant changées, l'atmosphère elle-même étant traversée par de nouveaux courants qui ont balayé au loin le duvet de la nouveauté et la saveur piquante des allusions entrevues, la pièce demeure seule en face du spectateur refroidi. Et précisément, ce qui lui manque, à cette œuvre jadis victorieuse, c'est la qualité maîtresse qui domine tout au théâtre, qui prévaut sur les fièvres de l'enthousiasme comme sur les vocalises de la fantaisie : je veux parler du bon sens, de cette grosse et forte raison qui prépare méthodiquement es causes et les range en ordre de bataille comme étant les sûres génératrices de l'effet à produire.

Les personnages de *Froufrou* n'ont qu'un unique et terrible défaut : nul d'entre eux ne remplit sa fonction sociale et ne fait ce qu'il devrait faire. Louise, la sœur aînée, donne celui qu'elle aime à sa jeune sœur, alors que cet amant préféré est précisément l'homme qui convient le moins à Gilberte ; une fois marié, M. de Sartoris, le diplomate aux allures sérieuses, se comporte comme un niais, et ne sait ni se faire aimer de sa femme, ni la maintenir dans le devoir.

Ne parlons pas de M. Brigard, le père de Louise et de Gilberte ; jamais personnage plus cynique n'a montré sur le théâtre le scandale de son immoralité sans excuse quant à lui, sans but quant à la conclusion morale que la peinture du vice doit suggérer à l'âme du spectateur.

Le caractère de Gilberte elle-même manque de la consistance intime qui le rendrait vraisemblable et justifierait le dessein des auteurs. Je veux bien qu'elle soit ondoyante et diverse, comme le caprice, comme la mode, comme le feu follet qui court à la surface hydrogénée des sociétés en voie de fermentation putride. Mais le caprice lui-même a sa loi, surtout au

théâtre ; et, entre nous, c'est se moquer que de prêter
à Gilberte repentante des effusions maternelles que
Gilberte heureuse n'a jamais connues même en germe.
Ce n'est plus alors Gilberte, c'est une autre femme ;
de même que son amant, le comte de Valréas, se faisant tuer pour la femme qu'il adore, n'est plus le
jeune libertin des premiers actes, proposant son
amour à toutes les femmes et se rejetant par excès
intermittents sur la baronne de Cambri lorsque Gilberte l'a repoussé, ou qu'il s'est lassé de la grande
Charlotte.

Les causes de la rupture de Gilberte avec la famille,
avec le monde, avec l'honneur, ne sont ni expliquées,
ni pertinentes, ni admissibles. En faisant éclater la
jalousie subite de Gilberte contre sa sœur, les auteurs
abordaient une situation très délicate, très périlleuse,
mais très vraie, très intéressante et par conséquent
très dramatique. Leur tort est de s'être subitement
dérobés devant elle. Un instant, le spectateur peut
croire que M. de Sertoris a pris une affection plus
qu'ordinaire pour cette belle-sœur, qui remplit si bien
les devoirs de mère de famille et de maîtresse de maison auxquels Gilberte s'est soustraite pour obéir à
ses instincts d'incurable frivolité. Là pouvait, là devait
être le drame, à tout le moins la forte comédie.

Mais c'est là précisément que la pièce tourne court
et va chercher un asile dans les régions du mélodrame.
Un dénoûment funèbre, qui la sauve aux yeux du gros
public, est pour moi la faute capitale d'une œuvre
d'ailleurs pétillante d'esprit, et remplie de détails qui
feraient la fortune de dix écrivains ordinaires.

Je sens ce que le rôle de Froufrou a pu perdre avec
Mlle Desclée. L'extérieur de Mlle Delaporte, sa physionomie honnête, attendrie, un peu bourgeoise, n'est
pas d'accord avec les allures extérieures du personnage ; elle n'a pas, pour me servir d'un terme tech-

nique qui appartient à la fois à la marine et à l'art théâtral, « l'abattage » de cette jolie corvette pavoisée et enguirlandée qui doit tout entraîner dans l'irrésistible sillage qu'elle trace au milieu de l'action.

Mais Mlle Delaporte a repris possession du public par de magnifiques élans de passion au troisième et au quatrième actes ; elle y a été acclamée et le Gymnase, veuf de Rose Chéri, de Victoria Lafontaine, d'Aimée Desclée et de Blanche Pierson, vient enfin de retrouver une actrice : une seule, et ce sera peut-être assez.

MM., Pujol, Ravel et Mme Fromentin conservent les rôles qu'ils avaient créés en 1869. Ils y sont toujours bien, à cinq ans près. Il serait injuste de ne pas tenir compte à M. Ravel de l'art qu'il déploie pour faire accepter le rôle de Brigard, en l'illustrant de contorsions, de mines, de singeries et de charges inimaginables. C'est là du tact ou je ne m'y connais pas ; joué plus sérieusement, Brigard ne serait pas supporté par un public d'honnêtes gens.

CCCV

Variétés.　　　　　　　　　　　　　　27 août 1875.

LA GUIGNE

Comédie en trois actes, par MM. Labiche, Leterrier et Vanloo.

Voulez-vous que je vous dise ce que c'est que la guigne ? Avoir la guigne, c'est sentir sur la tête la reverbération du dur soleil parisien, tandis que vos amis sont là-bas qui respirent la brise de mer, et s'amusent de vous — sans vous ; ceux-ci sur la plage de Villers, ceux-là dans les anfractuosités des Petites-Dalles ou d'Étretat, ceux-là sur le sable fin de Trouville ou

les galets de Dieppe. La guigne, c'est de brusquer
un excellent dîner au profit d'une ennuyeuse soirée ; c'est de s'enfermer par quarante degrés de
chaleur dans une étuve, au lieu de se promener sous
les arbres du boulevard. La guigne, c'est aussi de vouloir toutes sortes de biens aux auteurs d'une pièce qui
ne réussit pas, et d'être obligé de tourner un mauvais
compliment aux gens les plus aimables du monde.

Il s'agit, dans la comédie nouvelle des Variétés, de
savoir si Gédéon Fraizier épousera ou n'épousera pas
Mlle Aménaïde, fille du notaire Robinet. Ce Gédéon se
crée à lui-même les obstacles les plus baroques ; d'abord
il se bat en duel avec son futur beau-père ; mais comme
il a l'esprit de se dire blessé, Robinet s'éprend d'amitié pour sa victime. Autre contre-temps. Gédéon ne
s'imagine-t-il pas qu'il a été l'amant heureux de
Mme Robinet, épouse séparée du notaire ? C'était une
méprise. Elle s'explique : la guigne disparaît, et Gédéon Fraizier épouse Aménaïde Robinet.

Remarquez que le titre de la pièce est absolument
faux. Gédéon Fraizier n'a point la moindre guigne,
puisqu'il épouse celle qu'il aime, et qu'il hérite d'un
million.

La pièce mérite un reproche plus grave ; c'est de
ne présenter qu'une série de situations connues, qu'un
trop petit nombre de mots bien trouvés ne suffit pas
à assaisonner. Deux ou trois scènes amusantes ont
relevé le dernier acte de la pièce. Mais, somme toute,
la guigne a dit le dernier mot de la soirée.

M. Coquelin cadet en a eu sa part. Le public l'a
trouvé contraint et un peu froid. C'est une première
impression qui se dissipera. Dans quelque temps d'ici,
la glace sera rompue ; vienne un bon rôle et la place
de M. Coquelin cadet pourra se faire aux Variétés, en
attendant que la Comédie-Française se décide sagement à le rappeler.

M. Berthelier est très amusant dans le rôle de l'in-
valide qui sert de témoin aux bourgeois, « parce que
« les affaires des bourgeois » l'amusent. M. Pradeau
donne sa bonne et fine rondeur au personnage du notaire Robinet. Vous connaissez M. Léonce : il n'a pas
changé.

Les rôles de femme sont peu de chose. Mme Berthe
Legrand joue avec naturel le rôle de Lodoïska, femme
de M. Léonce, et crue femme du notaire Robinet.
Mme Donvé met de la grâce et de la naïveté dans le
bout de rôle d'Amenaïde ; et l'on n'a fait qu'entrevoir
le profil de Mlle Ghinassi sous un costume de japon-
naise, qui se trouve là par hasard.

Après tout, qu'est-ce que la *guigne*, philologique-
ment parlant ? Le mot est tout moderne ; il appartient à l'argot du théâtre, qui l'a tiré de *guignon*.
Quant à *guignon*, il est purement espagnol (*guignon*
avec l'*n* tilde) et signifie clignement d'œil. Avoir le
guignon (quoique Clément Marot ait écrit *guillon*),
c'est proprement être sous l'influence du mauvais œil.
Mais d'où vient l'espagnol *guignon*? D'où vient le vieux
français *guigner* ? Ici, nous tombons dans les étymo-
logies du haut allemand, préconisées par Dietz et
Scheler, et je leur tire ma révérence.

CCCVI

Vaudeville.   4 septembre 1875.

MADAME LILI

Comédie en un acte en vers libres, par M. Marc Monnier.

Le Vaudeville manifeste depuis quelque temps un
penchant décidé pour la Muse. Hier, les vers héroïques

de *Jean-nu-pieds ;* aujourd'hui, le babillage familier
de *Madame Lili*. Je ne l'en blâme pas ; le vers, même
« libre », oblige à plus d'effort littéraire que la prose
courante, et il introduit dans l'action la plus banale
et la plus-bourgeoise un léger souffle de poésie, qui a
son prix par les dernières ardeurs de l'été.

C'est dans un site pittoresque des Alpes suisses que
Mlle Lili est venue promener ses grâces juvéniles en
compagnie d'un oncle, le savant M. Aubertin. Ce
membre de l'Institut est un homme assez avisé. Prévoyant les méprises qui peuvent naître en voyage à
l'aspect d'un quinquagénaire promenant une personne de vingt ans, M. Aubertin les a déjouées par
un moyen qui coupe court à toute supposition équivoque. Mlle Lili voyage sous le nom de Mme Aubertin ;
c'est donc Mme Lili.

Le couple rencontre en pleine montagne un peintre
déjà célèbre; René, qui connaît la famille Aubertin,
et qui, jusque-là, n'avait pas accordé la moindre attention aux attraits presque enfantins de la jeune fille,
s'éprend subitement de la femme mariée. Lili se
révolte contre l'explosion de sentiments qu'elle juge,
à bon droit, malhonnêtes, et le fait vertement sentir
à son adorateur tardif. Le sceptique René, animé par
la résistance, se sent envahi d'une passion sérieuse,
et, dans son exaltation, il arrive à dire, en propres
termes, au bonhomme Aubertin : « Je suis amoureux
« de votre femme. — Eh bien », répond tranquillement Aubertin, « épousez-la ». C'est là le seul effet
scénique de cette agréable fantaisie, qui doit avoir
été composée dans les loisirs d'un homme d'esprit,
pour remplir quelque soirée inoccupée de la vie de
château.

On a fait un bon accueil à *Madame Lili*, très bien interprétée par Mlle Réjane, qui ne tardera pas, je crois, à conquérir un rang distingué dans la troupe du Vaudeville.

Les vers libres reprendront-ils faveur parmi nous ? C'est une question que j'ai effleurée l'année dernière à propos d'une amusante pièce de M. Gondinet. La facture de M. Marc Monnier n'est pas encore assez brillante pour décider la question. L'excessive facilité, la négligence voisine de l'incorrection, la familiarité, sœur aînée de la platitude, sont les écueils du vers libre, et ne sauraient être évités que par la science consommée du poète, dans une forme que La Fontaine et Molière ont pour ainsi dire confisquée en l'immortalisant.

Un autre danger du vers libre, c'est de prêter au dialogue un tour suranné et une apparence vieillotte, qui plaisent dans les livrets tels que *l'Eau merveilleuse* ou bien encor *Gille et Gillotin*, imités de l'ancienne comédie Italienne, mais qui déroutent dans les tableaux de la vie moderne.

CCCVII

FOLIES-DRAMATIQUES.   8 septembre 1875.

Reprise des CENT VIERGES

Opérette en trois actes de MM. Chivot et Duru,
musique de M. Lecocq.

Les Cent Vierges se-sont très naturellement placées dans le cadre des Folies-Dramatiques, où le public vient de leur faire un accueil très cordial.

Le poème (!!!) qui peut sembler extravagant au boulevard Montmartre, devient raisonnable par juxtaposition sur la scène qui vit naître et mourir *Alice de Nevers*. Les auteurs avaient mis la main sur une idée de pièce ; mais, pas plus que l'aubergiste du *quai*

de Londres ne songe à exécuter l'omelette dont Mme de
Quillenbois vient de lui exposer les principes, MM. Chivot et Duru n'ont tiré de leur aperçu primordial les
développements scéniques qu'il pouvait comporter.
Leur premier acte est très vif et très brillant ; c'est
peut-être parce qu'il est le plus raisonnable ; il contient
même un semblant d'observation ; le type du compa-
gnon de voyage qui s'accroche à vos pas et confisque
votre liberté touche presque à la comédie ; mais cette
lueur fugitive s'évanouit bien vite, et la charge, gros-
sissant d'acte en acte, fatigue le spectateur et ne laisse
plus au musicien l'ombre d'un sentiment vrai à étudier ni à exprimer.

La partition de M. Lecocq n'est cependant pas
dépourvue d'agréments, et si l'originalité, si l'imagination n'y brillent pas au premier rang, on y doit
louer une habileté soutenue, des effets de scène ingénieux, enfin quelques-unes des qualités nécessaires
du compositeur bouffe.

L'interprétation du principal rôle, pour ne pas dire
de l'unique rôle de chant, laisse malheureusement à
désirer ; Mme Prelly a pu conquérir une certaine
aisance qui lui manquait à l'époque de ses premières
et courtes apparitions sur deux ou trois théâtres ; mais
la chanteuse n'a pas suivi les progrès de l'artiste ; sa
voix, qui ne manque pas d'éclat dans les cordes hautes,
devient haletante et s'éteint dans le dialogue musical.
On a cependant applaudi les vocalises cahotées sous
lesquelles elle brise la jolie phrase dont se compose la
valse du troisième acte. Le public parisien a ses jours
de magnanimité.

M. Milher joue le gommeux de l'Ile Verte avec une
fantaisie qui ne se discute pas ; pourquoi ce gommeux
d'une colonie anglaise parle-t-il le patois des Suisses
du *Monsieur de Pourceaugnac*? C'est ce qu'on ne
saura jamais.

Un jeune tenorino nommé Max Simon a joué avec verve et chanté avec goût le rôle du duc de Quillenbois. C'est un heureux début.

La soirée, dans son ensemble, me paraît bonne pour les Folies-Dramatiques, qui, depuis *la Belle Bourbonnaise*, n'avaient pu mettre la main sur une œuvre assez résistance pour s'opposer à un retour offensif de l'éternelle fille Angot. Il n'était donné qu'à M. Lecocq de se vaincre lui-même.

CCCVIII

THEATRE-HISTORIQUE.   16 septembre 1875.

LES MUSCADINS

Drame en cinq actes et huit tableaux, par M. Jules Claretie.

« Ne pourrait-on pas faire de la politique sans en parler ? » s'écrie le chevalier de Bois David. A cette sage réflexion j'ajouterai : « Ne pourrait-on s'abstenir de faire de la politique au théâtre ? »

Pour ma part, j'éprouve comme un sentiment de chagrin lorsque je me trouve entraîné à m'écarter du terrain purement littéraire où j'aime à me sentir circonscrit. Mais qu'y faire ? Lorsque le dramaturge aborde la politique, il faut bien que le critique lui réponde dans la même langue.

J'avoue, d'ailleurs, que M. Jules Claretie apporte toute sorte de réserves et de ménagements dans la mise en œuvre de ses idées; c'est un devoir et un plaisir de l'imiter en ce point.

Mais, avant de discuter, exposons le plan du drame. Les points de dissidence s'indiqueront d'eux-mêmes.

M. Jules Claretie a pris pour pivot de son action une de ces mille conspirations par lesquelles le royalisme, mutilé, dépouillé, broyé sous la guillotine et la confiscation, attestait encore sa vitalité et ses chances d'avenir dans les dernières années du dix-huitième siècle. Nous sommes sous le Directoire; Robespierre n'existe plus et Bonaparte s'entrevoit à peine dans les plans éloignés.

Un agent royaliste, le comte de Favrolles, se propose d'attaquer le Directoire à main armée; Favrolles est parvenu à enrôler parmi ses complices un haut fonctionnaire du gouvernement directorial; c'est M. Lafresnaye, le secrétaire-général du ministère de la police. Ces deux personnages sont également vils et méprisables, car ni l'un ni l'autre n'agissent en vertu d'une foi politique : Favrolles est un aventurier qui n'aspire qu'aux honneurs et à la fortune; Lafresnaye ne trahit que pour de l'argent. Il est vrai que l'avidité du secrétaire-général a son excuse dans la passion sénile qu'il éprouve pour Jeanne, sa jeune femme.

Or, cette Jeanne bien-aimée est la maîtresse du comte de Favrolles.

Une double combinaison, qui, maniée par une main plus expérimentée, aurait pu produire de grands effets, fait éclater aux yeux de tous les désespoirs et les crimes de l'adultère.

Cette double combinaison, la voici :

Lafresnaye a un fils né d'un premier mariage; ce fils, nommé André, a conquis les épaulettes de capitaine à l'armée d'Italie; ardent républicain, André est distingué par une belle aristocrate, Mlle de Kermadio, de qui Favrolles convoitait la main et la fortune. Favrolles, qui, en sa qualité de royaliste, est absolument pourri de crimes, tout comme le républicain André est pétri de vertus, tente d'assassiner son rival. André, heureusement échappé au guet-apens nocturne

qui lui a été tendu dans la rue de Nevers, adresse à
son père de véhémentes représentations. « Ce sont
vos complices qui ont voulu me tuer », lui dit-il, et il
lui dévoile la raison mystérieuse de la haine que lui a
vouée Favrolles. Mme Lafresnaye apprend à son
tour par quelle rivalité d'amour son amant a voulu
lui tuer son beau-fils.

Elle ne rêve plus que vengeance.

Et, d'abord, elle avoue au vieux Lafresnaye l'horrible vérité. Elle voudrait le pousser à quelque action
violente, dût-elle acheter de son propre trépas la
mort de l'infidèle.

Mais le bonhomme Lafresnaye, complètement
stupidifié par la fréquentation habituelle des royalistes,
ne sait que verser des larmes de c...crocodile, veux-je
dire, et ne se décide à rien.

Il n'a cependant que le choix des moyens pour
satisfaire son honneur outragé. Son ennemi est là,
devant lui, dans son propre cabinet de secrétaire-
général; il n'a qu'à pousser un bouton de sonnette,
deux gendarmes entreront, mettront les poucettes au
conspirateur et le conduiront à la plaine de Grenelle,
en passant par la cour martiale. Quant aux papiers
compromettants sur lesquels cet idiot de Lafresnaye
a opposé sa signature, un greffier les prendra sur
Favrolles, et Lafresnaye, s'il n'est pas assez habile
pour les faire disparaître, aura toujours la ressource
d'expliquer qu'il est entré dans le complot pour le
mieux déjouer.

Rien de plus simple ; mais Lafresnaye ne pense à
rien de tout cela, et il laisse Favrolles s'échapper pour
aller à un dernier rendez-vous avec Jeanne.

Le dernier, celui-là, car Jeanne, lasse de la vie,
n'avait qu'un dessein en appelant près d'elle l'infâme
qui fut son amant; c'est de lui reprendre le papier
fatal, par lequel il dispose de la vie de Lafresnaye ;

elle y parvient au moyen d'une ruse. Favrolles veut le lui reprendre ; elle lui résiste ; il la poignarde. Elle appelle, on accourt. Favrolles est pris ; il ne tombera pas sous un feu de peloton, de la mort du soldat ; il sera fauché en place de Grève comme un vil assassin, par la guillotine, par « la machine rouge », comme dit Mlle Rousseil exaspérée.

Il va sans dire que le capitaine André épousera la belle aristocrate, laquelle abjure ses erreurs, renonce au parti royaliste, et fera souche de bons petits républicains.

Où sont *les Muscadins* dans tout ceci ? Mais nous les rencontrons çà et là, excepté dans l'action ; on les voit, au premier tableau, échanger des horions avec les Jacobins de la place du Pont-Neuf ; puis, au quatrième acte, après avoir dansé une contredanse et une valse dans la grande allée des Tuileries, ils disparaissent, enlevés par la force armée qui les dirige vers la frontière.

La partie dramatique de ce long ouvrage, où les tableaux se succèdent avec une variété qui tient du kaléidoscope, eût gagné à quelques efforts de condensation tout ce que la mise en scène eût perdu en éclat et en mouvement.

Le défaut capital de l'ouvrage, c'est que l'intérêt n'a pour se reposer qu'une seule tête, celle du capitaine André ; et que le capitaine André n'est pas fait pour plaire à tout le monde. Si nous n'avions affaire qu'à un brave jeune homme, plus ou moins républicain, comme beaucoup d'honnêtes gens l'ont été avant d'arriver à l'âge de raison, nous pourrions nous attacher à lui.

Malheureusement, le capitaine André est un homme politique : il a entrepris de sauver son pays. Et comment cela, s'il vous plaît ? En sauvant le Directoire ! Le magnifique sauvetage et la belle inspiration !

Comme cela est entraînant : un noble jeune homme
qui va sauver Barras ! Pas pour longtemps, toutefois
car Barras, qui était un homme d'esprit, sut renoncer
sans bruit et sans résistance au rôle tutélaire que lui
inflige M. Claretie, et présenta de bonne grâce ses
lettres de rappel au peuple français, en se félicitant
d'avoir le premier « distingué les talents du général
« Bonaparte ». Rappelons, pour rendre la méprise de
M. Claretie plus piquante, que le républicain, que le
régicide Barras était en correspondance suivie avec le
comte de Provence, depuis Louis XVIII, qui, à la
Restauration, lui épargna l'exil infligé aux autres
régicides.

Pour caractériser l'impression que le Directoire
avait laissée sur les contemporains, je ne vois rien de
mieux qu'un mot échappé à l'illustre Portalis, et
dont sa famille a gardé le souvenir. Il entendit un
jour près de lui, dans un salon, hasarder une apologie
du Directoire. Le noble vieillard sortit de sa méditation silencieuse : « Non ! s'écria-t-il, réhabilitez tout
ce que vous voudrez, la Convention, la Terreur... mais
le Directoire, cette honte ! jamais !... Pas cela ! Pas
cela !... »

Le Théâtre Historique a monté avec luxe, et même
avec goût, le drame de M. Claretie. Les costumes sont
charmants et amusants au possible. La scène de bal
dans les Tuileries est très bien réglée.

Mais ce qui vaut mieux encore, M. Castellano a
réuni autour de lui les éléments d'une troupe excellente, Mlle Rousseil en tête. Mme Raphaël Félix,
M. Clément Just, M. Esquier, M. Maurice Simon
tiennent avec énergie et avec talent les principaux
rôles de cette grande machine. M. Montal a bien
compris les côtés désagréables du capitaine républicain et ami de Barras ; il les a agrémentés d'un uniforme extraordinaire, et qui paraît avoir appartenu

à un régiment inédit, que j'appellerai le Royal-Chocolat.

Mlle de Ribeaucourt et le vieux Gabriel[1] sont amusants dans deux rôles épisodiques qui n'ont qu'un tort, c'est de faire longueur.

Maintenant que *les Muscadins* ont paru sur la scène et qu'ils ont réussi, — je le constate sans nulle réticence, — espérons que M. Claretie voudra bien éviter à l'avenir l'écueil des pièces soi-disant patriotiques, qui, au fond et contre le gré même de l'auteur, ne sauraient être que des pièces révolutionnaires. Tout le monde souffre à se promener parmi les charbons ardents des souvenirs et des allusions. M. Claretie, qui est l'honnêteté et la bonne foi en personne, n'avait voulu exprimer que le sentiment naïf d'une belle âme lorsqu'il a mis dans la bouche du capitaine André ces paroles si simples : « Grâce à Dieu, je ne me suis « jamais battu que contre l'étranger ». Là dessus, trois salves d'applaudissements parties des hauteurs populaires sont venues dénaturer la pensée de l'auteur : « Bravo ! disaient ces applaudissements, tu ne t'es « jamais battu contre tes frères, tu n'es pas un scélérat « de Versaillais ! » Et voilà comme quoi la politique au théâtre n'est jamais innocente, même lorsqu'elle y est présentée par un galant homme, animé des meilleures intentions.

---

[1] Gabriel Marty, lorsque je le vis pour la première fois, dans ma première jeunesse, chantait d'une très jolie voix *le Postillon de Longjumeau* au théâtre Montparnasse.

TABLE DES MATIÈRES

ÉVREUX, IMPRIMERIE DE CHARLES HÉRISSEY.

www.ingramcontent.com/pod-product-compliance
Lightning Source LLC
Chambersburg PA
CBHW071610220526
45469CB00002B/294